완전 복원판

영국화가 엘리자베스 키스의

올드 코리아
Old Korea

엘리자베스 키스 Elizabeth Keith

스코틀랜드 애버딘셔 태생으로 1915년 일본에 온 이후 동양의 이색적인 아름다움과 문화에 심취하여 동양 각국을 여행하며 그림을 그렸다. 1919년부터 한국을 여러 차례 방문하며 우리의 문화와 일상을 수채화로 그렸다. 1919년 겨울 도쿄에서 역사상 처음으로 한국을 소재로 한 그림을 전시했는데, 이때 신판화 운동에 앞장선 출판인 와타나베 쇼자부로渡辺庄三郎를 만난 이후 목판화를 제작하기 시작했다. 와타나베 공방에서 목판화를 많이 만들었는데, 나중에는 직접 에칭과 목판화의 전 과정을 맡기도 했다.

1921년 서양인 화가로는 처음으로 서울에서 전시회를 열었고 1934년에도 열었다. 1920년대부터 미국과 유럽에서 여러 차례 전시회를 열었으며, 현재 세계의 유수한 미술관에서 키스의 작품을 소장하고 있다. 한국 소재 그림을 가장 많이 남기고 그 작품들로 화가로서 인정받았다는 점에서 키스와 한국은 특별한 관계라 할 수 있다.

지은 책으로 《올드 코리아Old Korea》(1946), 《동양의 창Eastern Windows》(1928), 《웃고 넘깁시다Grin and Bear It》(1917)가 있다.

엘스펫 키스 로버트슨 스콧 Elspet Keith Robertson Scott

엘리자베스 키스의 언니로, 남편 존 로버트슨 스콧과 1915년 도쿄에 와서 뉴이스트New East 출판사를 운영했다. 당시 잡지 편집인으로 활동하며 일본과 한국의 역사와 문화를 잘 이해하게 되었다. 1922년 선교사 제임스 게일James S. Gale이 한국 고전인 《구운몽九雲夢》을 영어로 옮겨 출판했을 때, 엘스펫이 작가 김만중과 《구운몽》의 내용을 소개하는 글을 쓰기도 했다. 동생 엘리자베스를 일본에 초청해 함께 살다가 1919년에 같이 한국을 방문했고, 그 경험담과 일본의 지배하에 있던 한국의 실상을 담아 《올드 코리아》를 펴냈다. 그림과 그림 설명은 주로 엘리자베스가 그리고 썼고, 본문 글은 엘스펫이 썼다.

옮긴이 송영달 YoungDahl Song

서울 태생으로 서울고등학교, 연세대학교, 미국 조지아 대학교를 거쳐 1967년 펜실베이니아 대학교에서 행정학 박사학위를 받았다. 연세대학교와 이스트캐롤라이나 대학교에서 정치학, 행정학 교수로 삼십여 년간 재직한 후 명예교수로 은퇴하여 현재는 미국 플로리다 주에서 거주하고 있다.

한국 관련 서양 고서古書와 서양인 화가들이 그린 한국 소재 그림 수집에 전념하고 있다. 그중 특히 엘리자베스 키스 작품의 역사적, 문화적, 미술사적 중요성을 인식해, 키스의 책 《올드 코리아》와 《동양의 창》을 우리말로 옮겨 펴냈고, 국립현대미술관, 전북도립미술관, 경남도립 미술관과 미국의 여러 미술관에서 여러 차례 키스 전시회를 열었다. 또 메리 테일러Mary L. Taylor의 일제 강점기 서울 생활기인 《호박 목걸이Chain of Amber》를 우리말로 옮겼다.

이번 완전 복원판에서 그는 《올드 코리아》를 우리말로 옮겼을 뿐 아니라 키스의 한국 관련 작품 일체를 제공하고, 키스의 삶과 그림에 관한 여러 글을 썼다.

완전 복원판

영국화가 엘리자베스 키스의
올드 코리아
Old Korea

엘리자베스 키스 • 엘스펫 키스 로버트슨 스콧 지음 / 송영달 옮김

책과함께

엘리자베스 키스의 초상화
Portrait of Miss Elizabeth Keith

이토 신수이, 1922, 목판화, 42×27, 와타나베 출판사 제공

*

이토 신수이伊東深水(1898~1972)는 일본의 신판화가新版畵家로, 20세기 일본 화단의 대가로 손꼽힌다. 1916년, 신판화를 출판하기로 유명한 와타나베 쇼자부로渡邊庄三郎(1885~1962)를 만난 신수이는 와타나베의 권고로 〈거울 앞에서〉라는 미인화를 그렸는데 크게 호평을 받았다. 이후 오늘날까지 미인화의 일인자로 알려질 만큼 많은 여인을 그렸으며 인간 문화재로 인정받기에 이르렀다. 한국을 방문하기도 했는데, 평양에서 한국 여인을 스케치한 그림이 도록에 실려 있다.

신수이와 엘리자베스 키스는 거의 같은 시기에 와타나베의 공방에 드나들면서 서로 알게 되었고, 전시회에 작품을 같이 출품하기도 했다. 이런 인연으로 1922년 신수이가 키스의 초상화를 그렸는데, 의자가 아니라 일본식 또는 한국식으로 방석에 단정하고 꼿꼿하게 앉은 모습에서 동양의 문화를 이해하고 사랑했던 키스의 면모가 잘 드러난다.

이 그림은 대단히 희귀하여 시장에서 만날 수가 없는 형편인데, 그중 한 점이 와타나베 출판사에 보관되어 있다. 신수이의 목판화 도록에는 1978년에 출품되었다고 기록되어 있다.─옮긴이

이순신 장군 초상화 (추정)
Admiral Yi Sun-sin

수채화, 77×55

한국의 성벽과 광희문
Wall of Korea

수채화, 41×51

연 날리는 아이들
Children Flying Kites

1936, 리소그래프, 49.5×36.5

쓰개치마를 쓴 노파
Ugly Old Woman

수채화, 30×21.5

당나귀 탄 남자
Man on Donkey

수채화, 35×25, A. Bell 제공

노란 저고리와 검은 치마를 입은 여자
Woman in Yellow and Black

수채화, 19×16, S. Acteson 제공

파란 모자를 쓴 여자
Lady with a Blue Hat

수채화, 30×27, S. Acteson 제공

절하는 여자
Korean Woman Bowing

수채화, 20×26, A. Bell 제공

일러두기

- 이 책은 자매인 엘리자베스 키스와 엘스펫 키스 로버트슨 스콧이 1946년 허친슨 출판사Hutchinson & Co., Ltd.에서 펴낸 《올드 코리아*Old Korea*》를 완역하고, 엘리자베스 키스의 한국 소재 작품을 추가로 수록한 것이다. 《올드 코리아》에서는 주로 엘스펫이 각 장의 글을 쓰고, 엘리자베스가 자신이 그린 그림의 해설을 썼다.

- 이 책은 2006년에 출간된 한국어 초판 《영국화가 엘리자베스 키스의 코리아 1920~1940》의 개정증보판이지만, 구성과 장제목 등을 원서 그대로 바꾸고, 그림을 대폭 추가함은 물론 모든 그림의 화질을 크게 개선하는 등 《올드 코리아》와 키스의 한국 소재 그림을 최대한 복원했다는 점에서 '완전 복원판'이라고 이름 붙였다. 더 상세한 내용은 〈옮긴이의 완전 복원판 머리말〉을 참조 바란다.

- 본문의 구성은 《올드 코리아》를 따르되, 그림은 주제별로 가려 모아 각 장의 글 뒤에 배치했다. 다만 장의 글과 밀접하게 관련된 그림은 해당 글 속에 배치했다.

- 그림은 정방향 배치를 기본으로 하되, 세로에 비해 가로의 길이가 아주 긴 경우에는 90도로 꺾어 크게 볼 수 있게 했다(예: 43쪽).

- 한국 독자의 이해를 돕기 위해 옮긴이가 덧붙인 해설에는 기본적으로 모두 '옮긴이'를 표기했다. 수록된 그림 중 엘리자베스가 직접 쓴 해설이 없는 경우에는 옮긴이가 해설 전체를 쓰고 끝에 '옮긴이'를 표기했고, 엘리자베스가 쓴 해설에 이어 옮긴이의 해설을 덧붙인 경우에는 한 줄을 띄우고 '옮긴이'를 표기해 구분했다.

- 본문에 수록된 그림의 세부 정보는 각 그림 제목 아래에 표기되어 있다. 아래는 관련한 세부 사항이다. (책 뒷부분에 있는 〈작품 목록〉은 표기방식에 차이가 있으며, 목록이 시작되는 354쪽에 따로 일러두었다.)
  - 세부 정보의 구성 순서는 '제작 연도, 종류, 원본 크기, 소장자, 《Old Korea》 수록 여부'다.
  - 제작 연도, 원본 크기, 소장자가 불분명한 경우 표기를 생략했다. 소장자가 옮긴이 송영달인 경우에도 표기를 생략했다.
  - 원본 크기의 단위는 센티미터다.
  - 약어로 표기한 소장처의 정식 명칭은 다음과 같다. JSMA: 조던 슈니처 미술관Jordan Schnitzer Museum of Art, PAM: 퍼시픽 아시아 박물관Pacific Asia Museum

- 책 앞부분(6~13쪽)의 화보는 한국어 초판에 실리지 않았던 추가 소개 작품이다.

- 엘리자베스 키스는 한국 여기저기를 다니면서 그림을 그릴 때, 우선 대상을 앞에 놓고서 스케치를 하고, 숙소나 작업실로 돌아가서 수채 작업을 한 뒤, 일본으로 돌아가서 판화 작업을 했다. 그래서 같은 소재를 두고 서로 다른 기법으로 표현한 그림이 여럿 있다. 이런 경우, 본문에는 판화 위주로 실었고, 스케치는 해당 컬러 그림 해설의 상단에 작게 실었으며, 수채화는 〈부록: 같은 소재를 그린 다른 기법의 그림들〉에 본문에 실은 그림과 나란히 배치했다.

옮긴이의 완전 복원판 머리말

＊　＊　＊

　모국을 떠나 살게 된 사람이라면 으레 그럴 테지만 한국에 대한 그리움을 떨쳐버릴 수 없었다. 옮긴이가 미국에 와서 산 지 거의 육십 년이 된 지금도 그런 마음은 여전하다. 우리는 한국이 사천 년의 유구한 역사를 가진 찬란한 문화의 나라라고 배우면서 자랐지만 다른 나라 사람들, 특히 서양인이 한국을 얼마나 알고 있으며 우리를 어떻게 생각하는지가 궁금하기도 했다. 동아시아의 작은 반도에 위치한 우리나라는 1880년대 이전까지 서양인에게 완전한 미지의 나라였던 것이 사실이다. 은퇴하면 찬찬히 읽어보아야지 하는 생각으로 틈틈이 고서점에 들러 서양인이 쓴 한국 관련 서적을 수집하곤 했다. 대개 1880년대부터 1950년대 사이에 나온 책들이 고서점 한구석에 먼지로 뒤덮인 채 쌓여 있었다. 그러다 엘리자베스 키스가 단독으로 펴낸 책과 키스 자매가 펴낸 책을 발견했다. 뜻밖에 찾아온 행운이었다. 그렇게 손안에 들어온 두 책은 옮긴이의 은퇴 후 생활을 완전히 바꿔놓았다.

　일본은 우리나라보다 먼저 서양에 문호를 개방한 후 발 빠르게 서양문물을 받아들이고 제국주의 대열에 합류했다. 서양인들은 일본을 거쳐 우리나라를 알게 되었기에 한국은 일본보다 문화 후진국이며, 미개하고, 자치 능력도 없고, 차라리 일본의 지배를 받는 것이 한국인을 위해서도 다행이라고 생각했다. 그런 내용이 대부분인 당시의 책들 속에서 발견한 키스 자매의 그림과 글은 무척이나 따뜻하게 다가왔다.

엘리자베스 키스의 그림 속에는 우리 선조들의 모습이 생생히 살아 있었다. 사라져가는 그들의 모습을 담은 키스의 그림은 미술에 문외한인 옮긴이에게도 감동이었다. 우리나라가 일본의 식민지로서 천대받고 무시당하고 신음하던 시절, 키스 자매는 우리 선조들이 살아가던 모습을 따뜻한 마음으로 지극히 진솔하게, 서사시처럼 그려냈다. 이들은 식민 지배를 받던 우리 선조들을 동정한 것이 아니라, 우리의 역사와 문화를 깊이 이해한 상태에서 글과 그림으로 담아냈다. 키스 자매는 1919년 봄 한반도에 첫발을 디뎠고, 그들이 쓰고 그린 책은 3·1운동 당시 우리 선조들의 역사적 기록이 되었다.

엘리자베스 키스라는 화가가 한국에는 얼마나 알려져 있는지 궁금했지만, 인터넷이 지금처럼 일상화되지 못한 당시에는 알아보기가 쉽지 않았다. 친구인 몇몇 교수에게 물었지만 하나같이 잘 모르겠다는 답이 돌아왔다. 그래서 기회가 있을 때마다 키스의 그림을 수집했고, 언젠가 그 귀한 그림과 책을 한국 사회에 알리고 싶었다. 그때는 한국에 있는 판화 몇 점이 가나아트의 주선으로 2004년 프랑스에서 전시된 일이 있었던 줄도 몰랐고 윤범모, 홍원기 등 몇몇 분의 글도 읽지 못한 시절이었다.

그러던 차에 도서출판 책과함께의 류종필 대표와 연락이 닿았다. 《올드 코리아 Old Korea》란 책을 한국 사람들에게 하루빨리 알리고 싶은 마음에 부랴부랴 우리말로 옮겨, 2006년 2월 《영국화가 엘리자베스 키스의 코리아 1920~1940》이란 제목으로 펴내게 되었다.

《영국화가 엘리자베스 키스의 코리아 1920~1940》은 출간 직후 여러 언론의 호평과 독자들의 환영을 받았다. 곧 전북도립미술관, 국립현대미술관, 경남도립미술관에서 "푸른 눈에 비친 옛 한국"이라는 제목으로 키스 단독 전시회를 각기 두어 달씩 열게 되었다. 뒤이어 KBS, 재능, EBS 등에서도 특별 프로그램으로 방송되었고, 다른 사설 미술관에서도 전시를 하게 되었다. 엘리자베스 키스는 외국에서 수없이 전시회를 가졌고, 판화계의 대가로 인정받은 화가였다. 그런 그가 뒤늦게나마 한국에 알려지기 시작하고 요즘에는 인터넷에서 키스를 쉽게 만날 수 있게 되었으니 얼마나 다행인지 모른다.

2012년에는 역시 도서출판 책과함께를 통해 엘리자베스 키스의 다른 책, 《동양의 창Eastern Windows》을 우리말로 옮겨 《키스, 동양의 창을 열다》라는 제목으로 펴냈다. 그 후에도 옮긴이는 엘리자베스 키스를 끊임없이 추적하며 은퇴 생활을 분주하게 보냈다. 이제 마지막으로 키스를 집대성하고픈 마음에 완전 복원판을 펴낸다.

이번 완전 복원판의 가치는 크게 세 가지로 정리될 수 있다.

첫째, 엘리자베스 키스가 한국을 소재로 그린 수채화와 판화를 빠짐없이 실었다. 나아가 화질을 크게 향상시켜 독자가 원본에 가깝게 그림을 감상할 수 있게 했다. 1946년에 나온 키스의 《올드 코리아》 원서에는 컬러 그림이 16점이었고 여기에 흑백 그림이 24점 더해져 총 40점이 실려 있었다. 2006년에 나온 한국어 초판본에는 컬러 그림 50점에 흑백 그림 16점이 더해져 총 66점이 실렸다. 이번에는 키스가 한국을 소재로 그린 작품 85점을 모두 소개하게 되었다. 판화 35점, 컬러 수채화 36점, 흑백 수채화 10점, 드로잉 4점이다. 같은 소재를 수채화와 판화 등 서로 다른 기법으로 그린 그림들이 있는 경우는 그를 모두 실었다. 판화는 대개 목판화이지만, 키스가 전 과정을 제작한 에칭etching도 있고 리소그래프lithograph도 있다. 수채화는 모두 컬러로 그렸겠지만, 오리지널을 찾을 수 없는 작품이 많다. 유감스럽게도 이런 작품은 흑백으로 인쇄된 《올드 코리아》 원서에서나 볼 수 있을 뿐이고, 그래서 이 책에서도 흑백으로 보여줄 수밖에 없다. 어느 미술평론가가 말했듯 키스 작품의 매력은 그 색감에 있다고도 할 수 있기에 참으로 안타까운 노릇이다.

이 책의 뒷부분에 실린 〈엘리자베스 키스의 한국 소재 작품 목록〉에는 작품의 영어 제목, 한국어 번역 제목, 기법 종류, 제작 연도, 원본 크기, 소장처,《올드 코리아》원서 수록 여부를 가능한 한 모두 밝혀두었다. 그리고 키스가 삽화로 사용하려 했다고 추정되는 동물 스케치 아홉 점을 작품 목록에 추가했다. 이를 통해 지금까지 알려진 엘리자베스 키스의 한국 그림 전체를 훑어볼 수 있다. 앞으로도 새 그림이 계속 발견되어 이 목록이 길어지면 좋겠지만, 종이에 그린 수채화는 보존이 쉽지 않으니 낙관할 수가 없다. 키스는 한국뿐 아니라 중국, 일본, 필리핀과 그 외 여러 섬나라를 방문하며 많은 그림을 그렸지만, 이 책에 포함시킬 수는 없어서 다음 기회를 기약한다. 다만《키스, 동양의 창을 열다》뒷부분에 실은 〈엘리자베스 키스 작품 목록〉에 다른 나라를 소재로 한 키스의 그림이 정리되어 있으니 참고 바란다.

둘째, 이번에 옮긴이가 쓴 해제에는 이 책의 한국어 초판본과《키스, 동양의 창을 열다》에 없던 새로운 정보가 추가되었다. 우선 초판본에 없던 그림들을 중점적으로 소개하고 설명했다. 교통과 통신이 열악했던 20세기 초반에, 독신 여성으로서 유럽뿐 아니라 동양 여러 나라를 방랑자처럼 여행한 화가의 발자취는 정확한 기록으로 남아 있지 않다. 하지만 여기저기 기록을 참조하고 그동안 더 알게 된 키스의 일생에 대한 이야기와 그림 해석을 키스 자신의 글 또는 옮긴이를 포함한 여러 사람의 견해를 종합해서 적어보았다. 중국과 일본을 비롯한 여러 나라의 이야기나 그림은 논외로 할 수밖에 없었고, 한국을 소재로 한 작품만 다루었다.

이 책은 일반 독자를 대상으로 하므로 자세한 주석이나 수준 높은 미술학적 논평은 하지 않았다. 책 마지막에 실은 〈참고문헌〉은 키스를 더 깊이 연구하고 싶은 사람들에게 유익한 시발점이 될 것이라 믿는다. 또 이번 기회에 초판본 번역의 오류도 몇 가지 수정했다.

셋째, 〈이순신 장군 초상화〉(추정)를 이번 완전 복원판에 실었다. 이 작품은 옮긴이의 삼십여 년에 걸친 키스 작품 수집에 있어 결정적 발굴이다. 이순신 장군은 우리 역사상 손꼽히는 위인이지만, 원래 모습이 담긴 초상화는 단 한 점도 남아 있지 않다. 키스가 그린 이 그림은 이순신 장군의 원래 모습에 가장 가깝고, 작품 연도를 추정한 결과로는 현존하는 여러 초상화 중 가장 오래된 것이다. 참으로 놀라운 일이 아닐 수 없다.

한국어 초판 발행 후 십사 년이라는 세월이 흘렀다. 이 완전 복원판이 엘리자베스 키스의 그림을 재조명하고, 그와 한국의 관계를 깊이 이해하는 데 도움이 되리라 믿는다. 이 책에 실린 그림이 생생한 이미지로 전달되어 후대 사람들이 보아도 감탄할 정도가 되길 바랄 뿐이다.

두꺼운 책인데도 출판을 허락해준 도서출판 책과함께의 류종필 대표와 편집부에 감사를 표하고 싶다. 여러 작품을 제공해준 미술관과 개인 소장자 들에게도 감사한다. 또 〈이순신 장군 초상화〉(추정)에 대해 고견을 주고 한국 언론을 통해 이 그림을 알리는 데 앞장서준 박종평 선생, 그리고 〈문묘제례 관리〉, 〈대금 연주자〉, 〈좌고 연주자〉 그림과 관련해 초판 해설의 오류를 바로잡아주고 중요한 정보를 제공해준 이화여대 한국음악과 김선옥, 김선홍 선생께 감사드린다.

2020년 5월
옮긴이 송영달

차례

세실 주교의 추천사

*　　*　　*

이 책의 지은이들은 그저 여행객으로 한국에 와서 불과 몇 달밖에 체류하지 않았지만, 그 몇 달은 한국 역사에서 매우 중요한 시기였다.

외양상으로 보면 1919년의 3·1운동은 더 많은 압박과 엄격한 법령들을 초래했고, 수천 사람에게 말할 수 없는 고통과 개인 자유의 박탈, 심지어는 죽음까지도 가져왔다. 그렇지만 정신사적으로 보자면 3·1운동은 한국인의 애국심과 단결심을 고취하고, 그 어떤 일제의 억압적 조치도 억누르지 못하는 독립의 염원과 국민적 열망을 강화했다. 이천사오백만의 인구를 가진 한국은 세계에서 열두 번째로 인구가 많은 국가다. 1905년에 일본에 강제 점령당하고 1910년에 합병된 이후, 한국은 세계에 거의 알려지지 않고 있지만, 이 나라는 사실 극동의 전략적 중심지다. 북으로는 러시아 및 중국과 국경을 접하고 있으며, 남으로는 일본과 불과 백오십 마일밖에 떨어져 있지 않다. 중일전쟁과 러일전쟁은 둘 다 한국에서 시작되었다.

일본이 패망한 지금, 한국은 독립국의 지위를 곧 회복시켜준다는 카이로회담의 약속이 실현되기를 열렬히 기다리고 있다. 한국의 전략적 중요성 때문에,

어떤 방식으로 독립을 이룩하고, 어떤 종류의 정부가 수립되고, 어느 정도까지 한국 사람들의 정치적·경제적 능력을 믿어줄 것이고, 누구로부터 자문과 도움을 받을 것인지 등이 아직 결정되지 않았으나, 실제로는 대단히 중요한 문제다.

이 책에 기술된 사건들이 일어난 지 벌써 사반세기가 지났다. 그동안 '고요한 아침의 나라'에 많은 물질적 발전이 있었고, 한국 풍습·전통·언어를 억압하는 일본의 식민지 정책과 그 막심한 피해에도 한국은 일본이나 중국과는 다른 특유의 개성과 문화를 연면히 유지한 채 현재 독립을 기다리고 있다.

역경과 시련은 사람의 진정한 모습을 보여주는 계기가 된다. 이 책에 묘사된 한국 사람들의 의젓한 품성과 차분한 태도는 우리에게 한국인의 참된 기상을 생생하게 보여준다. 로버트슨 스콧 여사는 한국에 몇 개월 동안 머무르면서 보고 들은 것을 이 책에 자세히 기록했다. 나는 이 책을 읽으면서 한국을 제2의 고국으로 삼고 살아온 지난 삼십칠 년을 회상하지 않을 수 없었으며, 그동안에 있었던 수많은 남녀 영웅의 씩씩한 행동을 생각하지 않을 수 없었다. 2차 세계대전이 종료된 지금, 지명도가 한국보다 더 높은 여러 나라의 장래 문제가 세상의 커다란 관심사가 되고 있다. 하지만 극동과 전 세계 평화를 위해서 한국의 장래보다 더 중요한 사안은 아마도 없으리라. 이런 중요한 때에 전 세계 사람들의 한국에 대한 이해와 지식을 더욱 넓히기 위해 이 책은 출간되었다. 이 책을 함께 지은 엘스벳 키스 로버트슨 스콧은 한국의 고전인 《구운 몽九雲夢》을 영어로 옮긴 제임스 게일James S. Gale의 책에 소개문을 쓴 바 있으며, 엘리자베스 키스는 이미 《동양의 창》이라는 책을 펴냈으며 무엇보다도 아름다운 판화로 유명한 세계적 화가다.

엘리자베스 키스의 머리말

* * *

이 책에 실린 그림은 내가 한국을 여러 차례 방문하면서 그린 많은 그림 중 수십 점을 선정한 것이다. 개중에는 아주 초기 작품에 속하는 것들도 있고 아직 미완성인 것도 있지만, 아무튼 한국 소재 그림 중심으로 이 책에 맞는 것을 골라 보았다. 이 책은 2차 세계대전 중에 만들어졌다. 전 세계가 이미 참혹한 일을 많이 겪고 있었지만 그래도 이 미지의 작은 나라에 세상의 따뜻한 눈길이 머물 수 있도록 내가 가진 그림들을 널리 보여주자는 생각이 들었다. 한국을 제대로 보여주려면 그림 모두를 천연색으로 인쇄해야 마땅하겠지만, 사정상 상당수 그림을 흑백으로 인쇄할 수밖에 없었다. 그나마 모든 여건이 어려운 이 시기에 천연색 그림을 열여섯 점이나 실을 수 있었다는 것을 다행으로 생각한다. 나는 이 그림들을 통해서 한국인들의 의상, 집들의 모양, 풍습 그리고 그 밖의 여러 가지 일반 문화를 생생하게 보여주려고 애썼다.

친절하게도 전통 의상을 입고 모델을 서준 많은 한국인 덕분에 나는 한국의 옛 모습을 돌아보며 잘 재현할 수 있었다. 어떤 그림들은 무척 짧은 시간 안에 스케치를 해야 했다. 지금은 고인이 된 김윤식 자작을 모델로 한 그림이 그런 경우인데, 그는 궁정 예복을 입고 모델을 서주었다. 김윤식 자작은 당시 여든이 넘은 고령이었고 또 감옥에서 풀려나온 지 얼마 되지 않았었다.

내가 언니 엘스펫과 함께 한국을 처음 방문한 것은 1919년 3월이었다. 당시는 3·1운동이 일어난 지 한 달도 채 되지 않은 때여서 한국은 깊은 비극에 휩싸여 있었다. 수천 명에 달하는 한국의 애국자가 감옥에 갇혀 고문을 당하고 있었고 심지어 어린 학생들까지도 고초를 겪고 있었다. 그들은 폭력을 전혀 사용하지 않았고 그저 줄지어 행진하면서 태극기를 휘두르며 만세를 외쳤을 뿐인데도 그런 심한 고통과 구속의 압제에 시달리고 있었다. 그 과정에서 일본인들은 많은 한국 사람을 죽였다. 하지만 한국인들은 얼굴에 그들의 생각이나 아픔을 전혀 내비치지 않았다. 내가 스케치한 어느 양갓집 부인은 감옥에 들어가서 모진 고문을 당했는데도 일본인에 대한 분노의 감정을 전혀 드러내지 않았다.

우리는 한국인들의 이야기를 들으면서 그들의 강인한 성품을 잘 알게 되었고 또 존경하게 되었다. 한국인들은 일본의 간사한 농간 탓에 조국을 잃었고 황후마저 암살당했으며, 그들 고유의 복장을 입지 못하게 되었고, 학교에서는 일본말만 사용하도록 강요받았다. 나는 길을 가다가 한국 전통 의상을 입은 사람 옷에 검은 잉크가 마구 뿌려져 있는 것을 보았다. 일본 경찰이 한국인의 민족성을 말살시키려고 흰옷 입은 한국인들에게 그런 만행을 저질렀던 것이다.

생각이 부족한 일본 사람들은 오랫동안 진행되어온 자국自國에서의 아질적인 선전 때문에 한국 사람을 경멸하고 있었다. 하지만 열린 마음을 가진 몇몇 일본인은 한국의 문화와 예술을 존경하고 심지어 숭배했다. 그뿐 아니라 그들은 한국의 역사가 일본 역사보다 더 오래되었고 또 한국이 일본에 문화를 전달했다는 사실을 잘 알고 있었다.

내가 1936년 마지막으로 한국을 방문했을 때, '외국인을 상대하는' 가게의 한국인 직원들은 일본 사람들만큼 영어를 잘하는데도 대우나 승진에서 차별대우를 받고 있었다.

이 자리를 빌려 한국에서 활동 중인 미국 또는 영국 선교사들의 친절한 도움에 감사하고 싶다. 그들의 도움이 없었더라면, 나는 한국 사람들을 화폭에 옮기지 못했을 것이고 나아가 한국인들의 문제를 좀 더 따뜻하고 공감하는 시선으로 바라보고 이해하지 못했을 것이다.

한국과 한국 풍습을 소재로 한 나의 그림을 구입해 간 사람들로부터 간혹 감사의 편지를 받는다. 한번은 지금은 세상을 떠난 커미트 루스벨트Kermit Roosevelt로부터, 〈시골 결혼 잔치〉를 보고 그 상세한 일상 묘사에 감탄했다는 편지를 받은 적도 있었다. 가장 최근에는 중국 전문가로 유명한 오언 래티모어Owen Lattimore로부터 과분한 칭찬의 편지를 받기도 했다.

미국은 일제의 압박에 시달리는 많은 한국 사람에게 하나의 희망이었다. 많은 한국인이 국경을 넘어 중국으로 일단 피신했으나 피신의 궁극적인 목적지는 미국이었다. 호놀룰루에 있는 한인사회는 그들의 희망이 헛되지 않았다는 것을 보여준다. 그곳에 사는 수천의 한국 사람은 미국을 고마워했다. 더불어 미국 본토에도 많은 한국 사람이 살고 있다.

지난 십수 년간 한국인들은 자신들의 문화적 유산을 귀중하게 여기면서 잘 간수해야 마땅했으나 안타깝게도 그러지 못했다. 그래서 탁월한 그림, 도자기, 조각 등이 일본으로 밀반출되었다. 일본은 훔쳐간 이 귀중품들을 다시 본고장인 한국으로 반환해야 한다. 그게 올바른 처사이기 때문이다.

내가 1936년 마지막으로 호놀룰루에 갔을 때, 지금은 작고한 쿡 여사Mrs. Cooke의 주선으로 미술박물관Museum of Fine Arts에서 나의 초기 작품뿐 아니라 최근작까지 전시할 기회가 있었다. 그때 하와이의 한국 동포들이 나를 파티에 초청했다. 파티에서 본 젊은 한국인 이민자들은 고국을 단 한 번도 가본 적이 없지만 그래도 한국을 사랑하는 마음으로 한복을 입고 있었다. 나는 한국을 주제로 한 내 그림 전작全作을 그들에게 보여주었는데, 이 책에 실린 그림들은 그중에서 가장 대표적인 것만 가려 뽑은 것이다.

28

엘스펫 키스 로버트슨 스콧의 머리말

* * *

극동의 한반도에 위치한 한국은 영토 크기로는 영국보다 약간 작은 나라이며, 대륙과는 만주와 접하고 남쪽에는 일본이 있으며, 영국에서 약 일만 일천 마일, 미국에서는 오천 마일 정도 떨어져 있다.

한국 사람들은 중세의 깊은 잠에서 서서히 깨어났다. 반면에 일본은 급히 깨어나 빨리 서구 문명을 도입하는 기회를 잡았다. 서양의 여러 나라가 친절하고도 협조적으로(때로는 얕잡아보는 듯한 태도였지만) 대우해준 덕분에 일본은 별 어려움 없이 새로운 문명을 받아들일 수가 있었다. 하지만 한국의 경우는 달랐다. 한국은 무장된 군인들의 발자국 소리와 암살당한 황후의 울음소리에 놀라면서 갑자기 중세의 잠에서 깨어났다. 그래서 한국보다 여러 해나 앞선 물질문명으로 무장한 일본의 군사력에 대항할 수 없었다.

한국은 사천오백 년의 역사를 가졌고, 인종적으로 보면 중국계에 속하고, 중국의 영향으로 일찍이 유교 문화를 이룩했다.

1895년에 일본인들은 한국의 황후를 암살했다. 명성황후는 영리할 뿐 아니라 성격이 강하고 애국심이 투철했다. 황후는 아부하며 접근하는 일본이 한국에 큰 위협이 된다는 것을 직감적으로 꿰뚫어보고 일본을 배척했다. 이런 일본과 황후 사이의 갈등은 불가피한 일이었다.

서구 문명이 한국에 본격적으로 진출하기 시작한 것은 1904년경이었다. 제정 러시아가 이 지역에 진출하면서 남쪽의 이웃 국가들을 위협했던 것이다. 민첩한 일본은 러시아의 남하정책으로부터 자기 자신을 방위하기 위해서는 한국을 우방으로 확보해야 한다고 판단했다.

러시아의 진출에 위협을 느낀 한국은 자발적으로 일본에 협조하고, 일본에 전쟁자금을 일부 빌려주고, 일본 군대와 물자의 한반도 경유를 허가하고, 한국 군인이 일본군과 함께 싸우게 했다. 중국이 우호적인 자세를 취한 가운데 일본은 러일전쟁에서 승리했지만, 한국으로부터 빌려간 돈을 갚지도 않았을뿐더러 한국이 전쟁에 기여했다는 사실조차 인정하지 않았다.

당시 서양 사람들은 '싹싹한 일본인들'에게 감탄하고 있었으므로 일본의 그런 처사를 잘한 일이라고 생각했고, 일본이야말로 너무나 뒤떨어진 한국을 문명 국가로 만드는 데 적임자라고 판단했다.

물론 한국의 황제나 대신들은 대한제국이 엄연한 독립 국가이므로 독자적 방식으로 국가를 운영하고자 했다. 하지만 일본은 그런 한국의 독립 의지를 철저히 분쇄하며 을사조약을 단행했다. 이에 개화파 장관 민영환은 일본이 한국의 주권을 찬탈하는 것에 분개해 자결로써 결연하게 항의했다. 이때 고종황제는 이토 히로부미伊藤博文가 제시한 을사조약에 서명하기를 극구 거부했으나, 황후의 조언도 받지 못하는 데다 이미 나이 많아 쇠약해진 황제에게 일본의 집요하고 교활한 압박은 더 이상 견디기 힘든 것이었다.

히로부미는 멀리 내다볼 줄 아는 정치인이었기 때문에 그가 좀 더 오래 살았더라면 결과적으로 더 좋았을지 모르나, 한국 사람들이 일본에 가진 증오심이 너무 뿌리 깊었기 때문에 꼭 그렇게 된다고 보기도 어렵다.

한국이 세상모르고 오랫동안 잠자고 있었던 것은 분명 그들의 잘못이었다.

한국에 대해 무관심한 다른 나라 사람들의 입장에서 보면, 군기가 엄하고 영리하고 부지런히 움직이는 일본이야말로 한국에게 가장 좋은 선생 노릇을 할 것처럼 보였다.

제임스 게일 박사와 윤치호 남작은 러일전쟁 직후에 압록강에서 같은 배를 타게 되었는데, 그때 두 사람은 한국의 장래에 대해 대화를 나누었다고 한다. 당시 해외 유학을 다녀와 서양의 사정을 잘 알던 윤치호는, 한국이 혼자 힘으로는 근대화 과정을 감당할 수 없다는 것을 알고 있었다.

게일이 윤치호에게 물었다. "만약 당신의 나라가 어느 한 나라의 지배하에 들어가야 한다면 일본과 러시아 중 어느 나라를 택하겠습니까?" 남작은 한참 후 생각에 잠긴 듯한 목소리로 대답했다. "만약 러시아가 우리를 지배한다면 우리가 지내기는 쉽겠지만 배우는 것은 없을 것입니다. 하지만 일본이 우리를 지배하게 된다면 우리를 마치 참빗으로 빗듯이 샅샅이 뒤지겠지요. 하지만 우리는 발전을 할 수 있을 것입니다."

윤치호 남작이 말한 그 참빗에 쇠로 된 날이 들어 있을 줄이야! 남작 자신도 나중에 자신의 말을 곰곰이 되씹어볼 계기가 있었다. 그는 1911년에 역모재판에 걸려들어 실제로는 죄가 없는데도 십년형을 선고받았던 것이다(105인 사건을 가리킴 —옮긴이).

일본 관리들, 특히 한국에 파견 나왔던 일본 관리 모두가 하나같이 악질이었던 것은 아니다. 개중에는 한국의 고대 문화나 문화재를 연구하는 사람 등 한국을 잘 아는 사람도 있었다. 그렇지만 일본의 문화재 약탈은 정말 지독한 것이었다. 그들은 아름답고 훌륭한 한국의 도자기, 청동 조각상, 목각상을 한국에서 밀반출해 일본의 보물로 삼았다. 일본의 호류지法隆寺는 고대 한국 문화의 풍요로움을 여실히 보여준다.

일본인들이 한국의 예술품을 얼마나 동경했는지는 1598년 임진왜란이 끝나면서 행한 도공陶工 납치 사건으로도 증명된다. 한국 사람들은 섬세하고 아름다운 푸른색 자기(고려청자)를 만들었는데 일본 사람들이 그 자기를 어찌나 원했던지 한국의 도자기를 일본으로 가져가는 데 그치지 않고, 아예 한국 도공들을 납치해 가서 사츠마薩摩에 정착시키고 도자기를 만들게 했다. 그 후 여기에서 나오는 자기를 사츠마, 혹은 자기 일반을 가리켜 사츠마라고 부르게 되었다. 하지만 예전 한국에서 만든 '사츠마'는 현대의 일본 사츠마보다 훨씬 더 우아하다.

군사력 없는 한국은 숙적 일본의 발길질에 채여 땅에 쓰러져 뒹굴며 멸시당했지만, 한국 사람의 마음속에 그 모든 수모는 깊이 각인되었다. 많은 한국인이 자신의 땅을 빼앗기고 집을 잃었다. 수천의 한국인이 무일푼으로 굶주린 배를 움켜쥐고 북쪽의 거친 만주 벌판으로 향했다. 때로는 천지신명도 한국 사람들의 슬픔을 외면하는 듯했다. 그러나 점차 새로운 기운이 전국에 돌기 시작했다. 북에서 남으로, 동에서 서로, 새로운 메시지가 널리 파급되었고, 급기야 삼월 일일, 역사적인 독립운동이 일어났다.

이 책은 엘리자베스와 내가 1919년 삼월에서 오월까지 석 달 동안 한국에 머무르면서 보고 들은 일을 기록한 것이다. 한국에 가기 전 우리는 거의 오 년 동안 일본에서, 그것도 주로 도쿄에서 살았다. 그래서 우리는 일본과 한국을 서로 비교해 볼 수 있는 입장에 있었다. 서울에 있는 감리교 선교관에 머무르는 동안, 기독교인, 비기독교인, 학생, 어른 등 여러 한국 사람으로부터 이야기를 들을 수 있었다. 그들의 투옥된 이야기, 고문당한 이야기, 온갖 처참한 대우를 받은 이야기 등을 들으면서 우리는 마치 고대의 성직자처럼 '가슴속에 불이 활활 타들어가는' 듯했다.

한국이 처한 상황에 대한 이야기는 우리 주위에서 실제로 일어난 일들을 기록한 것이고 우리가 매일 접한 정보에 근거한 것이다. 따라서 이 책에 담긴 것은 가장 한국 현실에 가까운 이야기다.

우리는 고위층 일본인들을 만날 수 있는 소개장도 휴대하고 있었으며, 일본 사람들도 우리의 신분을 안 다음에는 예의 바르게 대해주었다. 당초 한국 여행을 결정했을 때, 우리는 일본에 아는 친구도 많았고, 그런 만큼 일본을 나쁘게 생각하기는커녕 오히려 아주 좋게 생각하고 있었다. 그래서 일본 내에 전해진 한국에 대한 소문은 아마도 전달 과정에서 부풀려진 과장된 이야기일 거라고 막연히 생각하기도 했다. 그러나 여기에 기록한 이야기들로 그것이 과장이 아님을 명확하게 알게 되었다.

내 동생 엘리자베스는 내가 한국에서 석 달의 휴가를 지내고 돌아온 후에도 한국을 포함한 극동에 여러 해를 더 살았다. 여기에 실린 그의 그림에는 극동에서의 경험, 특히 한국에서의 경험이 고스란히 담겨 있다. 엘리자베스의 천연색 그림은 극동, 영국, 미국 등지에 많이 알려져 있다.

한편, 이 책 7장의 일부는 《아시아Asia》라는 뉴욕에서 발행된 잡지에 실었던 기사다.

우리는 이 책을 출판하는 데 큰 도움을 준 세실 주교Bishop Cecil, 이李 신부, 앨리스 아펜젤러 박사Dr. Alice Appenzeller, 엘리자베스 로버츠 씨Miss Elizabeth Roberts에게 감사의 뜻을 표하고 싶다.

1

서울
Seoul

* * *

만약 어떤 사람이 1919년에 서울을 방문해 큰길로만 다녔거나 전차만 타고
다녔으면, 아마 서울도 극동의 여느 도시들처럼 부분적으로 서구화된
지저분하고 재미없는 도시라고 생각했을지 모른다. 하지만 일단 대로를
벗어나서 구불구불한 골목길에 들어서면, 알라딘 단지 같은 장독이 늘어서
있는 신비스러운 집안 마당을 들여다볼 수 있다.

*　*　*

　　우리는 만 사 년간 일본에 머물면서 친구도 많이 사귀었고, 일본 사람들의 능력, 적응력, 관용성, 지적 호기심, 일상 용구의 단순한 아름다움에 탄복했다. 인력거로 여기저기를 다니기도 하고, 기차여행도 하고, 도쿄의 데이고쿠帝國 극장 등에서 연극을 즐기기도 했다. 이제 우리는 마침내 오랫동안 염원하던 한국 여행을 떠나기로 결정했다.

　　부산에서 서울로 가는 야간열차는 각종 설비가 잘 되어 있고 편안하고 깨끗했으며, 두 겹의 유리창 사이로 아침 해가 떠오르는 것을 볼 수 있었다. 창밖으로 펼쳐지는 나무 하나 없는 야트막한 언덕의 경치는 원시적 아름다움을 드러내고 있었다.

　　아직 봄은 일러서 겨우 나온 벼 잎은 약간의 푸른빛을 보일 뿐이었고, 동산들은 그 둥그런 모습이 마치 오래된 한국 도자기를 닮아 사람을 매혹시키기에 충분했다. 붉은 해가 올라올 무렵, 달리는 차창 밖으로 보이는 땅은 옛날 도공들이 사용했을 듯하게 질펀했고, 끝없이 이어지는 논밭 사이로 가느다란 농로農路가 이어졌다 사라졌다 계속되었다. 가끔 여기저기에 초가집이 모여 있었는데, 기차

안에서 보기에는 사람 사는 집이라기보다는 버섯들의 거대한 군락지 같았다.

날이 밝아오자, 암갈색의 황소들이 잔뜩 짐을 싣고 뚜벅뚜벅 걸어가는 것이 보였다. 어떤 소는 산더미처럼 실은 장작에 가려서 몸은 보이지도 않고 다만 사람이 옆에서 걸어가거나 끌고 가는 모습만 보였다. 사람들은 키가 크고, 허리를 똑바로 펴고 걸어서 위엄이 있어 보였다. 모두들 검은 머리에 상투를 틀고 있었다. 기차역마다 사람들이 모여 서 있었는데, 모자를 쓴 사람도 있었고 안 쓴 사람도 있었지만, 하나같이 상복喪服 비슷한 하얀 옷을 입고 있었다. 흰옷은 사치스럽고 고급스럽다고 할 수도 있겠지만, 정작 그 옷을 세탁할 사람들을 생각하면 딱한 생각이 들었다. 이런 한국의 옷 스타일은 중국의 명明나라에서 가져온 것이라고 한다.

이윽고 부인들과 여자아이들이 보였다. 치마는 엄청 폭이 넓고 저고리는 짧았는데, 빨간색, 파란색 또는 초록색 등이 주조를 이루고 있었다. 아침 해가 떠오르자 거무튀튀한 산들이 붉게 변하면서 밝은 색 옷을 입은 사람들이 파스텔 색을 배경으로 이리저리 움직이는 것이 보였다. 참으로 보기 좋은 광경이었다.

때때로 흰옷을 입은 키 큰 남자들이 기차 안으로 들어왔다 나갔다 하곤 했다. 그들은 과거에 웨일스 여자들이 쓰던 것과 비슷하다고 할 수 있는, 피라미드 같은 모자를 쓰고 있었다. 처음에는 이 갓이라 부르는 모자가 괴상하게 보였지만 시간이 시나니 차차 점잖게 보였다. 아마도 모자는 처음 볼 때에는 좀 우스꽝스럽게 보이는 그런 물건인가 보다. 우리는 처음엔 좀 우습다고 생각해 웃음을 터뜨렸으나 한국 사람들의 진지한 표정을 쳐다보면서 웃지 않으려고 노력했다. 한국 남자들은 참 좋은 사람 같았다. 그들은 몸매가 날렵하고 행동거지가 우아하고 표정은 침착했다. 단 하나, 극동 어디에서도 그렇지만, 침을 아무 데나 마구 뱉는 것은 정말 문제였다.

몸단장이라고 하면 어느 나라를 막론하고 머리와 발을 꾸미는 것을 말하는 것 같다. 서양과 마찬가지로 한국에서도 머리와 발 꾸미기에 무척 신경을 쓴다.

서양에서 남자의 머리는 바싹 자르는 것이 보통인 데 비해 동양에서는 머리를 길러서 올리는 상투가 적어도 과거에는, 어른이 되었다는 상징이었다. 한국인들의 발은 가늘고 모양새가 좋다. 한국 여자들은 중국 여자들처럼 전족을 하지도 않고, 일본 여자들처럼 게다를 신어서 발등이 휘어 있지도 않다. 한국 사람은 남자나 여자나 두꺼운 광목으로 된 버선을 신는데, 버선은 수북이 발등으로 올라가게 한다. 신발은 가죽, 비단, 종이를 이리저리 붙여서 만든 것이다. 남자와 여자의 신발은 비슷하게 생겼는데, 발 앞이 뾰족하게 올라가 있고 신으면 잘 맞게 되어 있다. 내 서양인 친구가 말하기를, 집에서 일할 한국 여자를 구할 때 버선 바느질한 것을 보고 일솜씨를 판단한단다. 한국에서 남자들의 바지는 발목 근처에서 색깔 있는 대님으로 단단하게 묶는 것이 특징이다.

긴 여행 중에 보니 기차역마다 일본인 무장 군인 두세 사람이 카키색 제복을 입고 서서 경계를 하고 있었다. 당시 한국에서는 독립운동의 기운이 강했고, 고종 황제의 장례식 날에는 전국적으로 시위가 있었다. 하지만 창밖으로 볼 때는 모든 풍경이 마치 조바위를 쓰고 선 한국 여인의 차분한 얼굴마냥 평안하고 조용해 보였다.

한국의 수도인 서울은 접시처럼 생긴 분지에 위치해 있고, 경사가 완만한 산기슭에는 초가집이 즐비하게 서 있다. 사도 요한의 환상에 나타났던 새 예루살렘처럼 서울도 한때는 성곽으로 둘러싸여 있었고 아름다운 성문이 많이 있었다. 내가 서울을 방문했을 때는 이미 화강암 성벽들이 허물어지기 시작했지만, 아직도 거대한 돌로 만들어진 대문 두 개는 웅장하게 서 있었고, 그 위에는 아름다운 기와지붕이 얹혀 있었다. 그 문은 요즈음 사용하기에도 손색이 없을 정도로 넓었고, 앞으로 백 년을 가도 끄떡없을 듯했다. 예전에는 야간에 성문을 닫았다지만, 지금은 낮이고 밤이고 열어놓고 있다. 이런 동양적인 풍경을 배경으로 각종 기독교 종파의 교회 첨탑이 뾰족뾰족 서 있는 것이 보였다. 영국 국교회, 미국 성공회,

장로교, 감리교, 천주교는 물론이고, 그보다 작은 종파들, 예를 들면 침례교, 구세군, 안식교회도 있었다. 일부 교회 건물들 주위에는 선교사들이 경영하는 학교들과 병원들이 서 있었다.

서울을 생각하면 회색 화강암으로 덮인 넓은 길, 강렬한 햇빛, 새파란 하늘, 탁 트인 전망, 아름다운 대문, 그리고 땔나무를 싣고 천천히 걸어가는 소들의 행렬이 머리에 떠오른다. 소를 끌고 가는 마르고 건장한 남자는 때 묻은 무명옷을 입고 있었고 짚신을 신고 있어서 황토 흙을 밟아도 전혀 소리가 나지 않았다. 한국은 유교가 지배적인 영향을 미치는 문화권인데, 총각은 상투를 올리지 못하고 머리를 뒤로 땋아 내려 빨간 댕기를 달았다. 열두어 살 난 남자아이라도 일단 정혼하면 어른 행세를 해서 자기보다 두 배나 나이 많은 총각에게도 하대를 할 수 있다.

사월이 되면 서울의 정원들은 카나리아 새같이 노란 개나리와 처녀의 옷고름 같은 연분홍 진달래로 뒤덮인다. 욕심 많고 시끄러운 까치가 기승을 부리지만, 제비들은 꿈적도 하지 않는다.

뻣뻣한 말총으로 만든 갓을 차곡차곡 상자에 넣어놓고 파는 모자 가게도 있고, 꽃무늬 수를 놓은 신발 파는 가게도 있고, 놋그릇 파는 집도 있고, 쇠장식이 달린 장과 농을 파는 문 없는 집도 있다. 호박 또는 옥으로 된 번드르르하게 보이는 장식품 가게도 있지만, 제일 매혹적인 가게는 일단 문을 열면 그 보물들을 마음껏 골라볼 수 있는 비단 가게라 할 것이다.

여기저기 많이 들어서 있는 식당에는 남자만 들어갈 수 있으며, 하루 종일 구수한 음식 냄새를 풍긴다. 국은 고정된 솥에서 끓이고, 다른 음식들은 구리 그릇 혹은 놋그릇에 담아 석탄 불 위에서 끓인다. 손님들은 환히 열려 있는 문으로 수시로 드나든다. 약삭빠른 쥐도 여기저기 땅에 떨어진 것을 주워먹으며 돌아다니고, 파리는 더 말할 것도 없이 제철을 만난 듯 윙윙거린다. 한국 음식은 다양한데, 대부분 매운 고추를 어찌나 많이 넣는지, 외국인이 멋모르고 한입 넣었다가는 눈물 흘리기가 일쑤다. 어디 가나 고추를 줄에 엮어서 처마에 매단 것을 흔히 볼 수 있다. 이상하게 생긴 오이지와, 배추에 고추와 여러 양념을 섞어서 만든 김치라는 것은 근사하게 생긴 독에 담아놓고 필요할 때 가져다 먹는다. 흔하지 않은 파란색 항아리에는 무엇인지 알 수 없는 양념이 들어 있다.

가정집 대문 앞에서는 기다란 담뱃대를 물고 마치 꿈꾸듯 멍하니 하늘을 바라보는 게으른 사람들을 쉽게 만날 수 있다.

사람들은 모두 한복을 입고 있는데 그 옷은 아주 매력적이다. 옷의 재료는 비단, 베, 또는 무명이다. 근검한 사람들은 밀가루 포대를 뜯어서 한국 재래식으로 빨고 두드려서 남자들이 일할 때 입는 질긴 작업복을 만들기도 한다. 남자들의 두루마기는 길고 좁으며 바지는 풍성하게 넓다.

아이들의 의상은 그 디자인에 있어서 부모나 조부모가 입는 옷과 다를 바가 별로 없으나 대신 색깔이 더 다양하다. 어린 여자아이들은 분홍장미 색깔의 넓은 치마를 발목까지 내려오게 입고, 어린 남자애들도 같은 색깔의 옷을 입는다. 조금 큰 남자아이들의 바지는 어른들과 마찬가지로 통이 넓고 발목까지 내려간다. 갓난아기들의 저고리에는 색동 소매가 달려 있다. 파란 하늘, 회색 돌, 혹은 빛바랜 담을 배경으로 해서 볼 때 이런 색동옷들은 아름다운 조화를 이룬다.

남자들이 하얀 두루마기에 하얀 바지만 입기 때문에 당연히 세탁물이 많을 수밖에 없는데 이 나라에서 세탁은 오로지 여자의 몫이다. 일본과 중국에서는 남자가 세탁을 하는데, 한국에서는 유독 여자만 어마어마한 양의 빨래를 담당한다. 한국 어디든지 강이나 개울에 가면 부인들이나 여자아이들이 빨래하는 것을 볼 수 있다. 그들은 흐르는 물가에 반듯한 돌멩이를 찾아서 그 위에 빨래를 놓고 방망이로 두드려서 깨끗하게 때를 뺀다. 세탁 나온 여자들은 깨끗한 물을 찾아 상류까지 올라가기도 한다. 겨울에는 얼음에 구멍을 파고 그 옆에 앉아서 밑으로 흐르는 물에 온 집안 식구의 옷을 빤다.

빨래를 하기 전에 먼저 옷의 실밥을 다 뜯는데, 그래야 빨기도 쉽고 나중에

주막
The Eating House

수채화, 《Old Korea》 수록

＊

이곳은 남자와 쥐만이 출입하는 곳으로, 고급 음식점은 아니고 막일꾼들이 와서 식사를 하는 곳이다. 맛있는 음식 냄새가 솔솔 밖으로 새어 나온다. 솥에서는 매운 고추 또는 다른 양념이 들어간 국이 부글부글 끓고 있다. 창문 안쪽에 보이는 남자는 커다란 반죽을 이기면서 그 속에 대추를 집어넣고 있다. 주막 안에는 음식을 만들고 담아주는 데 사용되는 구리 그릇과 놋그릇이 반짝거린다.

주막은 추운 겨울날 먼 거리를 걸어가거나 무거운 짐을 나르는 시골 사람들에게 아주 인기 있는 곳이다.

진한 국수 국물이 솥에서 천천히 끓고 있다. 국수는 가늘고 길며, 한국 사람들은 이것을 마치 이탈리아 사람들이 마카로니 먹을 때처럼 급하게 먹어치운다. 선반 위에 있는 항아리들에는 갖가지 종류의 절임 음식이 들어 있고 큰솥에서는 밥이 끓고 있다. 한국 쌀은 일본산이나 중국산보다 좋아서 많은 사람이 선호한다. 주막의 부엌에는 그 외에도 마른 생선, 배 깎은 것, 그리고 그 유명한 배추김치가 있다.

한국 사람들은 음식을 예쁜 놋그릇에 담아서 놋숟가락으로 먹는다. 젓가락도 사용한다. 집에서 식사할 때는 밥그릇을 손에 들고 먹는 것이 실례이지만, 식당에서 먹을 때는 좀 더 자유스럽다. 어쩌면 여자들은 거의 외식을 안 하고 남자들만 주막에서 식사를 해서인지도 모르겠다.

주막의 바닥은 아주 잘 다진 진흙으로 되어 있고 쥐가 맘대로 드나든다. 또한 파리가 쉴 새 없이 음식물에 달라붙는다. 한국 남자와 파리가 다른 점 한 가지는 한국 남자는 식사 후에 자기 방에서든 길거리에서든 한바탕 자는 것이 상례인데, 파리는 불행하게도 그럴 수가 없다는 것이다.

이 집을 닮은 초라한 다른 주막이 하나 있었는데 그 집 문 위에는 이렇게 쓰여 있었다.

"달을 쳐다보는 데 최고로 좋은 집."

다듬이질하기도 편하다. 빨래도 힘들지만 한국의 다듬이질은 정말 힘든 노동이다. 서울 어디를 가나 여자들의 다듬이질 소리를 들을 수 있다. 그 소리는 어떤 때는 새벽부터 시작해서 밤늦게까지 계속된다. 이렇게 두드려 편 옷은 다시 새것처럼 된다. 거칠던 무명은 반짝반짝 윤이 나고, 섬세한 고급 옷감은 더 보드랍게 펴진다. 다듬이질을 많이 하다 보면 손목이 붓기도 하고 심지어 손가락이 휘기도 한다.

골목길에 들어서서 울긋불긋한 천이 바람에 일제히 나부끼는 것을 보면 처음에는 의아한 생각이 들 것이다. 이것은 집에서 세탁한 옷을 새로 염색해서 말리는 것이다. 줄에 널린 이 천 조각은 붉은 장미색이 제일 많겠지만, 파란색, 초록색 또는 노란색도 있다. 예전에는 중국에서 들여온 식물 염색약을 써서 그 색이 무척 아름다웠으나 요즘은 화학 염색약을 사용한다고 한다.

만약 어떤 사람이 1919년에 서울을 방문해 큰길로만 다녔거나 전차만 타고 다녔으면, 아마 서울도 극동의 여느 도시들처럼 부분적으로 서구화된 지저분하고 재미없는 도시라고 생각했을지 모른다. 하지만 일단 대로를 벗어나서 구불구불한 골목길에 들어서면, 알라딘 단지 같은 장독이 늘어서 있는 신비스러운 집 안 마당을 들여다볼 수 있다. 또 흰 돌담길을 돌아 들어가면 까만 머리를 헝클어뜨린 아이들이 형형색색의 옷을 입고 밝은 햇빛 아래서 즐겁게 춤추며 노는 것을 볼 수 있다. 아이들 뒤로 열려 있는 마당 저편에는 암갈색의 장독이 줄줄이 서 있고 그 곁에 반들거리는 노란 바가지들이 걸린 광경도 볼 수 있다. 골목은 미로 같아서 한구석을 돌아설 때마다 새로운 풍경을 관광객에게 보여준다.

나는 중국 그림 속의 도사道士 같은 두 노인이 서너 평도 못 되어 보이는 비좁은 방에 앉아 있는 것을 보았다. 그들의 옷은 부드러운 흰색이었다. 머리에는 상투를 가리는 투명한 망건을 쓰고 있었다. 밖을 향해서 앉은 노인은 방바닥에 닿을 만큼 긴 담뱃대를 물고서, 생각에 잠긴 표정으로 친구의 말에 귀 기울이고 있었다. 허리가 구부러진 또 다른 노인이 떨리는 목소리로 책을 읽어 내려갔다.

제임스 게일 박사는 대충 이런 것이라며 그 내용을 통역해주었다.

"하느님은 어디 계시기에 그렇게 잘 들으실 수 있나? 우주는 저렇게 넓은데 말이다. 하지만 다시 생각해보니 그것은 높이나 거리의 문제가 아니다. 결국 하느님은 우리 마음속에 있는 게 아니겠나?"

"사람들이 비밀이라고 소곤대는 소리를 하느님은 천둥소리처럼 크게 들으실 것이야. 그리고 깊고 어두운 밀실에서 꾸미는 음모도 하느님은 번갯불처럼 환히 보실 것이야."

"사람이 극악해지면, 하느님이 데려가 버리는 법."

"누군가 나쁜 일로 크게 성공했다 해도 그것으로 걱정할 것이 없다. 다른 사람이 그를 죽이지 않는다면, 하느님이 결국 알아서 처리하실 테니까."

"오이를 심으면 오이를 거둘 것이고, 콩을 심으면 콩을 거둘 것이다. 하느님의 그물은 성글고 넓은 듯하지만, 아무도 그 그물을 벗어나지는 못한다."

"사람이 살고 죽는 것은 하느님이 정하신 것이요, 재물이나 빈곤도 하느님이 결정하시는 것이다."

"하느님은 사람을 만들 때, 이미 그의 필요한 것을 알고 준비해주시니라."

"마음속에 감추어진 악함을 경계하고 두려워할지니, 하느님의 눈은 수레바퀴처럼 회전하며 모든 것을 보시느니라."

두 학자
Two Scholars

수채화, 《Old Korea》 수록

*

지저분한 길거리를 지나가다 이 두 학자를 보았다. 그들은 자신들의 그런 모습을 별로 의식하지 못했지만 내가 보기에 아주 눈에 띄는 흥미로운 광경이었다. 마침 그림을 그리기로 약속한 다른 사람을 찾아가던 길이라 그날은 그냥 지나쳤다. 이튿날, 나의 친구이자 고문 격인 게일 박사에게 그 나이 든 학자들을 스케치할 수 있게 해달라고 졸랐다. 한 가지 문제는 내가 외국인인 데다 여자라는 사실이었다.

게일 박사가 한참을 설명하고 나니 그 학자들은 그제야 우리의 목적이 무엇인지 깨닫고 자못 흥미롭다는 표정을 지었다. 협상은 한참이나 끌었는데 그게 동양식 대화법이었다. 그들과 얘기하려면 용건을 빙 둘러서 해야 하므로 요점까지 다다르는 데 시간이 좀 걸렸다.

막상 스케치를 시작하니 그들은 곧 중국 고전 얘기를 나누면서 금방 내 존재를 잊어버렸다. 훗날 한국을 다시 찾아올 때도 이런 멋진 사람들이 여전히 남아 있으면 좋겠다.

한국인의 일상생활

*   *   *

한국에서는 방 출입문 흰 벽에 값싼 종이에 그린
전통적인 문양을 붙이는데, 시간이 지나 퇴색하면
아름답고 부드러운 색으로 변한다. 문양에 들어가는
새 그림은 시간을 상징한다고 한다. 개는 도둑을 방지해주고,
사납게 생긴 사자나 호랑이 그림은 악귀를 쫓는다고 믿어진다.
지붕은 심한 바람으로부터 집을 보호하기 위해
두꺼운 볏짚이나 기와로 덮여 있다.

한옥 내부
Korean Domestic Interior

수채화, 《Old Korea》 수록

＊

비교적 여유 있는 집의 내부 풍경이다. 이 그림을 그린 것은 여름이었는데, 이 집의 가장은 사랑방이 아닌 대청에서 식사를 하고 있었다. 통역이 없었기 때문에 대화를 할 수는 없었지만, 다행히도 그 주인은 내가 스케치하는 것을 별로 난처하게 생각하지 않았다. 한국에서는 남녀가 같은 식탁에서 식사를 하지 않으며, 부인이 식사를 날라다 준다. 그림에서는 보이지 않지만 부엌의 큰솥에는 식구들이 먹을 국이 끓고 있었다. 불을 때서 음식을 하면 그 연기는 방바닥 밑을 돌아서 부엌의 반대쪽으로 나가는데, 그 연기가 행인들에게는 좀 고통스러울 수도 있다.

한국에서는 방 출입문 흰 벽(앉아 있는 여자의 양쪽 벽)에 값싼 종이에 그린 전통적인 문양을 붙이는데, 처음 붙일 때는 색깔이 유치하지만, 시간이 지나 퇴색하면 아름답고 부드러운 색으로 변한다. 문양에 들어가는 새 그림은 시간을 상징한다고 한다. 개는 도둑을 방지해주고, 사납게 생긴 사자나 호랑이 그림은 악귀를 쫓는다고 믿어진다. 지붕은 심한 바람으로부터 집을 보호하기 위해 두꺼운 볏짚이나 기와로 덮여 있다.

부유한 한국 사람은 집을 지을 때 풍수지리를 생각한다. 서울은 산으로 둘러싸여 있는데, 왼쪽에 있는 산은 웅크린 용의 모습이고 오른쪽 산은 호랑이의 모습이라고 한다. 한국 사람들은 우측에 호랑이, 좌측에 용의 모습을 한 산을 거느리고 앞에는 냇물이 있는 땅을 명당이라고 생각해서 그런 곳에다가 집을 지어야 복이 온다고 믿는다.

남자들이 기거하는 사랑방은 대문 가까이 있다. 여자들이 기거하는 안채는 대문에서는 보이지 않는다. 가난한 사람의 집은 길가에 붙어 있을 수도 있지만 대개는 집에 마당이 있고, 부유한 집은 안채 앞마당까지 해서 마당이 둘이다. 마당에서는 아이들이 뛰어논다. 어린아이들은 자기 장난감을 스스로 만들어서 논다. 여자아이들은 열한두 살까지는 마음대로 뛰어놀지만, 그 나이가 지나면 안채로 들어가서 바느질, 자수, 음식 만드는 법 등을 배우게 된다. 지체 높은 집안의 여자아이들은 오직 훌륭한 주부가 되는 것만 생각해야 하고 그렇게 되는 데 도움이 되는 일만 배운다. 그들은 전통적인 풍습과 예의범절을 철저히 배운다. 여자는 앉은 자세가 단정해야 한다. 아버지의 배려로 현대 교육을 받은 여자는 위생에 대한 것이나 자녀 양육에 대한 것을 배우지만, 그렇지 못한 대부분의 경우에는 전통 교육을 받는다. 한국 사람들은 방 안에서는 신발을 벗으며, 방바닥은 노란 장판지로 덮여 있는데 항상 반짝반짝 닦아놓고 있다. 사랑방 나무 기둥에는 "집에 연기가 자욱한 것은 즐거운 일이다"라고 써 있는데, 그것은 부엌에서 나는 연기를 가리킨다.

서당 풍경
The School-Old Style

수채화, 《Old Korea》 수록

✳

"하늘 천, 땅 지, 달 월, 사람 인." 후렴처럼 반복하는 소리가 담장 너머로 들려왔다. 여름 해는 따갑게 비치고 있었는데, 서울 성문에서 멀지 않은 그 집은 대문을 활짝 열어놓고 있었다. 이것은 내가 서당 안을 슬쩍 들여다본 장면을 스케치한 것이다.

남자아이들이 관을 외우면서 그 소리에 맞추어 앞뒤로 몸을 흔들어댔다. 나이 많은 서당 훈장은 실내용 모자를 쓰고 앉아서 마치 조각상처럼 미동도 하지 않았는데, 어쩌면 마음 속으로 아름다운 한시를 한 수 짓고 있었는지도 모른다. 사실 훈장은 조금도 학생들의 공부를 염려할 필요가 없다. 반장쯤 되어 보이는 아이가 긴 대나무 작대기를 들고 감시 하고 있다가 학생의 외우는 소리가 끊긴다거나 조는 듯한 동작을 보이면 곧바로 등이고 어디고 내려치기 때문이다. 그러면 어린 학생은 퍼뜩 정신을 차리면서 관 읽는 소리가 조금 커졌다.

한참 후에 다른 구절을 읽는 소리가 들려왔는데 학생들이 잘못 읽으면, 뺨이 빨갛고 명랑 하게 생긴 여자가 마당 오른편에서 갑자기 문을 열고 튀어나와 그들의 읽기를 바로잡아 주었다. 마당 왼편에 부엌이 있는데, 훈장의 부인이 이곳에서 가족의 식사를 준비한다. 부엌은 흙바닥이었고 나무 선반은 하도 오래되어서 검고 반들반들했다. 그릇은 주로 놋 그릇이었고 항아리는 거친 흙색이었다. 과일 말린 것, 오래된 바가지, 그리고 빨간 고추 가 그늘에서 이채로운 빛을 띠고 있었다. 한자 일천 자를 다 암기해야 비로소 초급 과정 의 학업이 끝난다. 외워야 할 한자가 너무나도 많으므로 반장 아이의 회초리는 쉴 새가 없을 것이고 학생들의 등은 편안한 날이 없을 것이다. 한국에서 여자아이는 학교에 보내 지 않는데, 아마 그 붉은 뺨의 여자는 서당에서 살다 보니 관자의 풍월을 어깨너머로 배운 듯하다.

학생들이 외국인 화가가 보는 가운데 한동안 크게 글을 읽어서 그런지 목이 말랐나 보다. 그들이 훈장에게 무어라고 말하자, 그는 "여보, 여보" 하고 아내를 불렀다. 훈장의 부인 이 마당으로 나오더니 바가지로 마당에 묻어둔 물독의 물을 퍼서 학생들에게 먹여주었다. 날은 점점 더워졌고 수많은 파리 떼가 마당에서 마구 날아다녔다. 어린 학생들이 지치는 것도 무리는 아니었다. 그런 와중에 가끔씩 집을 둘러싼 담 사이로 내다보면 끝없이 파란 하늘과 높은 산이 보였다. 참으로 매혹적인 한국의 모습이었다.

신식 학교와 구식 학교
Schools Old and New

수채화, 《Old Korea》 수록

＊

내가 처음 서울에 갔을 때 스케치 대상을 찾아 돌아다니다가, 주위가 참 아름다운 이곳에서 예쁜 옷을 입은 학생들을 만났다. 이 건물은 원래는 절이었는데 임시 교사校舍로 사용하고 있었다. 일본인들이 식민지 교육을 강행하기 위해 시멘트와 콘크리트로 된 학교를 부지런히 짓고는 있지만 아직 학교의 숫자가 부족했기 때문이다. 학생들 중에는 색동 저고리를 입은 아주 어린 아이도 눈에 띄었지만, 바지는 다 하얀색으로 통이 넓었다.

군인처럼 칼까지 찬 선생이 학생들에게 명령을 내리고 행진을 시키고 있었는데, 주위의 평화스러운 환경과는 전혀 어울리지 않았다. 나이가 좀 찬 학생들은 규율도 그리 심하지 않고 푸근한 집 같았던 서당 시절을 그리워하지 않았을까. 몇 년 후에 한국에 다시 갔을 때는 이미 모든 것이 바뀌어 학생들은 일본식 교복에다 흉한 치즈 자르는 칼 모양의 모자를 쓰고 있었다.

이제 일본의 압박에서 놓여났으니, 한국 사람들은 다시 옛날 한복으로 돌아갈까? 아니면 일본 사람들의 복장을 계속 사용하는 게 편하다고 생각할까? 과연 한국 사람들은 옷뿐만 아니라 건축양식에서도 추악한 일본의 잔재를 없앨 수 있을까? 그들에게 현명한 충고를 해줄 사람은 과연 누구일까?

돗자리 가게
The Mat Shop

수채화, 《Old Korea》 수록

*

요즘 한국 상점은 별 재미가 없다. 거의 모든 상점을 일본 사람들이 차지하고, 대개 도시의 중심가에 현대식으로 꾸며놓았기 때문이다. 다만 모자 가게, 돗자리 가게, 그리고 놋그릇 가게는 아직 한국식 그대로 남아 있다. 내가 본 중에 제일 정리정돈이 잘된 돗자리 가게를 여기에 그렸다.

문은 초록색으로 칠을 했고, 가게 앞에는 돗자리를 둘둘 말아놓았다. 한국 돗자리에는 여러 가지 색깔의 무늬가 있고, 어느 집에나 가면 장판 위에 깔아놓는다. 한국에서는 밤이면 요를 꺼내서 펴놓고 잠을 자고 아침이면 개어서 넣어둔다. 들창에 걸려 있는 것은 짚신을 만들거나 돗자리를 만드는 데 사용하는 재료다. 납작한 소쿠리는 곡식이나 고추, 콩 등을 담아두는 데 쓰고, 나무로 만든 붉은색의 함지는 빨랫감을 담아가지고 다니는 데 사용한다. 그림 앞쪽에 애를 업고 가는 여자는 식구들의 빨래를 하러 가는 길이다.

신발 장수가 방금 가져다 놓은 나막신은 아직 먼지가 묻지 않아 반짝인다. 예쁜 놋 쟁반도 보이는데 떡이나 다른 음식을 담는 데 사용하며, 결혼식에서는 꼭 사용한다. 놋쇠는 매우 흔하게 사용된다. 밥이나 국도 놋그릇에 담아주곤 한다. 알록달록한 부채에는 한국을 상징하는 태극 문양이 붙어 있다. 가게 안에서는 흰옷을 입은 주인과 손님이 이야기를 나누고 있다.

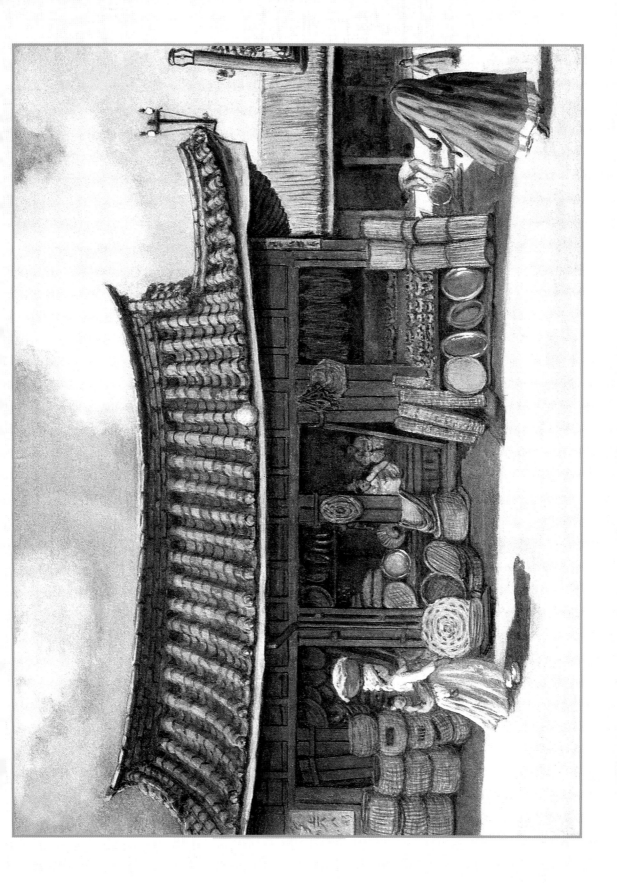

모자 가게
The Hat Shop
수채화, 《Old Korea》 수록

＊

"높은 모자, 둥근 모자, 리본 달린 것, 세상에 모자란 모자는 다 있습니다"라고 간판에 써 있다. 이 자그마한 모자 가게의 주인은 덩치가 큰 사람이다. 하지만 주인은 어떻게든 공간을 만들어서 키가 큰 친구들까지도 가게 안에 다 들어오게 했다. 그들은 거기서 하루 종일 담배를 피우면서 이런저런 이야기를 다정하게 나눈다.

가게에 찾아온 손님이 선물용으로 모자를 사는 경우, 가게 왼쪽에 보이는 색깔 있는 상자를 사서 그 안에 넣거나 아니면 현재 쓰고 있는 모자 위에 얹어서 가져가기도 한다. 어떤 때는 한 사람이 모자를 여러 개 겹쳐서 쓰고 나가는 경우도 있다. 가게 안에 벌통처럼 보이는 것이 모자 넣는 상자다.

한국에서 모자는 중요하다. 학자는 특별한 모자 그러니까 검은 말총으로 된 모자(갓—옮긴이)를 쓰는데, 오로지 중국 고전을 다 읽은 사람만 쓸 수 있다. 총각은 약혼식에서 노란 짚으로 만든 둥그런 모자를 쓴다. 결혼식 날에는 한 사람이 빨간 모자를 쓰고 손에는 백년해로와 신의信義의 상징인 기러기를 들고 간다. 이런 옛 풍습은 한국에서 차차 없어져가고 있다. 요즘은 노인이나 청년이나 펠트 천으로 된 모자를 쓰는데 보기에 좋지 않다. 가게 밖에 놓여 있는 노란 종이를 바른 뾰족한 상자는 모자를 멀리까지 들고 갈 때 쓰는 것이다. 때때로 한국인의 집에서 그림을 그릴 때 이런 상자를 본 적이 있다.

어느 골목길 풍경
Contrasts

수채화, 《Old Korea》 수록

*

야외에서 스케치하다 보면 때때로 난처한 일이 발생한다. 어느 날 한적한 곳을 찾아서 돌아다니다가 초가집이 양쪽으로 늘어선 골목길로 들어섰다. 길 양쪽의 흙벽은 오래되었고 길은 비좁았다. 수챗구멍은 덮어놓지를 않아서 악취가 났고 쓰레기도 어지럽게 흩어져 있었다. 하지만 집 안을 들여다보니 마당은 깨끗이 정돈되어 있었고 김칫독이 아주 예쁘게 줄지어 늘어서 있었다.

갑자기 아주 환한 모습의 한 여자가 햇빛을 받으며 골목길에 나타났다. 녹색 저고리에 크림색의 치마를 입고 있었는데 치맛단이 땅에 닿지 않도록 허리끈을 동여맸다. 발에는 분홍색 비단신을 신고 있었다. 비단 같은 검은 머리는 쪽을 찌어 목뒤로 해서 빨간 리본으로 묶었고, 저고리 고름도 빨간색이었다. 등에 업은 애는 몹시 아픈 듯, 진귀한 외국 사람이 옆에 서 있는데도 쳐다보지 않았다. 그 여자가 갑자기 나오는 바람에 우리 둘 중에 누가 더 놀랐는지는 모르지만, 내가 웃는 얼굴로 목례를 건네자 저쪽에서도 금세 미소를 지으며 화답해 왔다. 곧 하녀가 나타났고 두 여자는 나를 두고 뭔가 말하기 시작했다. 순식간에 많은 사람이 모여들었기 때문에 더 오래 있지는 못했지만, 그 부인의 모습을 재빨리 스케치할 수 있었다. 시간이 없어서 그 집의 아름다운 안마당을 그리지 못한 것이 아쉽다. 그림의 왼쪽 벽에 있는 구멍은 불을 땔 때 연기가 빠져나가는 출구다.

장기 두기
A Game of Chess

1921, 목판화, 31.2×42.4

＊

전형적인 한국 시골의 두 노인이다. 한국에서는 남자들이 장기 두는 모습을 흔히 볼 수 있는데, 길가에 앉아서 두기도 한다.

한국에는 여러 가지 놀이가 있지만, 내가 본 바로 여자들에겐 그네뛰기가 유일한 놀이다. 그들은 우리 스코틀랜드 여자들보다 훨씬 높이 그네를 탄다. 한국 여자들은 자리에 앉아서 타는 것이 아니라 일어서서 탄다. 그네는 대개 소나무에 줄을 매어 만드는데 별도로 세운 기둥에 매기도 한다. 그네는 이런저런 명절에 타기도 하지만, 주로 봄에 타는 듯하다.

위 두 그림은 《올드 코리아》에 실린 스케치이고, 이를 수채화로 그렸다가, 추후 목판화로 다시 작업했다(오른쪽 그림). 부록에 목판화와 수채화가 나란히 놓여 있으니 살펴보기 바란다.—옮긴이

2

어느 학자
The Scholar

* * *

게일은 캐나다 출신의 유능한 선교사이자 학자다. 한국에서 삼십 년 이상을
살면서 누구보다도 한국을 잘 알고 한국인을 사랑했으며, 한국인의 사고방식을
서양 사람에게 이해시켜주는 데 선구적 역할을 한 사람이다.
여행자, 화가, 학생, 고고학자, 신문 기자, 외교관 등 누구 할 것 없이
한국을 거쳐서 중국으로 가는 서양 사람이라면 반드시
게일을 만나기 위한 소개장을 휴대했다.

*　*　*

　　지금은 고인이 된 제임스 게일 박사가 우리를 맞아준 것은 여간 다행이 아니었다. 게일은 캐나다 출신의 유능한 선교사이자 학자다. 한국에서 삼십 년 넘게 살면서 누구보다도 한국을 잘 알고 한국인을 사랑했으며, 한국인의 사고방식을 서양 사람에게 이해시키는 데 선구적 역할을 한 사람이다. 여행자, 화가, 학생, 고고학자, 신문 기자, 외교관 등 누구 할 것 없이 한국을 거쳐서 중국으로 가는 서양 사람이라면 반드시 게일을 만나기 위한 소개장을 휴대했다.

　　서울에는 일본 정부가 운영하는 서양식의 호화스러운 호텔(1914년 조선 철도국에서 세운 '조선 호텔'을 가리킴─옮긴이)이 있었는데, 일본 사람들은 그것을 아주 자랑스럽게 생각하고 있었다. 하지만 우리는 그 호텔을 사양하고 감리교 의료 선교 회관으로 들어가 한국 방문 기간 내내 그곳에서 지냈다. 우리는 한국을 더 알고 싶은 마음이 강했기 때문에, 한국과 한국 문화를 잘 알고 귀중하게 여기는 외국인들과 같이 지내고 싶었다. 또 한국에 체류하는 동안 편안한 분위기 속에서 한국인의 일상적인 모습을 있는 그대로 보고 싶은 마음도 있었다.

　　감리교 선교회 병원장은 메리 스튜어트Mary Stuart라는 미국 캔자스 주 출신의 여성 의사였다. 그는 음식, 옷, 선교활동, 교육방침 등 모든 것에서 그저 미국식이 세계에서 최고라고 생각하는 애국자였다. 자기 나름대로 일가견을 가진 만큼 편견도 있었지만, 동시에 남이 가지지 못한 용기, 근면, 그리고 깊은 신앙심을 가진 독특한 사람이었다. 거실에는 항상 성경이 펼쳐져 있었으며, 매일 성경의 로마서 구절을 읽고 그날의 행동지침으로 삼았다.

게일의 소개로 그를 만나고서 며칠 후, 메리 스튜어트는 자기와 동료들이 우리를 내심 경계했었다는 속마음을 털어놓았다. 서울의 외국인 공동체 내에서, 영국에서 온 두 여자가 일본 정부의 첩자라는 소문이 좍 퍼졌다는 것이다. 그래서 메리는 '너희들이 첩자라고 내가 겁날 줄 아느냐? 만약 첩자라면 나한테 단단히 혼이 나고 말걸' 하고 속으로 결의를 다졌었다고 했다. 그러나 첩자 이야기는 사실무근이라는 게 자연스레 밝혀졌고 그 후 선교회관 안에서 재미있는 농담이 되었다. 한국의 실상을 알고 싶어하던 우리는 곧 외국 선교사들의 신임을 얻게 되었다. 그들은 3·1운동 전에도 그랬지만 특히 3·1운동 이후에 더욱 가혹한 핍박을 받고 있는 한국 사람들의 이야기를 자세하게 해주었다. 일본 사람들이 얼마나 모질고 잔인하게 한국 사람들을 학대하는지도 함께 말이다.

매일 저녁 식사 후에, 메리 스튜어트는 난롯가에 앉아서 자기가 한국 사람을 위해서 헌신적으로 일한다는 점과 일하는 중에 생긴 흥미진진한 경험담을 나에게 일심히 이야기했다.

메리는 음식을 잘 차려 먹는 것을 중요하게 생각하는 사람이었다. 영국의 애플파이도 좋지만, 캔자스식 애플파이는 사과에 크림을 섞어서 만드는데 맛이 일품이었다. 그의 식사 기도는 짧으면서도 하느님께 드리는 요구사항을 빠뜨리지 않았다. "주여, 우리를 축복해 주시고, 우리가 먹는 이 음식을 축복해 주시고, 오늘 일용할 양식이 없는 사람들을 돌보아 주시옵소서."

우리는 미국에 가본 적이 없어서 미국 감리교도들의 선교활동, 목적, 포부, 또는 구성원에 대해서 아는 것이 전혀 없었다. 하지만 이렇게 한국에 와서 그들을 만나게 된 것을 무척이나 감사하게 생각했다. 선교회관의 분위기는 자유로웠고 사람들은 친절한 데다 열심히 일을 하고 있었다. 내가 아무 때나 한국에 대한 인상을 타자기로 두드려대도 아무도 불평하지 않았다.

나와 같이 온 엘리자베스는 매일 아침마다 그날의 스케치 대상을 찾아 일찍 길을 나섰다. 엘리자베스는 그림도구를 들어다 주는 한국 청년을 동반했는데, 그는 엘리자베스가 햇빛을 너무 받지 않도록 커다란 양산을 씌워주기도 했다. 좀 둔감해 보이고 무표정한 그 청년은 자신의 영어 실력을 과시하는 법이 거의 없었다. 나중에야 알게 된 것이지만 그는 용감한 청년이었다. 그는 《조선독립신문》 같은 문서들을 두루마기 배랫속에 감춰 가지고 다니면서 사람들에게 전달했는데, 그것은 일본 경찰에게 발각되면 크게 곤욕을 치를 일이었다.

서양식 붉은 벽돌 건물인 선교회는 고색창연한 동대문 바로 안쪽 가파른 언덕에 위치하고 있었다. 그중 제일 큰 건물이 여성 환자만 치료하는 병원이었다. 언덕 높은 곳에 병원이 있었고, 언덕 아래에는 의무실이라고 할 수 있는 아주 작은 건물이 있었다. 의무실에는 매일 환자가 쉴 새 없이 찾아왔고, 영리하게 생긴 의사와 일본에서 교육받은 한국인 간호사가 외래 환자를 보았다. 의사이자 간호과 주임인 키가 큰 스웨덴 계통의 미국인 남자는 일 잘하고 성실하고 똑똑할 뿐 아니라 유머 감각이 뛰어나고 성품도 아주 좋았다.

병원 내의 생활이 재미있는 때도 더러 있을 법한데 그해 봄은 그렇지가 못했다. 무엇보다도 서울의 전체적인 분위기가 침통했고 그런 만큼 병원도 매일 긴장의 연속이었다. 언덕 위의 병원을 찾아오는 사람들은 빈혈, 폐결핵, 성병(일본인들은 이 병을 '부끄러운 병'이라고 했다), 기생충 등은 말할 것도 없고, 돌팔이 의사한테 갔다가 몸이 상해서 찾아오는 엄마나 아이도 있었다. 치통으로 찾아오는 여자, 옻이 오른 여자, 애를 못 낳아서 혹은 딸만 낳았다는 이유로 봉건적인 남편한테 매 맞아서 오는 여자, 눈병 난 여자, 발가락이 곱은 여자, 팔다리가 부러진 여자,

피부병을 앓는 여자, 임신해서 찾아오는 여자, 각양각색의 환자가 그야말로 끝이 없었다. 그 아름다운 한복 속에 그렇게 많은 고통이 숨어 있었다니, 정말 믿기 어려웠다.

한국 여자들이 입은 옷은 대개 집에서 물을 들여 손바느질해서 만든 것인데, 옷감은 무명, 베, 비단, 명주 등이었다. 색깔은 흰색이나 엷은 옥색이 많았다. 옷고름은 주로 분홍색이고 소매는 남색으로 끝단을 댄 것이었다. 옷만 보고도 여자가 시어머니인지 젊은 새댁인지 아니면 '첩'인지 금방 알 수 있다. 여자들은 길고 까만 머리를 반으로 가르고 목뒤로 넘겨서 쪽을 찌고 있었다. 쪽에는 빨갛고 넓적한 댕기를 매거나 아니면 은비녀나 옥비녀를 꽂는다. 또한 발목까지 내려가는 여자들의 속곳은 풍선마냥 펑퍼짐했다. 날씨가 더워지면 여자들의 옷은 차차 얇아져서 속이 비치기도 한다.

한국 여자들은 뼈대가 작으며 얼굴 표정은 부드럽다. 인내와 복종이 제2의 천성이 된 듯하다. 하지만 온순하기만 한 한국 여자들에게도 의외로 완고한 구석이 있다. 가령 이들에게 새로운 문물을 강요한다든지 오랫동안 쌓아온 그들의 생각이나 생활 신조를 바꾸려든다면, 차라리 서울을 둘러싼 산들을 허물어 옮기는 것이 더 쉬울지 모른다. 그러므로 한국 여자들의 마음을 사로잡는 최선의 방법은 오로지 한국 풍습을 존경하며 끈기와 친절로 대하는 것뿐이다.

동양 여자들은 출산을 할 때 걱심한 고통에도 크게 소리 지르지 않는다는 이야기를 들었다. 하지만 한국 여자들이 진통을 느끼지 않는다거나 여자의 운명을 탓하지 않는다고 속단하면 안 된다. 그들이 이를 악물고 진통을 견디는 이면에는, 돌팔이 의사들 때문에 더해진 고통을 삭이는 눈물이 있고 그것이 늘 베갯잇을 적시고 있는 것이다.

한번은 동대문 병원에 사타구니에 심한 염증이 생긴 여자가 찾아왔다. 같이 따라온 친구의 말에 의하면, 지난번 해산할 때 그 부위가 심하게 찢어졌는데, 동네 의사가 집안 사람들에게 그 부위를 불로 지지라고 했다는 것이었다. 그래도 아물지 않아 더 불로 지졌더니 상처가 몹시 악화되었다. 그러다가 마지막으로 무당을 불렀는데, 무당은 호랑이 이빨과 발톱을 넣어 끓인 물을 환자에게 먹이고, 악귀야 나가거라 하고 소리치며 요란스러운 굿을 했지만 별로 신통한 효과는 얻지 못했다. 그래서 마지막 수단으로 외국인 병원을 찾아와 외국인의 마술로 고쳐보겠다는 마음을 먹게 된 것이다. 병원에서 몇 주일을 정성껏 치료한 결과, 여자와 갓난아기 둘 다 건강한 몸으로 퇴원할 수 있었다.

한국인들의 치료법으로 침을 놓는 방법도 있다. 잘 알려진 바와 같이 이것은 기다란 바늘로 상처 부위를 찌르는 것을 말한다. 때로는 침 맞는 그 자체가 아파서 정말 아픈 것을 잠시 잊어버리기도 한다. 건강한 사람은 더러 침의 고통을 견뎌내기도 하지만, 체질이 약한 사람은 그것 때문에 아예 고통이 영원히 없어지는 천당으로 가기도 한다.

하루는 파상풍 초기증상으로 개구장애(입을 잘 열지 못하는 증세)를 겪는 여자가 병원에 찾아왔다. 병원에 오기 전에 한의사가 여자의 턱에 침을 놓고 발에도 놓아보았으나 소용이 없었다. 그때 이웃 할머니가 그 환자에게 동대문 병원에 가면 기적을 일으키는 서양인 의사가 있다는 소문을 전해주고, 심지어 직접 그 환자를 데리고 팔십여 리 길을 걸어서 찾아온 것이다.

의사가 그 환자의 입을 검사한 후 날렵하게 손가락을 입에 넣어 닫힌 턱을 빼주었다. 환자와 따라온 할머니는 그 신속한 처치와 효과에 감탄을 금하지 못했다. "그것 봐! 내가 뭐랬어? 저 여자 말만 들으면 다 고칠 수 있어. 마치 예수님이 기적을 행하셨던 것처럼!" 할머니는 자신이 대단한 일을 직접 하기라도 한 것처럼 의기양양하게 말했다.

유교정신이 투철한 한국 사회에서는 자식을 낳아 대를 잇는다는 것이 아주 중요한 일이다. 때로는 미성년자도 중매결혼을 하며 열일곱 살이 되기 전에 아기를 가지기도 한다. 대가 끊긴다는 것은 가문의 비극이므로, 남자들도 그렇지만 여자들도 그것을 피하려고 최선의 노력을 다한다. 의사 말에 의하면, 어떤 여자는 무려 열두 번을 임신했는데 번번이 해산하다가 유산을 했다. 주위의 모든 사람이 이제는 단념하라고 했지만, 그 여자는 죽는 한이 있어도 대를 끊어지게 할 수는 없다며 또 임신을 했고, 출산일이 다가오자 마지막 희망을 품고 시어머니와 친구들이 동대문 부인병원으로 그 임신부를 데리고 왔다. 그는 의사의 마취를 받고 무사히 해산을 했는데, 출산 나흘 만에 병원에서 도망치려 했다. 너무 기쁘고 자랑스러워서 하루빨리 아기를 가족들에게 보여주고 싶었던 것이다. 아쉽게도 아기는 딸이었지만!

한 의사가 말하던 것이 생각난다. "한국 사람들이 게으르다고 말하는 사람들이 있는데, 그들에게 나는 그게 이유가 있다고 답합니다. 바로 기생충 때문이에요. 어떤 환자에게서 무지하게 큰 촌충도 빼주었고, 또 다른 환자에게서는 십이지장충을 무려 이백여 마리 빼냈어요. 이 불쌍한 여자들을 괴롭히는 것은 영양 부족과 몸속의 기생충이랍니다."

한국 사람들은 순수하고 담백한 마음을 가지고 있고 학문을 존중하고 무력을 싫어한다. 한국인의 심성을 게일보다 더 잘 아는 사람은 없는데, 그는 자신을 찾아오는 일본 사람들에게 이렇게 말했다. "한국 사람들은 우리들의 현대 문명과는 전혀 다른 그들만의 순수한 정신 세계 속에서 살고 있습니다. 나도 지난 삼십 년 동안 그들의 정신 세계를 연구했는데 아직도 채 이해 못하는 구석이 많습니다. 깊이 파고들수록 한국 사람들의 문화를 더 존경하게 됩니다."

일본이 한국을 점령하기 전부터 이미 기독교 선교 사업의 영향력은 한국에서 단단하게 자리를 잡았다. 게일은 한국 사람들이 기독교를 받아들이는 것과 관련해 다음과 같이 말했다.

아시아에서는 기독교 전파가 쉽지 않았는데 그 이유는 많은 일반 대중이 문맹이라 성경을 읽지 못했기 때문이다. 이런 사정은 문자는 있지만 문자 자체가 배우기 힘든

인도 등의 나라도 마찬가지였다. 중국이야말로 제일 안 좋은 경우인데, 지배층에서는 고고한 문화를 논하며 편안히 지내는 동안, 대중은 일자무식으로 소문, 귀 동냥, 그리고 미신만 믿으면서 살아왔다. 극동에서 한국은 유일한 예외인데, 그들에게는 누구나 쉽게 배우고 쓸 수 있는 글자가 있었다. 어떤 선구자적인 본능이 작용했는지 모르지만 한국에서는 사백육십 년 전에 간단한 표음문자가 발명되었다. 그래서 남녀노소, 빈부의 차이, 직업의 고하, 생계의 방법을 막론하고 누구나 글을 읽을 수 있다. 요즘 교회 일을 보는 한국인 중에는 평생 학교를 가본 적이 없는 사람도 많다. 한글은 복음 전파의 선교활동을 아주 쉽게 해주었다. 선교사들은 세종대왕이 발명한 한글로 성경을 번역했고 그리하여 이 은둔의 나라에 사는 사람들은 곧 에덴동산에서 갈릴리 바다에 이르기까지 성경 이야기를 흔히 알게 되었다. 또 한국에는 이미 하늘에 계시는 '하느님'이라는 개념이 있어서 우리가 전하고자 하는 유일신 개념을 쉽게 전할 수가 있었고, 하느님이 우리의 일상생활을 어떻게 주관하는지 이해시킬 수 있었다. 이에 비해 중국 사람이나 일본 사람은 유일신 개념이 전혀 없다.

한국 사람들이 아시아에서 언어 능력이 제일 뛰어나다는 것은 널리 인정되는 사실이다. 일본을 한 번도 가보지 못한 한국인이 일본말을 어찌나 잘하는지 한국인인지 일본인인지 구별이 안 될 정도였다고 한다.

한국은 기독교를 새로 받아들인 나라들 중에서 다른 나라에 선교사를 보내는 유일한 나라이기도 하다. 중국 사람들은 서양인 선교사보다 한국인 선교사를 더 쉽게 받아들인다고 한다. 또 고집 세기로 유명한 노바스코샤Nova Scotia (캐나다 남동쪽에 위치한 지역—옮긴이) 사람들이 한국인 목사를 두었다는 이야기도 들린다. 중국 사람들은 서양과 교역을 통해 기계, 배, 철도, 공장 등을 얻으면서 기독교는 그 해독제 정도로 받아들인 반면, 한국 사람들은 약간 투박한 형태의 복음주의를 받아들였고 인근 나라들과의 무역 관계는 그대로 유지했다.

이 나라는 학문을 쌓은 학자라면 비록 남루한 옷을 입고 다닌다 해도 존경하고 우대하는 문화를 갖고 있다. 그래서 한국 사람들은 사도 바울과 그 제자들의 행적을 쉽게 이해하고 받아들였다.

어쩌면 '선교활동'이라는 것에 약간의 편견을 가진 독자가 있을지도 모른다. 하지만 공평한 마음을 가지고 한국을 방문한 사람이라면 기독교 선교활동이 한국을 근대화하는 데 크게 기여했다는 것을 선선히 인정할 것이다.

아름다운 한국 여성들

* * *

한국 여자들은 뼈대가 작으며 얼굴 표정은 부드럽다.
온순하기만 한 것처럼 보이지만, 의외로 완고한 구석이 있다.
가령 이들에게 새로운 문물을 강요한다든지 오랫동안 쌓아온
그들의 생각이나 생활 신조를 바꾸려든다면, 차라리 서울을
둘러싼 산들을 허물어 옮기는 것이 더 쉬울지 모른다.
그러므로 한국 여자들의 마음을 사로잡으려면
오직 한국 풍습을 존경하며 끈기와 친절로 대해야 한다.

바느질하는 여자
Woman Sewing

수채화, 《Old Korea》 수록

*

중류층의 한 여자가 바느질하고 있는 모습. 그의 옆에는 바느질 함과 인두가 꽂혀 있는 놋쇠 화로가 놓여 있다. 한국 여자들은 세탁과 다리미질을 아주 잘해서 아무리 더럽고 거칠었던 옷도 그들의 손을 거치면 반짝반짝 윤기가 나도록 깨끗하게 세탁된다.

식모가 부엌에서 일하는 모습이 뒤쪽에 보인다. 부엌의 한 가지 결점은 창문이 없다는 것인데 서양의 관점에서 보자면 답답하게 갇혀서 산다고 하겠다. 방바닥의 노란 장판지는 항상 닦고 문지르니까 윤기가 나고, 방밑은 더운 연기가 돌아나가는 온돌이라 방은 언제나 따스하다.

한국 여자들이 사용하는 골무는 아주 작은 영국의 찻주전자 덮개같이 생겼는데, 예쁜 색의 수를 놓은 비단으로 만든 것이다.

여자들은 안채에서 산다. 한국 집은 천장이 낮으며 작은 방 안에는 장롱이나 반닫이가 놓여 있다. 이런 가구들은 잘 다듬은 나무로 만든 것으로 빨간 옻칠을 해 멋을 내며 놋장식을 붙여서 화려함을 더한다. 한국 장롱은 이미 유명하지만, 정말 그것이 얼마나 유용한지는 한국 여자들이 그걸 사용하는 현장을 직접 보아야 실감이 난다. 그림 속의 여자는 가난한 사람들을 돕기 위해 직접 만든 옷들을 꺼내놓고 있다. 이런 옷이 장롱 속에 차곡차곡 질서 정연하게 들어 있는 광경을 보면 누구나 감탄할 수밖에 없다. 잘못 넣어둔 옷을 꺼낼 때에도 서두르는 법 없이 날렵하게 꺼내든다. 장롱 속에 이처럼 완벽하게 옷을 넣어두는 습관은 수백 년 내려오면서 축적된 자기 절제의 상징이다. 한국 방에는 장롱이 유일한 가구라고 할 수 있는데 그 이외에는 기껏해야 작은 밥상이나 책상이 하나 있을 뿐이다. 한국 장롱 중에서도 제일 귀한 것이 까만 자개장롱인데 그 섬세한 수공은 아무리 칭찬해도 부족하다.

아기를 업은 여인
Lady with a Child

1934, 리소그래프, 43.4×37.5

*

키스가 1917년에 처음으로 일본에서 출판한 작은 책자 《웃고 넘깁시다 *Grin and Bear it*》
는 적십자 모금운동을 위한 것이었는데, 한국에서도 자선 사업을 위해 그림을 그려주
었다. 한국에서 크리스마스 실seal은 1932년에 처음으로 캐나다 선교사이자 의사인 셔우
드 홀Sherwood Hall(1893~1991)에 의해서 만들어졌는데, 결핵요양원을 운영하던 셔우드
홀이 일제에 의해 추방될 때까지 구 년 동안 결핵을 널리 알리고 결핵퇴치운동에 사용하려
는 모금운동의 일환이었다. 키스는 그 사이에 크리스마스 실을 세 번(1934, 1936, 1940년)
도안했다. 이 그림은 1934년에 사용된 것의 원화인데, 아픈 아기를 업고 있는 어머니의
모습을 담았다. 이 그림을 사용한 크리스마스 실에는 '보건保健'이라고 쓰여 있고, '1934-
1935'라는 연도와 크리스마스 실 마크가 그려져 있다. 그림의 배경에는 동대문이 있고 그
뒤로 구불구불 성벽이 보인다.

이 그림에 키스는 자신의 이름을 영문으로 서명했지만, 또 한자로 '기덕奇德'이라 표기하
고 있어 이색적이다. 물론 'Keith'의 한국식 발음 아니면 중국식 발음을 한자로 표기한
것인데, 이를 크리스마스 실과 연결해 생각하면, 이것을 사서 헌납하는 사람들의 '기적奇蹟
적인 덕德'을 촉구하는 엘리자베스 기덕奇德이라고 해석하면, 지나친 상상일까? 기덕이
라는 한자 표기는 크리스마스 실 원화 두 점에만 있다(다른 것은 283쪽에 있는 〈연 날리는
아이들〉). 한자의 필체가 서로 아주 다른 것으로 보아 붓글씨는 서로 다른 사람이 써주었
을 듯하다. ―옮긴이

맷돌 돌리는 여인들
Women at Work
수채화, 30.5×40.6, PAM 제공

*

해그늘이 지기 시작하는 오후, 두 여자가 마당 한가운데서 맷돌로 무엇인가를 갈고 있다. 마당 옆에는 장독이 보이고, 방 안에는 무엇인가를 읽고 있는 주인 남자가 보인다. 아마도 시어머니와 며느리가 저녁을 준비하기 위해 무언가를 맷돌에 갈면서 살림 이야기, 동네 사람들의 이야기를 나누고 있는 것이 아닐까? 서양에서 여행객으로 한국을 찾은 화가가 이렇게 평범한 사람들의 살림하는 모습을 그린다는 것은 쉬운 일이 아니었을 것이다. 더구나 남의 집 안에 들어가서 그림을 그려야 했으므로 아마 키스가 여자여서 조금 더 허락받기가 용이하지 않았을까 싶다.

흰 두건을 머리에 쓰고 있는 것으로 보아 북쪽 사람들로 보인다. 당시 한국 여성은 아주 짧은 저고리를 입는 것이 상례였는데, 선교사들의 글에서 그것은 아이를 낳은 것을 자랑스럽게 생각하는 표시이고, 가슴을 노출하는 것은 하등 실례가 아니라고 적혀 있다. 댓돌 위에 신발을 가지런히 놓은 것은 정돈된 살림살이를 보여주고, 신을 방 안에서 신지 않는 우리 풍습을 보여준다.

2002년 여름 캘리포니아 주 패서디나에 있는 퍼시픽 아시아 박물관에서 "서양인의 눈으로 본 한국"이라는 주제로 키스와 폴 자쿨레Paul Jacoulet(1896~1960)의 그림을 전시했는데, 그때 처음으로 이 그림이 선을 보였다. 이 그림에 대해서는 키스의 어느 책에도 따로 기술된 바가 없다. 구아슈gouache 종이에 그린 수채화다. 퍼시픽 아시아 박물관은 이제 서던캘리포니아 대학에 소속되어 있다.―옮긴이

수놓기
Embroidering, Korea
1921, 목판화, 31.5×23

*

길게 땋아 내린 검은 머리에 붉은색 댕기를 하고, 수를 놓는 소녀의 모습이다. 시집갈 준비의 하나로 베갯모라도 준비하는 것일까? 소녀는 붉은색 저고리에 약간 푸른색이 도는 흰 치마를 입고 있다.

이 그림은 선이 비교적 단순하고 채색 역시 몇 번 하지 않아도 되었기 때문에 목판화를 만드는 과정이 다른 그림에 비하여 쉬웠을 텐데도 구하기가 쉽지 않다. 1992년 키스의 프린트 도록을 발간한 리처드 마일스Richard Miles가 죽은 후 그의 재산을 넘겨받은 사람으로부터 옮긴이가 수집했는데, 당시 다소 비싼 느낌이었지만 그대로 구입했었다. 일본 우키요에浮世繪를 출판하는 사람들은 만든 작품이 다 팔리면 흔히 계속 더 만들곤 했지만 키스는 한정판을 고집했다. 다른 서양인 화가의 그림에 비해 키스의 그림이 조금 더 비싼 것은 이처럼 생산을 적게 한 데다, 목판이 1923년 간토關東 대지진 때 불 타서 없어진 탓도 있다.—옮긴이

Embroidering. Korea

E·K·
1921
Elisabeth Keith

함흥의 어느 주부
A Hamheung Housewife

수채화, 《Old Korea》 수록

*

한반도 북쪽에 있는 함흥 여자들은 서울 여자보다 키도 크고 자세도 더 꼿꼿하다. 머리에 무거운 짐을 이고 다니며 의상도 독특하다. 큰 두건 같은 머릿수건은 치마를 잘 이용해서 만든 것이다.

나는 이 여자를 대낮에 그렸다. 그는 땡볕도 별로 개의치 않았을 뿐 아니라 머리에는 젖은 빨래를 담은 붉은 함지를 이고 있었는데도 별로 힘들어하는 기색이 아니었다. 그는 옥가락지 두 개를 정성스럽게 끼고 있었다.

함흥 여자들의 저고리는 서울 여자들 것보다 훨씬 짧았다. 허리에 달린 솔 같은 것은 주머니의 일부이고, 치마와 바지는 다림질해서 빳빳하지만 쉽게 구겨진다. 특별한 날에는 비단옷을 입는다. 빨래를 하는 동안에는 낡은 옷으로 갈아입거나, 그냥 바지만 입고 일을 한다.

함흥 부인들의 전형적인 모습은 아이를 허리춤에 꿰차거나 등에 업고 있는 모습이다. 여자들이 빨래하러 갈 때는 애들을 데리고 다니는 것이 보통이다. 이 동네에서 한 여자가 살아 있는 새끼 돼지를 머리에 이고 가는 것을 본 적도 있다. 남자가 작은 상을 여덟 개나 머리에 얹고 가는 것을 보기도 했다.

이 그림과 바로 뒤에 나오는 〈아침 수다〉는 같은 소재의 그림이다. ─옮긴이

아침 수다
A Morning Gossip, Hamheung, Korea
1921, 목판화, 38.5×26

＊

빨랫감을 이고, 씻어야 할 요강을 들고, 아침에 냇가로 나가던 여자와 다른 여자가 길에서 만나 수다를 떤다. 함흥 여자들은 서울 여자들보다 키가 크고 허리가 꼿꼿하며, 머리에 무거운 것을 가볍게 이고 다닌다. 머릿수건을 기술적으로 두르는 것이 풍습이며 어떤 때는 치마나 애들 옷으로 머리를 둘러싸기도 한다. 치마는 풍선처럼 넓게 퍼져 있고 저고리는 여름에는 무척 짧다. 여인은 짚신을 신고 있는데, 그 당시 서울에서는 고무신이 유행이었을 듯싶다.

함경도에는 장로교 계통 선교사가 많이 활동하고 있었는데, 키스는 그들의 집에 유숙하면서 그림을 그렸다.—옮긴이

모자母子
Korean Mother and Child

1929, 에칭, 33×26

*

키스가 연필로 적은 노트에 '하부인河夫人과 남자아이'라고만 쓰여 있고, 이 모델들에 대한 더 구체적인 정보는 없다. 아기를 안은 부인의 머리모양으로 보아 신여성인데, 키스의 작품 노트에는 "혹시 미술가?"라는 메모가 적혀 있다고 한다. 아기는 옷을 잘 차려입었고, 부인은 손에 신식 부채를 든 채 고급스러운 화문석을 깔고 앉아 있다.

이 판화는 키스가 영국으로 돌아가서 에칭을 배운 뒤에 만든 작품인데, 아이와 어머니의 얼굴색이 너무 검게 나온 것은 아직 기술적으로 미흡했기 때문이 아닌가 싶다. 부록에 이 그림과 오리지널 수채화가 나란히 수록되어 있으니 비교해 보라. 원래 쉰 장을 찍을 예정이었으나 완성되지 않은 것으로 알려져 있다. 키스가 어머니와 갓난아이를 좋아해서였는지 다른 나라에서도 어머니와 아기는 자주 그림의 소재가 되었다.—옮긴이

3

무당과 비구니
The Sorceress and the Priestess

* * *

무당의 몸은 이리저리 대중없이 움직였고, 작고 하얀 발은 교묘하게
박자를 맞추며 그 맵시를 뽐냈다. 북소리, 꽹과리 소리, 주문 등이
모두 합쳐지니 신비한 분위기가 저절로 조성되었다.
춤추는 동안 두 번이나 문간으로 나가서 가볍게 고개를 돌리는 동작만으로
얼굴의 땀을 떨어냈는데, 어찌나 재빠른지 무당이 잠깐 휴식을 취하러
나갔다 왔다는 사실을 아무도 눈치채지 못했다.

* * *

《조선독립신문》을 제작하고 배포하던 수많은 젊은 남녀 학생은 말할 것도 없고, 그들보다 더 어린 열두 살 혹은 그 이하의 어린 소년소녀들도 한국인 특유의 정신력, 불굴의 용기, 자제심, 위험과 압박에 끄덕도 하지 않는 인내심, 학구열 등을 보여주었다. 하지만 그를 이야기하기 앞서 먼저 한국의 오래된 미신, 즉 토속종교에 대해서 이야기해보겠다.

내가 무당이 춤추는 것, 즉 굿하는 것을 보러간다고 하자, 한국말을 할 줄 아는 예쁘게 생긴 한 미국 소녀가 동행하겠다며 따라나섰다. 우리는 청명한 어느 날 아침 무당 집을 찾아갔다. 그 집은 서울의 낡은 성 밖, 계곡을 낀 언덕 높은 곳에 있었다. 셰익스피어의 희곡에 나오는 마녀 같은 할멈하고는 전혀 다르게 생긴, 친절하고 부유해 보이는 여자가 자신의 굿 장면을 보러온 우리들을 환영해주었다. 그 여자는 '마녀는 절대 살려두어서는 안 된다'는 서양 속담은 한 번도 들어본 적이 없는 것이 분명했다.

계곡을 따라 올라가면서 우리들은 그 경치에 감탄을 금할 수 없었다. 개울

양편에 일렬로 선 푸른 수양버들 가지는 오월의 실바람에 가볍게 흔들리고 있었고 널찍한 길에는 회색 돌이 여기저기 깔려 있었다. 암반과 작은 돌로 뒤덮인 언덕은 황금빛 아침 햇살에 반짝이고 있었으며, 솔개 두 마리가 머리 위로 돌고 있을 뿐 계곡은 텅 비어 있었다. 보이지는 않지만 저 계곡 뒤편 어딘가에서 개울물에 빨래를 담그고 방망이질하는 소리가 단조롭게 울려오고 있었다.

그런데 갑자기 세상이 완전히 옛날로 돌아간 듯한 이 느낌은 무엇일까? 아, 바로 저거구나! 무당의 저 원시적인 북소리. 쿵 쿵 쿵덕쿵. 반음 내려앉은 듯한 그 북소리에 뒤이어 조금 얄팍한 북소리가 장단을 맞추듯이 계속해서 딩딩 딩디딩 울려왔다.

잠시 뒤 북소리도 춤도 갑작스럽게 끝이 났다. 우리가 휘어진 길을 돌아 무당의 집에 도착해보니, 사람들이 담배도 피울 겸 한숨 돌릴 겸 굿을 잠시 쉬고 있었다. 무당의 집은 흰 담으로 둘러싸여 있었는데 그날은 누구나 들어올 수 있도록 문이 활짝 열려 있었다. 북을 치며 춤을 추던 방은 천장은 낮았지만 꽤 넓었다. 한국 어느 집이나 그렇지만 방바닥에는 노란 기름을 먹인 장판을 깔았고, 낮은 평상을 방의 뒤편 벽에 붙여놓았다. 그 평상 위에는 여러 가지 종류의 떡, 과일, 이상하게 생긴 음식들이 나무 접시와 잘 닦아놓은 놋그릇 위에 놓여 있었다. 또 싸구려로 보이는 기름종이로 만든 조화造花가 있었고, 그 위로는 파리 떼가 윙윙 날아나니고 있었다.

큰방 외에도 방이 세 개 더 있었다. 왼쪽 방에는 부인 세 사람이 무릎을 꿇고 앉아 담배를 피우면서 수다를 떨었다. 그 방에 붙어 있는 다른 방은 무당의 부엌이었다. 부엌문은 아일랜드식처럼 상하로 되어 있었고 윗문은 열려 있었다. 부엌에서는 분홍색 저고리에 까만 무명치마를 입은 예쁜 소녀가 일을 하고 있었다. 그 소녀의 까만 머리가 햇빛을 받아 반짝거렸고, 금방 분을 바른 듯한 얼굴은 하얀 꽃처럼 창백했다. 부엌은 김과 연기가 가득했다. 소녀는 허리를 굽힌 채 큰솥을 들여다보고 있었는데 점심때 사용하려는 것인 듯, 그 속에서는 구수한 냄새가 나는 곰국이 끓고 있었다. 저쪽 벽에 뚫린 들창 사이로 계곡 건너편의 파란 하늘과 푸른 나무가 보여서 아주 아늑한 풍경을 연출했다. 큰방 오른쪽에 있는 방에는 사각형 구멍이 있었는데, 그 구멍으로 한 열네 살쯤 되어 보이는 소녀의 온순한 얼굴이 얼핏 보였다.

큰방에는 무당 말고도 열두 명쯤 되어 보이는 여자들이 앉아 있었다. 그중 넷은 악사인데 다 장님인 듯했고 남자가 둘 끼어 있었다. 하나는 더벅머리 소년으로, 지저분한 하얀 바지를 입고 있었으며 징을 들고 있다가 신호에 맞추어 치고 있었다. 나이를 더 먹은 다른 남자는 피리 비슷한 악기를 불고 있었다. 나이든 몇몇 여자는 동정하는 눈빛이 가득한 동네 아주머니였다. 노파 한 사람이 무당의 시중을 들고 있었고 나머지 사람들은 가만히 앉아 있었다.

한국 어딜 가나 그렇듯이, 여자들은 폭넓은 치마에 짧은 저고리를 입고 있었다. 까만 머리는 반으로 갈라 목뒤로 팽팽히 넘겨서 커다란 핀 같은 것(비녀를 가리킴—옮긴이)으로 고정시켰다. 반들반들하게 면도한 것 같은 여자들의 앞이마는 지적인 인상을 주었으나 그들의 보드라운 검은 눈동자는 얼굴의 윤곽선을 부드럽게 만들었고 전체적으로 인자하고 차분한 느낌을 갖게 했다.

쉰이 넘은 듯한 무당은 얼굴에 곰보 자국이 있고 덩치가 컸다. 입가에 상냥하고 온화한 표정이 담겨 있었고 눈에는 총기가 반짝거렸다. 무당은 방 한가운데 쭈그리고 앉아서 긴 담뱃대를 물고 있었고, 그 옆에서 얼굴 쪼글쪼글한 시중드는 노파가 가끔 담배를 채워 불을 붙여주었다. 다른 옆에는 오늘 혼을 불러 굿을 해주려는 주인공 여자가 앉아 있었다. 주인공은 오늘의 예식을 위해서 수놓은 암청색 비단옷을 입고 머리는 전통적으로 꾸몄는데 체구는 작고 머리와 목이 길고 가늘었다. 무당은 자주 그 여자에게 다가가 낮고 부드러운 음성으로 말을 걸었고 때때로 침묵 중에 엄마처럼 어깨를 두드려주면서 자기가 한 말을 강조했다.

한참 후에 무당이 담뱃대를 노파에게 건네주고 일어났다. 무당은 춤을 추는 옷으로 갈아입기 시작했다. 처음에는 푸른색 비단 치마를 허리에 둘러 입고, 그

다음에는 짧고 넓은 청색 겉옷, 마지막으로 따뜻하게 느껴지는 노란 흙색의 무늬가 짜여 있는 얇은 옷을 걸쳤다. 의상은 고풍스러운 스타일이 중국의 영향을 받은 듯 보였다.

춤추는 무당은 덩치가 크고 어깨가 넓었지만 발은 작았다. 뒤축이 따로 없는 꼭 끼는 흰 무명 버선을 신어서인지 발 모양이 더욱 날씬하게 보였다. 널찍한 바지가 발목에 닿았고 바지 단은 주름이 잡혀 있었다. 무당이 서서히 일어서니 꽹과리가 울리고 북이 한 번 울렸다. 무당은 품위 있게 움직이며 북소리가 날 때마다 발을 땅에 디디면서 계속해서 코 먹은 소리로 주문을 외웠다. 무당은 양손에 종이를 들고 춤을 추었는데 양손을 모을 때마다 종이가 서로 닿았다. 이어 무당은 음식이 놓여 있는 평상으로 돌아서서 절을 했고, 그때마다 꽹과리와 북이 장단을 맞추어 요란하게 울어댔다. 북소리는 더욱 빨라졌고 다른 북이 합세하자 무당의 춤이 점점 더 빨라졌다. 무당은 종이를 왼쪽 오른쪽 어깨 위로 번갈아 흔들어 돌리면서 더 큰 목소리로 주문을 외웠다.

시중드는 노파가 무당에게 조그만 방울이 여섯 개쯤 달린 놋 딸랑이와 커다란 낡은 부채를 건네주었고, 왼쪽 어깨 뒤로 노란색의 기다란 비단 천을 둘러주었다. 무당은 북과 다른 악기 소리에 장단을 맞추어 주문을 외우며 춤을 추었고, 부채, 기다란 종이, 비단, 딸랑이가 일제히 어울려 돌아갔다. 무당의 몸은 이리 가기도 하고 서리 가기도 하며 대중없이 움직였고, 삭고 하얀 발은 교묘하게 박자를 맞추며 그 맵시를 뽐냈다. 때때로 무당은 한 발을 가볍게 들어 마치 산토끼처럼 쿵 하고 방바닥에 내려놓았다. 무당은 몸을 좌우로 흔들며 몸을 높였다 낮췄다 하더니 빙글빙글 돌기 시작했다. 입에서 헉헉거리며 숨찬 소리가 터져 나와도 주문 외우는 것을 잠시도 그만두지 않았다. 북소리, 꽹과리 소리, 주문 등이 모두 합쳐지니 방 안에는 신비한 분위기가 절로 조성되었고, 무당의 몸은 마치 최면에 걸린 듯 덩더쿵 덩더쿵 자유자재로 움직였다. 춤추는 동안 두 번이나 문간으로 나가서 손수건 없이 가볍게 고개를 돌리는 동작만으로 얼굴의 땀을 떨어

무당
The Sorceress

수채화, 《Old Korea》 수록

냈는데, 어찌나 재빨리 돌아와 춤을 계속 추는지, 무당이 잠깐 휴식을 취하러 나갔다 왔다는 사실을 아무도 눈치채지 못했다.

화창한 봄날 아침, 무당 집의 낮은 천장, 파리가 달라붙는 음식, 번지르르한 장식물, 쭈그리고 앉은 여인네들, 열광적으로 풍악을 울려대는 장님들, 그 모든 것의 한가운데서 빙글빙글 춤을 추는 무당…. 이 모두가 무척 기이한 광경을 연출하고 있었다. 한 할멈은 눈을 똑바로 뜨고 미동도 하지 않은 채 앉아서 줄담배를 피우고 있었고, 그 옆에 앉은 쪼글쪼글하고 이마저 빠진 노파는 벽에 기대어 졸고 있었다. 젊은 여자들은 무당의 일거일동을 열심히 쳐다보고 있었고, 가끔 주문을 외울 때는 같이 따라 하기도 했는데 마치 광란과 황홀의 합창 같았다. 좁은 안쪽 방에서는 젊은 세 여자가 쪼그려 앉아서 무당 쪽은 한 번도 쳐다보지 않은 채 계속 담배만 피우고 있었다.

풍악을 울리는 사람들 중에는 아주 작은 여자가 제일 큰 북을 두드렸다. 초점이 없는 까만 눈을 보고서야 그 여자가 장님인 것을 알았고, 한참을 본 후에야 꽹과리를 정열적으로 정확하게 두드리던 남루한 남자아이 역시 장님이란 것을 알았다. 북을 치는 동안 파리 몇 마리가 그 자그마한 여자의 하얀 이마에 딱 달라붙어 움직이지 않았다. 다른 고수鼓手는 큰 키에 마른 여자였는데, 엷은 푸른색과 흰색의 깨끗한 저고리를 입고 있었다. 네모난 벽 구멍에 얼굴을 들이대고 쳐다보는 여자아이는 마치 미법에 걸린 순한 소ㅕ처럼 보였고, 분홍 저고리를 입고 부엌에 있던 창백한 얼굴의 소녀는 국솥을 휘젓거나 한 주걱 떠서 맛보면서 춤추는 분위기에 장단을 맞추었다. 국솥에서 솟아오르는 자욱한 김 사이로 저 건너편 전원적인 경치가 어슴푸레 보였다. 그것은 평화 그 자체였다.

마당에서는 여러 아이가 구경을 하고 있었는데, 남자아이들은 때가 탄 흰옷을 입고 잘 빗지 않은 머리는 길게 뒤로 땋아 늘였다. 덩치가 작은 여자아이들은 장밋빛 분홍색 치마를 입고 있었다.

무당의 주문 외우는 소리는 찢어지는 고음으로 올라갔다가 다시 졸린 듯 낮은 소리로 변해서 후렴처럼 반복되고 있었다. 덩더쿵 덩더쿵 울리는 북소리는 주위의 모든 소리를 삼켜버리면서 최면을 불러일으키더니 마침내 무당의 춤과 일체가 되어 그 자리에 있는 모든 사람에게 최면을 걸어 신비한 분위기 속으로 빠뜨렸다. 음식, 마루, 벽, 사람의 얼굴 등 온갖 데 내려앉았다가 다시 일어나는 파리들마저도 그 마법의 리듬에 사로잡혀 자기도 모르게 그런 식으로 행동하는 것 같았다.

무당의 춤과 호곡號哭은 저 오래된 태곳적의 기이한 느낌을 인간의 의식 속으로 불러들이는 소환의 주문이었다. 그 느낌은 너무나 오래된 시절에 인간들이 체험했던 원초적 본능 같은 것이어서 역사가들도 일찍이 기록해놓은 바가 없는 그런 느낌이었다. 사람들의 가슴속 깊은 곳에 오래 감추어둔 고통의 기억이 해방되어 의식의 문을 두드리며 비집고 들어오려 하자, 사람들은 그동안 간신히 억눌러왔던 그 기억을 받아들이지 않으려고 용을 쓰는 것 같았다.

무당은 주인공 여자(병이 낫기를 바라는 환자)에게 콧소리로 중얼중얼 말을 했다. 그 키 작은 환자는 고개를 숙이고 비슷한 콧소리로 대답을 했다. 질문과 대답이 한참 계속되더니 환자의 눈에 눈물이 고이기 시작했고, 얼굴에 괴로운 표정이 역력해졌다. 하지만 주인공은 어머니 같은 무당의 말을 꼭 믿는 듯 보였다. 환자의 눈에서 눈물이 점점 솟구치더니 마침내 뺨으로 흐르기 시작했다. 환자는 거친 손바닥을 마주 비벼대며 계속해 공수(무당이 죽은 사람의 넋이 말하는 것이라고 해 전하는 말―옮긴이)에 응답했다. 이윽고 무당은 주문 외우는 것을 끝냈고 징 소리도 멈추었다. 창백한 얼굴의 여자만이 둥둥둥 혼자 북을 치고 있었다. 마법에 빠진 파리는 여전히 그의 얼굴에 달라붙어 있었다.

덩치 큰 무당도 차차 동작이 완만해지더니 가볍게 흘러가는 듯한 동작으로 변했다. 곧 춤과 노래가 끝나고 징과 큰 북도 멈추었다. 얼굴 쪼글쪼글한 노파가 급히 무당의 옷을 벗겨주자, 무당은 피곤도 잊어버린 듯 곰보 자국 있는 이마에 흐르는 땀도 씻지 않고 계속 질문을 해댔다. 광채 나는 두루마기와 반짝이는 치마는 조심스럽게 접혀졌고, 인자한 얼굴의 무당은 청색 저고리를 입은 여자를 향해 환한 웃음을 지어 보였고 그가 마루에 미끄러지듯 쓰러지자 그의 손을 잡으며 다정하게 두드려주었다.

쪼글쪼글한 노파가 무당에게 나무로 만든 것인지 쇠인지 모를 작은 검은색 그릇을 주었는데 그 안에는 가짜 동전 같은 것이 들어 있었다. 내 옆에 앉았던 여자는 내게 이런 말을 해주었다. 청색 저고리를 입은 여자는 환자가 아니고 집안 내의 무슨 문제 때문에 고민 중인데 무당이 그 여자의 운수를 점쳐준다는 것이었다. 점치기가 끝난 다음에 무당이 우리에게 말을 걸었다. "나는 좀 쉴 테지만 잠시 뒤 아주 신나는 춤이 있을 테니 좀 더 놀다 가세요." 우리는 대단히 고맙지만 그만 가야겠다고 정중히 사양하고 무당 집을 떠날 채비를 했다.

바로 그때 정복을 입은 일본 경찰이 두 명 나타났다. 무당 집에서 두 외국인이 무엇을 하고 있는지 알아보기 위해서였다. 무당이 그들에게 어머니같이 웃으면서 인사했고, 한참 서로 이야기를 주고받더니 그들은 떠나갔다.

사람들이 밖에까지 나와서 우리를 전송해주었다. 마지막으로 돌아보니 청색 옷을 입은 여자가 호소하는 듯한 표정으로 자기 집안 내의 문제를 무당에게 털어놓고, 무당은 하얀 동전 같은 것을 꺼내서는 정성껏 그 여자의 운수를 점치고 있었다.

집으로 향하는 길에 주위를 둘러보니 계곡은 아침 햇살을 받아 찬란하게 빛났다. 가까이 있는 계곡은 그늘에 가려져 있었지만, 먼 산봉우리는 눈같이 흰 구름에 둘러싸여 마치 천국의 진입로처럼 보였다.

* * *

우리가 체류하고 있던 선교관에는 이색적인 인물이 있었는데, 그를 우리는 동씨董氏라고 불렀다. 동씨는 원래 작은 암자를 주관하며 매일 예불을 드리던 비구니였다. 생활은 주로 신도들이 현금이나 물건으로 바치는 시주에 의존하고 있었다.

한국에는 사람 사는 집에 굴뚝이 없는 곳이 많았다. 고대 로마에서처럼 집바닥의 움푹 파인 곳에다 불을 지피든지 아니면 집 밖에서 불을 때고 온기가 방바닥을 통해 고루 돌게 함으로써 방을 데웠다. 한국같이 추운 나라에서는 그런방식이 좋기는 하지만 불을 너무 세게 때지 않도록 조심해야 한다.

삼월 어느 추운 날, 동씨는 제상을 차리다가 바닥에 불이 붙어서 쓰러지는통에 두 발은 물론이고 다리까지 심한 화상을 입었다. 미국인 여의사에게 왕진을 요청해 와 그 의사는 동씨에게 붕대를 감고 치료를 대강 해주었다. 그러나 화상이 원체 심해서 외국인 병원에 입원해야 제대로 치료해줄 수 있다고 설득했다.동씨는 입원해 여러 주일 치료한 끝에 완치되었다.

동씨는 병상에 누워 지내는 동안 기독교 신자들이 성경을 읽고 찬송하고 기도하는 것을 매일 들었다. 하지만 비구니였기 때문에 아무도 그에게 기독교 이야기를 꺼내지 않았다. 병원에서 일하는 사람들은 모두 동씨를 좋아했다. 그는 퇴원하면서 의사와 병원 사람들에게 여러 번 감사하다고 말했다. 한 달 후쯤에 동씨는 병원으로 다시 와서 이렇게 말했다. "나는 승복을 벗고 암자 일을 그만두었으며 모든 살림을 정리했습니다. 이 병원에서 기독교인으로 살고 싶습니다."

병원장은 병원이란 치료를 위해 환자와 의사와 간호사가 있는 곳이지 동씨가 살 곳은 아니라고 말했다. 하지만 동씨를 좋아하는 간호사들이 간곡히 청해서병원장도 나중에는 할 수 없이 동씨가 유숙하는 것을 허가했다. 동씨는 복도에병풍을 치고 밤이면 이불을 펴고 거기서 잤는데 지금도 그렇게 살고 있다.

이 나이 많은 여자는 글 읽는 법을 배웠고 성경을 공부하는 시간에 한 번도빠지지 않았다. 그는 불교를 믿는 자기 친구들에게 행복한 기독교인의 생활을 끊임없이 이야기해주었다. 주름살 많은 동씨의 얼굴에 어린 행복한 표정은 어느 설교보다도 더 설득력이 있었다. 이것은 너무나 감동적인 이야기여서, 우리가 어렸을

비구니였던 동씨
Tong See, the Buddhist Priestess

에칭, 38.1×29.2

*

동씨는 원래 비구니였는데, 심한 화상을 입고 선교사들이 운영하는 동대문 부인병원에서 치료를 받는 동안에 기독교를 받아들이고, 그 후 병원 한구석에서 생활하며 성경 공부를 하던 독특한 여인이다. 맨 처음 키스가 스케치(위의 그림)로 남겼다가 나중에 에칭(오른쪽)으로 만들었다. 출신이 그래서인지 우연의 일치인지 여인의 저고리는 회색빛이다. 키스는 독실한 기독교인이었지만 여행하면서 각종 사원을 찾아다녔고, 승려도 많이 그렸다.—옮긴이

때 읽은 선교사들의 이야기와 주일학교에서 들은 가슴 찡한 이야기를 기억나게 한다. 영국인, 특히 스코틀랜드 사람들은 자기들의 종교적 체험에 대해 거의 이야기하는 법이 없다. 이교도의 나라에 파견된 선교사들은 헌신적으로 복음 전파 사업을 벌여서 그 나라에서는 몇몇 성경구절을 아주 익숙한 일상용어처럼 사용한다. 기독교로 개종한 아시아인이 서양을 방문해, 자기들이 배운 기독교적인 표현을 서양에서는 별로 사용하지 않는다는 것을 보면 어떻게 생각할까.

이런 저런 종교적 생각을 하던 어느 여름날 아침, 나는 아름다운 피리 소리에 눈을 떴다. 조금 후에야 그것이 내가 처음으로 듣는 황금색 종달새의 아름다운 소리라는 것을 깨달았다. 종달새가 울지 않는 다른 날 아침에는 한국 교인들의 거친 목소리에 잠을 깨는 것이 보통이었다. 창문으로 내다보면 한복에 모자까지 쓴 사람들이 뜨는 해를 보며 합장을 하고 한국어로 찬송가를 힘껏 불렀다.

한국의 풍속

* * *

나는 그림을 통해서 한국인의 의상, 집의 모양, 풍습
그리고 그 밖의 여러 가지 일반적인 한국 고유의 문화를
생생하게 보여주려고 애썼다. 지난 십수 년간 한국인들은
자신들의 문화적 유산을 귀중하게 여기면서 잘 간수해야
마땅했으나 안타깝게도 그러지 못했다.
깊이 살펴보면 볼수록 한국의 문화는 존경하고 보존해야 할
아름다운 것이라는 생각이 든다.

시골 결혼 잔치
Country Wedding Feast

1921. 목판화. 20.4×36

*

키스는 사람들의 일상적인 모습을 흥미롭게 관찰했기 때문에 결혼식에도 자주 참석해 그 장면을 여러 장 그렸다. 신부 행렬을 보려고 급히 따라가다가 물에 빠진 일도 있었다고 하고, 어떤 때는 하도 김치 냄새가 심해서 머리를 창밖으로 내밀었다고 한다.

키스는 이날도 시골 결혼식에 일찌감치 가서 자리 잡고 앉아 열심히 관찰하며 세세한 부분까지 사실적으로 묘사했다. 특히 이 그림에는 많은 사람이 잔치를 치르는 흥겨운 모습이 잘 표현되어 있다. 하루 종일 붐비고, 형형색색의 떡과 과일이 상에 가득 쌓여 있는 잔칫날의 모습은 대표적인 한국의 시골 풍경이다. 신부의 어머니는 종일 몰려오는 손님들 접대에 옷치장도 제대로 하지 못해 제일 남루하게 보였으며, 커다란 솥에 국수를 펄펄 끓여서 손님마다 퍼주고, 남으면 적당히 다시 쏟아넣기도 했다. 파리가 수없이 날아다니는데, 선교사 친구가 파리가 앉은 음식을 먹으려 해서 키스가 말렸더니 그 친구는 전혀 개의치 않으면서 이렇게 맛있는 한국 음식을 안 먹을 수는 없다고 말했다고 한다.

원본 목판이 간토 대지진 때 파손되고 불과 열다섯 장만 찍은 것으로 기록되어 있다. 이 책에 소개된 그림은 흰색이 많은데, 같은 그림이지만 색채가 많이 들어간 것도 있다. 퇴색해서일 수도 있고, 목판화는 하나씩 손으로 채색하기 때문에 처음부터 달랐을 수도 있다. 이 작은 공간에 몇 사람이나 그려넣었을까? 한번 자세히 세어보는 것도 재미있을 것이다.

— 옮긴이

Country Wedding Feast. Korea.

신부 행차
Marriage Procession, Seoul

1921, 목판화, 25.7×38

＊

어느 사회에서든지 결혼식과 장례식은 중요한 삶의 행사이고, 키스는 그러한 행사를 즐겨 화폭에 담았다. 이 그림은 결혼식 행렬, 정확히 말하면 신부 행차다. 신부는 꽃가마 안에 호랑이 가죽을 깔고 앉고, 행렬 앞에는 빨간 모자를 쓴 사람이 신랑 집으로 가마를 인도해 간다. 이 인도자는 백년해로를 뜻하는 기러기를 보자기에 싸서 들고 있고, 가마 앞뒤에는 청사초롱을 든 사람들이 있다.

동네 아이들이 구경 삼아 따라가고, 문밖에 나와서 구경하기도 하고, 빨래하던 여자도 고개 들어 쳐다본다. 반면 나와는 상관없다는 태도로 걸어 가는 사람도 있고, 한 여자는 길에다 물을 버리고 있다.

행렬 뒤편에는 기와집과 초가집이 보이고, 더 뒤로는 동대문이 보인다. 그래서 행차하는 사람들이 건너는 다리는 청계천의 어느 것으로 추정된다. 푸른 하늘이 냇가에 그대로 파랗게 비치는 것이 인상적이다.—옮긴이

Marriage Procession. Seoul.

신부
Korean Bride

목판화, 41×29.5

＊

한국에서 제일 비극적인 존재! 한국의 신부는 결혼식 날 꼼짝 못하고 앉아서 보지도 먹지도 못한다. 예전에는 눈에다 한지를 붙이기도 했다고 한다. 신부는 결혼식 날 발에 흙이 닿으면 안 되기 때문에 가족이 들어다가 좌석에 앉힌다. 얼굴에는 하얀 분칠을 하고 뺨 양쪽과 이마에는 빨간 점을 찍었다. 입술에는 연지도 발랐다. 잔치가 벌어져 모두들 맛있는 음식을 먹고 즐기지만 신부는 자기 앞의 큰상에 놓인 온갖 먹음직한 음식을 절대로 먹어서는 안 된다. 때로는 과일즙을 입안에 넣어주기도 하지만, 입술연지가 번지지 않도록 조심해야 한다. 하루 종일 신부는 안방에 앉아서 마치 그림자처럼 눈 감은 채 아무 말 없이 모든 칭찬과 품평을 견뎌내야 한다.

신부의 어머니도 손님들 접대하느라고 잔치 음식을 즐길 틈도 없이 지낸다. 반면에, 신랑은 다른 별채에서 온종일 친구들과 즐겁게 먹고 마시며 논다.

보수적인 집안에서는 여자 나이 스물이 되도록 시집을 안 가면 수치스러운 일이라고 생각한다. 아주 특별한 경우를 제외하고 과부가 재혼을 하는 것도 부끄러운 일로 여긴다. 그러나 최근에 와서는 그런 편견이나 옛날 풍습이 차차 바뀌어가고 있다.

신식 교육을 받은 신부 중에는 그런 구식 풍습을 배척하는 사람도 있다. 교육도 받고 영어도 잘하는 신식 여자가 구식 집안에 시집을 갔는데, 자존심이 강하고 고집도 센 그는 다른 가족이 식사할 때 여자는 기다려야 한다는 관습을 거부했다. 시아버지가 며느리의 고집을 꺾어보려 했지만 성공하지 못했다. 그나마 생활의 위안이 되어주던 아이가 죽자 여자는 오래된 풍습에 도전하면서 시집에서 나와버렸다. 새로운 사조가 차차 고루한 풍속을 바꾸어가고 있으며, 요즘은 젊은 남자들도 여자들 못지않게 새로운 풍습을 받아들이고 있다.

《올드 코리아》에는 키스가 1919년에 그린 오리지널 수채화가 수록되어 있는데, 부록에 이 목판화와 나란히 실었다. 배경인 병풍 속 그림이 어떻게 달라졌는지도 눈여겨볼 만하다.—옮긴이

결혼식 하객
Wedding Guest, Seoul

1936, 목판화, 31.2×24.1

＊

결혼식에 참석한 이 여자는 겨울철 옷을 잘 차려입고, 머리에는 장식이 달린 조바위를 쓰고 있으며 지금은 볼래야 볼 수도 없는 흰 토시를 끼고 있다. 벽에는 호랑이가 그려져 있다. 20세기 초까지만 해도 한반도에는 호랑이가 흔히 출몰했고, 그래서인지 민화의 단골 소재였다. 우리 민화에서 호랑이는 무섭고 악한 존재보다는 주로 해학적이고 친근한 모습으로 그려졌다. 키스는 민화를 여럿 보며 따라 스케치하기도 했다.

이 목판화가 몇 장이 만들어졌는지는 모르지만, 어떤 것은 벽의 호랑이 그림이 찢어져 있고 어떤 것은 그렇지 않은 것으로 보아, 이 소재로 키스가 두 개 이상의 목판화를 시도 했던 것으로 보인다.—옮긴이

장례를 치르고 돌아오며
Returning from the Funeral, Korea
1922, 목판화, 37.5×23.8

*

서울 성내에서 사람이 죽으면 성 밖에 묻는 것이 법이라, 겨울 저녁 어두워진 후에 등불을 켜든 상여꾼들이 빈 상여를 메고 돌아오는 장면이다. 하얗게 눈이 쌓인 문의 현판에는 동대문東大門이라고 쓰여 있다. 동대문 밖으로 나가면 망우리忘憂里, 즉 모든 근심 걱정을 잊게 되는 곳이 있다. 바로 공동묘지다. 이 당시 빈 상여가 시구문屍口門이 아닌 흥인지문興仁之門(동대문)으로 들어올 수 있게 법이 바뀐 것인지는 잘 모르겠다(142쪽의 관련 내용 참조). 집 안에서 내다보는 여자는 '아, 이제 돌아오는구나' 하는 정도의 관심을 보이는 것 같다.

키스가 영국에서 전시회를 할 때, 영국 여왕이 이 그림을 수집했다고 한다.─옮긴이

정월 초하루 나들이
New Year's Shopping, Seoul

1921, 목판화, 38×25.7

*

"정월 초하루인 설은 한국 최대의 명절이다. 이날은 남녀노소를 막론하고 누구나 제일 좋은 옷으로 갈아입고 나들이를 한다"라고 키스는 《동양의 창》에 썼다. 한 여자가 자녀인 듯한 두 아이를 데리고 물건을 사러 나선 모양이다. 양반층으로 보이는 이 여자는 푸른색 두루마기에 흰 토시를 착용하고, 따뜻한 조바위를 쓰고 있다. 귀와 뺨을 가려 추위를 막는 조바위는 겉은 짙은 색의 비단을 사용하고 안감은 비단이나 무명을 쓴다. 때때옷을 입은 아이들은 풍선을 갖고 놀고 있다. 뒤편에서는 광화문 앞 해태상 아래에서 상인들이 물건을 펴놓고, 사람들이 구경하고 있다. 광화문 뒤로는 북악산이 보인다. 간토 대지진 때 목판이 파손되어 희귀한 그림이다.

부록에 이 그림과 오리지널 수채화가 나란히 있으니 비교하며 보기 바란다.—옮긴이

4

어느 양반
The Nobleman

* * *

이렇게 꽃이 만발하고 정원에 녹음이 우거진 화창한 날에 이 나라,
특히 이 집안에는 비극의 검은 구름이 뒤덮여 있다. 늙은 자작은 가택연금을
당한 죄수나 다름없었다. 맏아들이 지금 유럽에 있다는 이야기를 웃으며
해주었지만, 우리 모두 현재의 정권이 바뀌지 않는 한
그가 고국에 돌아오지 못하리라는 것을 알았다.
단순히 귀족의 아들이라는 것만으로도 위험인물로 지목되었던 것이다.

＊　＊　＊

　　그 집의 정원에는 흰색, 분홍색, 또 짙은 붉은색의 모란이 무더기로 활짝 피어 있었다. 그 이외는 크림색의 목련만 한쪽에 봉우리를 내밀고 있을 뿐, 정원은 온통 초록색이었다. 일본식 돌 정원이라고 할 수는 없지만 자그마한 길 양옆으로는 큰 바위도 여러 개 있었는데, 어떤 것은 꽤 오래된 듯했고 조각을 해놓은 것도 있었다. 구불구불한 노송들이 서 있는 비탈길에 아늑한 빈터가 있었는데 그곳에 돌로 된 의자가 있었고, 그 위에는 요가 깔려 있었다. 그 옆에는 앉을 자리가 몇 개 마련되어 있었는데, 그곳은 주인과 손님들이 모여 앉아 한시漢詩를 읊으면서 즐기는 곳이었다. 서양식 정원에 비하면 규모가 작았지만 그래도 재미있는 구석이 많은 정원이었다.

　　전망도 좋아서 작은 오솔길을 따라 올라가면 갖가지 꽃이 핀 작은 언덕이 나왔다. 그 언덕 위에 올라서면 아름다운 서울이 한눈에 들어왔고 더 멀리로는 쭉 뻗은 계곡도 보였다. 다른 길을 따라가면 자연적으로 생긴 작은 동굴이 있었고 동굴의 돌 틈에서는 샘물이 흐르고 있었다. 아마 집주인인 노인은 여기 조용히 앉아서 명상을 할 것이다. 또는 완벽하게 홀로 되는 시간을 가질 것이다.

손님들을 맞아들이는 사랑채는 정원을 마주보게 되어 있고 짙은 초록색 등나무가 마루를 거쳐 두꺼운 지붕 위까지 덮고 있었다. 거기에 있는 작은 방 세 개는 손님을 맞는 곳이다. 한국의 응접실은 서양 사람의 눈에는 가구가 거의 없는 것처럼 보일지 모르지만, 가구들은 적당한 비율로 배치되어 있었고 지저분하거나 지나치게 장식적인 가구라든가 눈에 걸리는 잡다한 물건은 전혀 없었다. 방바닥은 한국 어디서나 마찬가지로 노란색 장판이었고 매일 깨끗이 닦고 문지른 덕분에 반짝반짝 윤이 났다. 첫 번째 방에는 훌륭한 그림으로 장식한 여덟 폭 병풍이 있었다. 방석에는 옛날식으로 비단 수를 놓았다. 각 방은 창호지 문으로 서로 연결되어 있었다. 방 안에는 찻잔이나 필기도구를 놓는 작은 상이 있었고 그 옆에는 팔을 고일 수 있는 베개가 있었다. 작은 상에는 긴 장죽長竹이 놓여 있었다. 실내는 소박하면서도 위엄이 깃든 분위기였다.

그 집의 두 아들이 우리를 접대했는데 한 사람은 영어를 썩 잘했다. 두 아들은 다 늘씬했고 양반집 자제 같은 인상을 풍겼다. 긴 두루마기를 입고 있었지만 구두와 양말은 서양 것이었다. 집주인인 노인 양반은 한국식 버선을 신고 있었다 (이 양반은 김윤식으로 추정된다—옮긴이).

응접실에는 그 집안의 찬란한 과거를 과시하는 물건은 별로 없었고, 다만 주인이 높은 관직에 있을 때 찍은 사진만 몇 개 걸려 있었다. 그 외에 금박 테두리를 두른 사진 하나가 빨간색 비단으로 가려져 있었다. 나중에 그 집안 사람들이 비단을 살짝 들추며 보여주어 알게 되었는데 그것은 최근에 승하한 고종황제의 사진이었다.

노인이 아들에게 말하니 아들이 밖에 나가 차茶를 들고 왔다. 우리가 무릎을 꿇고 앉아 차를 마시는 동안 우리와 동행한 미국인 의사 친구는 한국어로 그 가족들과 이야기를 나누었다. 조금 있다가 그 집의 며느리가 들어왔다. 한국에서 부인은 낯선 손님이 오는 자리에 나오지 않는 법이므로 그것은 우리에게 대단한 영광이었다.

이렇게 꽃이 만발하고 정원에 녹음이 우거진 화창한 날에 아이러니하게도 이 나라, 특히 이 집안에, 비극의 검은 구름이 뒤덮여 있다니 정말 믿기 어려웠다. 이 집안 사람들은 감옥살이는 면했지만 일본 사복 경찰이 안 다녀가는 날이 없고, 늙은 자작은 사실상 가택연금을 당한 죄수나 다름없었다.

우리는 정치에 관해서는 한 마디도 나누지 않고 여행, 꽃, 사진 같은 것만 이야기했다. 우리는 그 집안의 다른 식구들 이야기도 들었다. 그 집 맏아들은 지금 유럽에 가 있다는 이야기를 웃으며 해주었지만, 우리 모두 현재의 정권이 바뀌지 않는 한 그 아들(이들을 접대하고 있는 며느리의 남편—옮긴이)이 고국에 영원히 돌아오지 못하리라는 것을 알았다. 그 아들은 무슨 죄를 진 것도 아니고 정부 배척 운동을 하지도 않았는데, 단순히 귀족의 아들이라는 그 자체만으로도 위험인물로 지목되고 있었다.

그는 갖은 고생 끝에 외국으로 나갔다. 정부가 여러 가지로 방해를 했기 때문에 끝내는 여권도 없이 어렵사리 출국한 것이었다. 현재의 상황이 크게 바뀌지 않는 한, 그 아들은 다시는 고국에 돌아올 수 없고 그 젊은 부인도 남편을 만나러 갈 길이 없다. 무엇보다도 출국 허가가 떨어지지 않을 것이다. 그 집 며느리는 칠흑 같은 머리를 한국식으로 쪽을 찌고 거기에 빨간 리본을 매고 있었다. 치마는 단순한 하얀 무명이었다. 한국 여자들은 어깨를 곧게 펴고 고개를 똑바로 드는 단정한 자세를 좋아하는데, 이 며느리도 그런 자세였다.

이윽고 집주인이 무어라고 말을 하자, 식구들이 우리를 밖에 있는 마루를 거쳐 집 뒤로 안내했다. 그곳에서부터 여자들이 기거하는 안채까지 지붕 덮인 길을 따라가면 안채 마루가 나왔다. 안채의 마당에는 작은 닭장이 있었고, 거기에 볏짚으로 만든 해먹(달아맨 그물 침대—옮긴이) 같은 그물이 걸려 있었다. 닭들이 때가 되면 여기에 들어가 알을 낳는 것이다.

남자들의 사랑방처럼 여자들이나 하인들이 기거하는 방도 모두 단층이었고 바닥은 노란 장판이었다. 모든 방은 서로 연결되어 있는 듯했다. 그중에 정사각형으로 된 작은 방이 하나 있었는데 그 방에는 놋 장식이 달린 장롱이 천장까지 빽빽이 들어차 있었다. 방 한쪽에 보료가 있는 것으로 보아 침실인 듯싶었다. 엷은 초록색 비단으로 수놓은 보료가 반들반들한 검은 나무 틀 위에 놓여 있었다. 주인이 거기 앉고 우리들에게는 비단 방석에 앉으라고 손으로 안내했다. 두 아들은 어머니가 안 계신 것에 양해를 구했고 며느리가 우리를 접대했다.

아버지의 명에 따라 두 아들이 가보家寶인 듯한 그림들을 가지고 와서 우리에게 보여주었다. 하나는 길이가 석 자쯤 되었는데 고대 한국의 모습을 파노라마식으로 보여주는 그림이었다. 그림의 제목은 〈꿈〉이라고 했다. 삼백여 년 전에 한 화가가 어느 시인이 꿈에서 본 장면을 그렸다는 것이다. 비단 위에 그린 이 그림은 오래되어서 색깔이 약간 퇴색했으나 퍽 잘된 그림으로 한국의 옛 모습을 보는 듯했다. 낭만적인 한국의 산수가 겹겹이 연결되어, 마치 구름 위에 앉아서 눈 아래로 지나가는 산수를 내려다보는 느낌을 주었다. 그림 속의 자그마한 노인들 모습은 절묘한 푸른색 노송과 강인한 암석들과 완전한 조화를 이루었다.

또 다른 비단 그림 하나는 자작 가문의 정원과 영지에서 벌어진 사건들을 파노라마식으로 그린 것이었다. 그 정원은 지금의 정원보다 더 큰 규모였다. 자작의 선조 한 사람이 하인을 대기시킨 가운데 돌로 된 의자에 비스듬히 앉아 있고, 친구 한 사람이 옆에 앉아 시詩를 짓고 있는데 그 옆에는 몇몇 친구가 긴 담뱃대를 물고 앉아 있었다.

자칫하면 그림을 망치기 십상이라 비단에 그림을 그린다는 것은 실용성이 떨어지지만, 동양에서는 근본적으로 낭만주의를 지향하므로 그런 것은 문제가 되지 않는다. 그림들은 모두 옛날의 한국을 그렸지만 아쉽게도 양반들의 생활 모습만 보여주는 것이었다. 한국에 영국의 호가스William Hogarth(1697~1764)처럼 평범한 보통 사람들의 일상생활을 그린 화가가 없다는 것은 유감이다(키스 자매는 김홍도 등의 풍속화를 본 적이 없는 것으로 보인다—옮긴이).

이어 작은 내실로 안내되었는데 거기에는 음식이 준비되어 있었다. 자작이 친구가 찾아왔다고 하면서 남자들의 거실인 사랑방으로 나갔다. 우리는 속으로 그 '친구'라는 사람은 아마도 안 쫓아다니는 데가 없는 일본 경찰일 거라고 생각했다. 두 아들과 며느리가 우리와 같이 식사를 했다. 우리는 기다란 상에 방석을 깔고 앉았는데 상 위에 무명으로 된 상보를 깐 것은 서양식을 약간 받아들인 것이었다. 우리는 과일즙을 마셨고 잣을 뿌린 죽을 먹었다. 죽은 흑색 자기 사발에 담겨 있었다. 솔잎 가루로 만든 동그란 떡이 있었고 대추로 만든 것도 있었다. 또 참깨는 여러 가지 음식에 들어 있었다. 식사는 단 음식으로 시작해서 짭짤한 맛이 나는 향기로운 음식으로 끝났다. 물론 매운 김치도 상 한가운데 있었고 말린 생선과 쇠고기도 있었다. 서양식을 따르느라고 바나나와 다른 과일도 상에 올려져 있었고 딸기에 크림을 친 것도 내놓았다.

음식을 먹는 동안에, 옛날 복장의 어린 하녀가 평상 한끝에 서서 밝은 색깔의 커다란 부채를 들고 파리를 쫓았다. 다른 한편에서는 유럽에 가 있는 맏아들의 어린 딸이 작은 부채를 살살 흔들어주었다. 그 여자애는 마치 중국 요정처럼 예뻤다. 피부가 희고 까만 눈은 영롱하게 빛났으며 이목구비가 정연했다. 반짝이는 머리는 댕기를 땋아서 허리 아래까지 내려오게 했다. 짙은 남색의 얇은 치마는 팔 아래서 매었고 짧은 저고리는 분홍색 비단으로 만든 것이었다. 가느다란 팔이 너무 연약해 보였는데도 식사가 끝날 때까지 진지한 표정으로 계속 부채질을 하고 있었다. 동양의 여자아이들은 특유의 매력 같은 것이 있다. 부드러움, 자신을 전혀 의식하지 않는 듯한 태도, 섬세한 선과 색, 온유하고 겸손한 태도 등은 하늘하늘한 꽃을 연상시켰다. 수천 년 내려온 풍습에 따라 그 어린 여자아이들이 일찍 결혼을 해 억압당하는 성생활을 해야 한다는 것은 비극이 아닐 수 없다. 비록 동양의 여자들에게 새 시대가 다가오고는 있지만, 풍습은 쉽게 변하지 않고 그들의 연약한 팔다리에는 보이지 않는 쇠사슬이 여전히 감겨 있다.

식사가 끝난 후에 노인 어른이 다시 들어왔으며 더 큰 방으로 자리를 옮겼다. 그 집 두 아들이 아버지가 입으시던 옛날 의상을 입고 나와서 우리에게 보여주었다.

관복은 고급 비단으로 만든 것이었고, 황색과 홍색으로 수를 놓아 아름다움을 더했다. 선비가 입는 옷은 흑색 비단으로 되었는데 안감은 중국에서 흔히 보는 청색이었다. 가슴에 붙인 흉배胸背에는 한국 전통 수를 놓았으며, 두터운 솔이 달린 기다란 보라색 옷도 있었다. 머리에 쓰는 양반의 모자는 말총으로 만들었고, 사각형에 양쪽이 뾰족하게 각이 져 있었다. 마지막으로 그 집 가족사진 앨범을 보여주었는데, 지금은 유럽으로 피신한 맏아들의 사진도 있었다.

우리가 신발을 신고 떠나려고 할 때 노인은 또 한 번 우리를 놀라게 했다. 손님 접대하는 사랑방과 여자들이 기거하는 안채 사이에 건물이 하나 있었다. 거기서 사다리처럼 급경사를 이룬 층계를 올라가면 그 주인 노인만이 사용하는 특별한 방이 나왔다. 노인이 오래된 중국식 의자를 창가에 당겨놓고 우리더러 앉으라고 했다. 그곳에서 바라보니 바로 아래의 정원이 한눈에 들어왔고 멀리 건너편 계곡의 경치가 보였다. 매일 그곳 창가에 앉아서 이 노인은 아마도 자기 나라에 닥친 비운을 생각했으리라. 여기 앉아서 중국 고전을 읽기도 했겠지만 독서보다는 슬픈 상념에 더 젖어들었으리라!

우리가 아들들과 차를 마시면서 이야기하는 사이에 어머니가 돌아왔다. 키가 크고 날씬한 몸매에 온화한 표정의, 전형적인 양반 가문의 안주인이었다. 그는 우리에게 따뜻한 환영의 인사를 했다. 한국 사람은 열린 마음을 갖고 있기 때문에 자신의 호의를 겉으로 드러내 보이는 것을 수저하지 않는다. 아들의 통역으로 어머니와 이야기하는 사이에, 집주인 노인은 방 뒤쪽 돌층계를 통해서 정원으로 나갔다. 정원에서 장미랑 모란꽃이랑 한 아름 따는 것이 보였는데 곧 돌아와 그것을 우리에게 나누어 주었다.

우리가 떠날 때 노인과 며느리가 대문까지 나와서 우리들이 시야에서 사라질 때까지 전송해주었다.

사실 우리들은 피상적인 이야기만 나누었을 뿐 깊은 이야기는 하지 못했다. 그 집안의 분위기는 우울했으며 집주인은 정부의 감시를 받으며 사는 것이 확실했다. 바쁘게 활동하며 살던 그런 분에게 일본 정부는 억압 그 자체다. 어디 가서 누구를 만나고, 어떤 말을 하고, 무슨 책을 읽으며, 신문은 어떤 것을 읽는지 등을 낱낱이 일본인, 때로는 무식한 일본인에게 설명해야 한다. 손님을 접대할 때도 질문당할 것을 각오해야 한다. 자기 나라 땅인데 마음대로 집을 짓지도 못한다. 이 집주인에게는 족쇄가 채워졌고 그리하여 시들어가고 있다. 이건 사는 것이 아니고 죽어가는 것이다!

홍포를 입은 청년
Young Man in Red

수채화, 《Old Korea》 수록

＊

이 청년은 자신의 아버지와 할아버지가 입궐할 때 입었던 관복을 입고 있다. 붉은색의
겉옷 밑에는 파란색 옷을 입고 있었고, 백색 옥돌이 들어 있는 자그마한 주머니를 달고
있어서 걸을 때마다 패옥佩玉 소리가 낭랑했다. 거북이 등과 가죽으로 만든 허리띠는 꼭
매게 되어 있는 것이 아니고 허리 위로 둥그렇게 두르도록 되어 있다. 앞으로 내린 에이
프런에는 금으로 된 단추가 두 개 있었는데, 그것은 그 사람의 관직 등급을 보여주는 표
시다. 모자는 말총으로 만들어졌는데 금색 칠을 했고, 신발은 넓적하고 코끝이 뭉툭해서
발이 작아 보인다.

관료들은 하얀 상아패를 손에 들고 다녔는데 거기에 왕에게 올리는 상소문을 담았다. 일
회용이 아니라서 새 상소문을 올릴 때 닦아서 다시 사용한다.

하급관리들은 청색 도포에 흑색 관모를 쓴다. 관리들은 관등에 따라 학이 하나 또는 둘
이 있는 흉배를 사용했으며, 각자 자기의 표지를 지참했는데 계급에 따라 호랑이 그림이
하나 혹은 둘 들어 있었다.

모자에 날개가 달려 있으면 그것은 왕에게 전하는 메시지가 있다는 뜻이다. 어명을 받들
고 왕궁을 나갈 때는 가마를 탄다. 어명을 받은 사람은 걸어가서는 안 된다. 그리고 왕의
모자 양옆에는 위로 올라간 날개가 있는데, 이는 왕이 천명을 받은 사람이라는 뜻이다.

나는 또 다른 날 종묘의 최고 책임자를 스케치했는데, 그 사람도 이와 비슷한 홍포를 입고
있었다.

궁중 복장을 한 청년
Young Man in Court Dress

수채화, 《Old Korea》 수록

*

이 청년이 입은 의상은 그의 선조가 궁궐 출입을 할 때 입던 것이다. 내가 그린 적 있는 홍포를 입은 청년이 이 사람의 동생이다.

뒤로 보이는 오래된 문은 왕궁 앞 커다란 광장에 있는 것인데, 일본 사람들이 그 자리에 현대식의 석조 건물을 지었고, 이 문을 궁궐의 담 옆길로 옮겨버렸다(이 문은 광화문이고, 현대식 석조 건물은 지금은 철거되어 없는 조선총독부 건물을 가리킨다―옮긴이). 일본인들은 한국의 고유한 문화 재산을 시기해 이런 짓을 많이 했다.

청년이 입은 옷은 청색인데 하급 관리의 복장이다. 계급에 따라 흉배에 학이나 호랑이 그림을 그려넣는다. 이 청년은 궁궐에 들어가기 전 임금에게 올릴 메시지를 미리 암송하는 자세를 취하고 있다. 뒤에 가마와 가마꾼이 보이는데 임금에게 상소하러 갈 때는 꼭 가마를 타야 하기 때문이다.

이런 복장은 요즘은 결혼식 날 신랑만이 입는다. 이 옷을 입고 말 타고 가는 신랑을 여러 번 보았다. 하층계급의 사람들은 필요할 때 빌려 입는다.

인상적인 한국의 풍경 I

* * *

에카르트는 한국의 건축에 대해 이렇게 말했다.
"한국은 그 건축법을 중국에서 들여왔지만,
그것을 한국의 상황에 맞추어 단순하면서도 우아하고 더욱
절제된 형태로 발전시켜 한국 특유의 건축 문화를 만들어냈다."
건축에 일가견이 있는 어느 일본인은 어느 날
나의 건축물 판화를 보고서 이렇게 말했다.
"한국 지붕의 선은 중국이나 일본 것과도 다르고 독특한데,
당신은 그것을 아주 잘 보여주고 있군요."

달빛 아래 서울의 동대문
East Gate, Seoul, Moonlight

1920, 목판화, 43×39.7

＊

푸른 달빛 아래 수려한 모습으로 서 있는 서울의 동대문. 이 그림은 키스를 목판화가로서 출발시켜주었을 뿐 아니라, 그와 한국의 특별한 관계를 맺어준 중요한 작품이다.

키스는 한국을 방문하고 나서 일본에 돌아간 뒤, 키스도 말했듯 역사상 처음으로 한국 사람들을 소재로 한 그림들을 가지고 도쿄에서 수채화 전시회를 했다. 이때, 한 번도 만난 적이 없던 일본 목판화 출판의 대부인 와타나베 쇼자부로가 전시회에 참석해 수채화로 된 이 작품을 보고서 목판화로 출판할 것을 강력히 권했다. 목판화로 출판하자마자 이 작품은 미술 애호가들의 호평을 받아 키스는 금방 화가로 등단하게 되었으며, 그다음부터 그의 작품은 대부분 목판화로 출판되었다. 목판화는 여러 장을 만들 수 있으므로 비교적 가격이 낮아서 쉽게 팔 수 있기도 했고, 또 동양 특유의 그림을 일본에서 발달한 목판화로 출판한다는 것이 이색적이었다고 하겠다. 서양인 화가로서 동양을 소재로 그림을 그린 다른 화가들도 마찬가지였지만, 키스의 그림을 선호하고 사는 사람은 역시 주로 미국이나 유럽 사람들이었던 것이다. 버사 럼Bertha Lum, 헬렌 하이드Helen Hyde, 릴리언 밀러Lilian Miller, 폴 자쿨레 등 20세기 초 일본에서 활동한 많은 서양인 화가가 목판화로 작품활동을 했다. 그들의 그림은 일본을 제외하고 대부분 유럽이나 미국에서 매매되었다.

이 작품에 보이는 동대문의 돌담은 목판화로는 하기 힘든 기법이라고 한다. 이 작품은 키스의 작품 중에서도 가장 뛰어난 것으로 평가받는다.—옮긴이

해 뜰 무렵 서울의 동대문
East Gate, Seoul, Sunrise

1921, 목판화, 43.8×30.5

✻

해 뜰 무렵, 동대문 주변에 온통 눈이 쌓여 있다. 키스의 초기 작품 중 하나이며, 와타나
베에 의해서 목판화로 소개되었다. 서울의 동대문을 달빛 아래서도 그리고 붉은 해가 뜰
때에도 그린 것은 그 성문의 자태가 웅장하기도 했거니와 키스가 그 근처에 있던 선교관
에 머물렀기 때문이 아닐까 추측해본다. 지금의 이화여대부속병원 전신인 여성 병원이
동대문 근처에 있었고, 또 감리교 선교사들이 그곳에 기거했다.

제목의 유사성 때문에 서양 사람들 사이에서는 이 그림을 〈달빛 아래 서울의 동대문〉과
혼동하는 경우가 많다. 키스의 프린트 도록을 작성한 리처드 마일스도 이 그림을 싣고
제목은 '달빛 아래 서울의 동대문'이라고 썼다. 따라서 프린트의 크기도 정확하지 않다.
이 그림은 맬컴 샐러맨Malcolm C. Salaman이 영국에서 발간한 화집《엘리자베스 키스:
채색 목판화의 대가Elizabeth Keith: Masters of the Colour Print》(1933)에 소개되어 있다.—
옮긴이

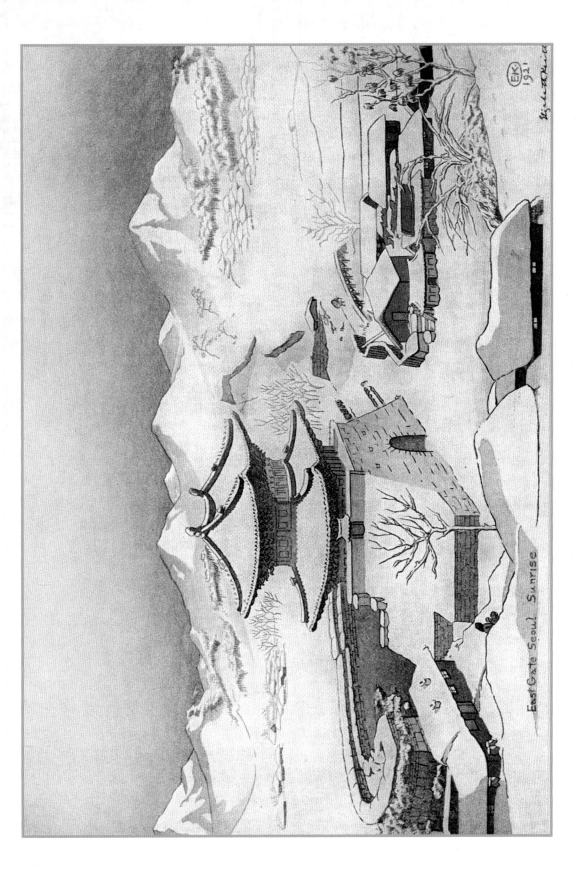

East Gate Seoul Sunrise

한국의 성벽과 광희문
Wall of Korea

수채화, 41×51

*

20세기 초에 우리나라를 방문한 외국인들의 눈에 성문과 성벽은 매우 인상적이었을 것이다. 배로 항구에 들어온 뒤 버섯 같은 납작한 초가집들만 보다가 서울에 진입할 때 처음 마주하는 웅장한 건축물이기 때문이다.

앞서 언급했듯 키스는 동대문 근처의 의료 선교관에서 지냈고, 그래서 제일 먼저 그렸던 것이 동대문의 모습이다. 그 뒤 창의문彰義門, 화홍문華虹門, 그리고 광희문光熙門을 그리게 되었다.

서울에는 사대문四大門과 사소문四小門이 있었는데, 사대문에는 인仁, 의義, 예禮, 지智의 네 글자를 넣어 흥인지문興仁之門(동대문), 돈의문敦義門(서대문), 숭례문崇禮門(남대문), 소지문昭智門(북대문) 등으로 명명했지만, 사소문은 그런 전통 없이 이름을 지었다.

동대문을 지나서 남쪽으로 성벽을 따라 내려가면, 남대문 가기 전에 사소문 중 하나인 광희문이 있다. 이 자그마하고 아담한 문을 당시 사람들은 수구문水口門으로 많이 불렀는데 이는 청계천의 일부가 그곳으로 지나갔기 때문이다. 한편 사대문 안에서 누군가 사망하면 묘를 그 안에 쓸 수가 없어서 시신을 밖으로 내보내야 했는데, 그때 소문 중 하나를 지나야 했기 때문에 시구문屍口門이라 부르기도 했다. 조선 말기 천주교 박해로 팔백여 명이 무참히 죽임을 당했는데, 그 시신이 이곳 시구문 밖에 그대로 버려진 불행한 역사를 간직한 곳이기도 하다. 그리하여 지금은 순례자들이 찾아오는 성지가 되었다.

광희문은 태조 5년(1396)에 지었는데, 임진왜란, 일제 강점기, 그리고 한국전쟁을 겪으면서 여러 차례 파손되어 그 자리조차 논란이 되었지만, 1975년에 복원되었다. 지금의 광희문은 남대문에 비해 작고 문루도 간단하지만, 여전히 아름다운 역사적 유물이다.

동대문을 지나 성벽을 따라 이곳에 온 키스는 시구문을 지나는 옛 상여의 모습을 보고 이를 그렸다. 성벽을 따라 만들어진 한적한 길로 한 여자가 빨래를 하고 오는 듯 머리에 잔뜩 지고 상여를 뒤로하고 걸어오는 모습은 당시의 일상을 너무나 잘 표현하는 것이다. 광희문 위에는 문루가 아름답게 지어졌고, 더 뒤로는 구불구불한 산등성이를 따라 성벽이 서울을 둘러 싸고 있다.—옮긴이

수원의 수문, 화홍문
Water Gate, Suwon

수채화, 《Old Korea》 수록

✳

이 아름다운 수문水門은 수원 교외의 경치가 아주 좋은 곳에 있는데 한국의 전형적인 건축
양식을 보여준다.

한국에서는 어디에나 물이 흘러가는 곳이라면, 여자들이 편편한 돌에다 빨래하는 모습
을 볼 수 있다. 한국 여자들은 빨래를 어쩌나 잘하는지, 거친 무명으로 된 옷도 그들의
손을 거치면 무척 고급스러운 옷감으로 되살아난다.

이 수문을 처음 보았을 때는 다소 실망했다. 이 수문의 기초는 14세기에 만들어진 것인
데 비해 상부 구조는 최근에 복원공사를 해 새것처럼 보였기 때문이다. 하지만 차차 시
간이 지나면 건물의 그런 인상도 없어질 것이고, 언젠가 다시 지을 때는 14세기에 지었
던 것과 똑같이 재건축할 수도 있지 않을까 하는 생각으로 위안을 삼았다.

내가 다른 데에서도 언급했지만, 한국 건축물을 진정으로 사랑하는 일본 사람들도 있다.
건축에 일가견이 있는 어느 일본인이 어느 날 나의 건축물 판화를 보고서, "한국 지붕의
선은 중국이나 일본 것과도 다르고 독특한데, 당신은 그것을 아주 잘 보여주고 있군요"
라고 말하던 게 기억난다.

원산
Wonsan, Korea
1919, 목판화, 37×23.7
*

내가 아무리 말해도 세상 사람들은 원산이 얼마나 아름다운 곳인지 알지 못할 것이다. 하늘의 별마저 새롭게 보이는 원산 어느 언덕에 올라서서, 멀리 초가집 굴뚝에서 연기가 올라오는 것을 보노라면 완전한 평화와 행복을 느낀다.

총총한 별들이 소나무 사이로 보이는 시각에, 나무 한 짐을 머리에 인 여자가 뒤늦게 집으로 향하고 있다. 구불구불한 나무 사이로 별을 그리는 것은 일본 화가 가와세 하스이 川瀨巴水(1883~1957)를 비롯해 여러 사람이 자주 쓰던 기법이다. 하지만 하늘의 별뿐 아니라, 차차 어두워오는 항구를 내려다보며 하나씩 둘씩 등불이 켜지는 집들을 그린 것은 키스만이 볼 수 있는 우리네 삶의 단편이 아니었을까. 불과 두셋밖에 없는 키스의 1919년 작품 중 하나다.—옮긴이

안개 낀 아침
Morning Mist, Korea

1922, 목판화, 36.8×24.1

*

내가 아무리 이야기해도 원산의 아름다움을 다 이야기할 수는 없을 것 같다. 이번에 운좋게 머물게 된 이 집에서 내려다보는 경치는 세상에 또 없으리라. 집주인인 두 여자도 너무나 친절하다. 이 땅의 신비스러운 아름다움이란… 별조차 새롭게 보인다. 그림 그릴 곳을 찾아다니다가 나는 가끔 멈춰 서서 이 땅의 고요함, 평화를 만끽하곤 한다. 우리가 있는 곳에서 조금만 가면 금강산 입구인데, 눈을 들어보면 끝도 없이 산들이 중첩해 있다. 이른 아침에 계곡을 내려다보면, 아침 안개, 아니 밥 짓는 연기 같은 것이 올라오는데 소나무 타는 향기가 섞여 있다. 사람들이 아침밥을 지으면 연기가 방을 돌아서 나가게 되고 그러면서 방바닥은 자연스럽게 따뜻해진다. 스스로 영리하다는 일본인들이 이런 온돌의 비결을 모르다니!

이 아름답고 평화스러운 언덕에 사람을 그리는 것을 키스는 잊지 않았다. 얼룩빼기 황소를 타고 장에 가는 노인은 갓을 쓰고 흰 두루마기에 긴 담뱃대를 물고 있다. 뒤에는 빨간 저고리의 손녀 아이가 떨어질세라 할아버지를 꼭 붙잡고 매달려 있다.—옮긴이

Morning Mists. Korea

평양의 동문
East Gate, Pyeng Yang

1925, 목판화, 31.4×45, 《Old Korea》 수록

*

1392년에 지은 평양 성곽 중 동쪽에 있는 문만이 유일하게 남아 있다. 서울에 있는 동대문만큼 웅장하지는 못하지만, 평양의 동문은 그 단순한 스타일과 함께 연륜의 은은함이 배어 있다. 에카르트Andre Eckardt는 한국의 건축에 대해 이렇게 논평했다. "한국은 그 건축법을 중국에서 들여왔지만, 그것을 한국의 상황에 맞추어 단순하면서도 우아하고 더욱 절제된 형태로 발전시켜 한국 특유의 건축 문화를 만들어냈다." 평양의 동문은 바로 이런 한국 건축의 진수를 보여준다.

이 그림은 눈이 덮인, 한적하고 외로운 겨울 동문을 보여주고 있지만, 실제 스케치를 할 때는 결코 한가한 상황이 아니었다. 동문이 위치한 곳은 강으로 통하는 길목이어서 여름에는 빨래를 하러 가는 여자들의 행렬이 끊이지 않는다. 내가 그림을 그리기 위해서 캔버스를 세워놓는 순간 어디서 나타나는지 사람들이 구름같이 몰려왔다. 대개는 아이이거나 나이 많은 남자였다. 그래서 어떤 때는 내 언니 제시가 땅에다 금을 긋고 그 이상은 들어오지 말라고 엄포를 놓기도 했다. "더 가까이 오지 말아요. 애야, 저리 물러서!" 하고 우리가 소리를 지르면, 사람들은 우리의 말투를 흉내내며 따라 했다. 우리도 마주 보고 웃는 수밖에 없었다. 사람들이 너무 몰려와서 구경을 하는 바람에 어떤 때는 포기하고 집에 돌아왔다가 새벽닭이 울 때 다시 찾아와 그림을 그리기도 했는데, 그래도 어떻게 아는지 사람들이 몰려들었다. 동양에서 서양인 여행자가 남몰래 다닐 방법은 사실상 없었다.

평양직할시 중구역 대동문동에 있는 이 문의 이름은 대동문大同門이며, 북한의 국보급 문화유물 제4호로 석축 위에 팔작지붕의 2층 누각을 갖춘 조선 중기의 성문이다.—옮긴이

평양 강변
Riverside, Pyeng Yang
1925, 목판화, 38×25.5

＊

유명한 도시 평양은 기자箕子가 묻힌 고도古都에 자리를 잡았다. 기자는 구약성서의 다비드보다 더 이른 시기에 한국을 다스렸던 인물이다. 기자의 우물이 여기 있는데 거기서 나오는 물은 한국 어느 지역의 샘물에서 나오는 물보다 무겁다고 한다. 이것을 빼고는 평양에 우물이 없다. 이 도시가 마치 보트처럼 생겨서 우물을 파면 도시가 위태로워진다는 속설 때문이었다.

에카르트에 의하면 대동강변의 이 정자는 약 백오십 년 된 것이며, 그 주변 환경이 너무나 완벽해 그보다 더 오래전에 아주 조심스럽게 정자 터로 선택되었을 것으로 추정된다. 한국의 경치는 너무나 아름다워 때때로 여행객은 기이한 감동을 맛보게 된다. 그 풍경의 아름다움은 한국 문화의 유서 깊은 전통과 긴밀하게 연결되어 있다. 서울의 야산이나 대동강변을 걸어보면 베이징의 서구西丘를 걸을 때처럼 시간을 초월한 황홀경을 느끼게 된다. 이 감각적인 즐거움은 내 고국인 잉글랜드와 스코틀랜드의 전원을 산책할 때의 느낌과는 사뭇 다르다. 한번은 중국의 서구에서 풀잎을 따들고 그 끝을 잘근잘근 씹기 시작했다. 그러자 내 친구가 그것을 빼앗아버렸다. 풀잎에 혹시 기생충이 있을지 모르니 그렇게 씹는 것은 아주 위험하다는 것이었다.

한국과 중국의 전원 풍경은 정말 아름답다. 어떤 예기치 못한 프로젝트가 그 오래된 땅의 매혹적인 풍경을 망가뜨리지나 않을지 걱정이 되어 한시바삐 그곳에 되돌아가고 싶은 동경을 느낀다. 한국 풍경의 백미는 뭐니 뭐니 해도 저 먼 산 위의 푸른 색깔이다. 그 푸른색은 특히 북쪽으로 갈수록 더욱 더 아름다워진다. 한국의 하늘은 여름에는 짙은 푸른색이지만 비바람이 불 때는 짙은 남색으로 바뀐다.

평양의 귀한 유적들은 1894년 청일전쟁 때에 많이 파손되었는데, 중국 군인들이 전쟁용 흙벽에 사용하느라고 주춧돌을 빼 갔기 때문이다. 소나무 아래쪽으로 나뭇가지가 없는 이유는 가난한 사람들이 땔감으로 잘라갔기 때문이며 어딜 가나 그런 광경을 볼 수 있다.

키스는 대동강변의 경치라고만 적고 있지만, 정자의 연대나 건축 모습, 그 주위의 빼어난 경치로 보아 이곳은 예로부터 관서팔경의 하나로 알려진 연광정練光亭으로 추정된다. 역시 대동문동에 위치해 있다. 부록에 이 목판화와 《올드 코리아》에 실린 오리지널 수채화가 나란히 배치되어 있으니, 두 그림 사이에 무엇이 바뀌었는지 비교해 보는 것도 재미있을 것이다.—옮긴이

5

독립 선언의 날
Independence Day

* * *

그날의 행사 일정은 용의주도하게 계획되었고, 상세한 지시가 지하 신문을
통해 전달되었다. 독립운동의 대표자로 선정된 유명인사 33인은 서울에서
가장 유명한 음식점인 태화관에 모여 작별 점심을 나누었다.
이 오찬에는 일본 정부 고관도 몇 사람 초대되었지만 오지 않았다.
만약 일본 고위직 사람들이 참석했더라면, 대표 33인이 독립선언서를
크게 낭독하고 서명하는 장면을 목격했을 것이다.

*　*　*

한국인의 독립 만세 노래[●]

압박과 학대 너무도 깊고 길어

일어섰다 숨어 살던 우리 모두들

짓눌렸던 가슴 털고 깨어났다

일어났다 이천만 우리 동포들

다 함께 부르자 희망찬 노래

춤추며 나아가자 앞으로 앞으로.

독립 만세, 독립 만세!

조선, 조선! 만세, 만세!

● 3·1운동 당시 불렸던 독립운동가 중 하나를 키스가 영역하여 원서에 실은 것인데, 정확히 어떤 노래인지 확인할 수 없어서 이 영역문을 다시 한국어로 옮겼다. ─옮긴이

우리가 원하는 건 오로지 자유뿐

아무리 어려워도 싸워 얻으리

이 한 몸 바쳐 나라가 살 수 있다면,

즐겁게 바치리, 이 몸을 다 바치리

들리느냐, 독립의 함성, 울려 퍼진다

더 크게, 더 오래, 독립의 노래.

독립 만세, 독립 만세!

조선, 조선! 만세, 만세!

나는 한국 사람들이 1919년 3월 1일, 행복한 아이들처럼 춤추고 노래 부르며 비밀리에 준비했던 수천 개 태극기—나라의 상징이지만 금지되어 있던 그 태극기—를 높이 흔들며 독립 만세를 외쳤다는 이야기를 들었다. 한국에 사는 외국인 누구에게도 이 거사를 미리 알려주지 않았다고 한다.

그날의 행사 일정은 용의주도하게 계획되었고, 상세한 지시가 지하 신문을 통해 전달되었다. 유명인사 중 33인이 독립운동의 대표자로 선정되었고 그중 몇몇은 이미 반역죄로 고생을 했던 사람이었다. 33인은 그들이 일본 판사에게서 어떤 벌을 받을지 이미 알고 있었다. 투옥은 말할 것도 없고 더 견디기 어려운 고문도 각오해야 했다. 그들은 서울에서 가장 유명한 음식점인 태화관泰和館에 모여 작별 점심을 나누었다. 이 오찬에는 일본 정부 고관도 몇 사람 초대되었지만 그들은 오지 않았다. 그 대신 말직에 있는 사람을 하나 보냈다. 만약 초대된 일본 고위직 사람들이 참석했더라면, 대표 33인이 독립선언서를 크게 낭독하고 서명하는 장면을 목격했을 것이다. 33인은 독립선언서를 낭독한 다음 경찰에 스스로 자수하러 갔다. 만약 체포될 때까지 기다린다면, 매를 맞아가며 또는 총 끝에 찔려가며 서울 거리를 끌려갈 것을 알았기 때문이다. 좀 우울한 유머이기는 하지만,

그래서 미리 자동차를 대기시켜놓고 있다가 위엄을 잃지 않고 판사에게 가서 자수하는 동시에 독립선언서를 제출했다.

그날 아침 내내 서울에는 이상한 기운이 감돌고 있었다. 외국인들은 전혀 소식을 모르면서도 왠지 무슨 일이 일어날 것 같은 기분에 뒤숭숭했다. 고종의 서거로 인한 국상 때문에 사람들이 많이 움직이고 있었다. 마침내 사람들이 파고다 공원(현재의 탑골공원—옮긴이)에 집결했다. 여기서 신호만 받으면 일제히 한 목소리로 "만세, 만세, 독립 만세!"를 부르기로 한 것이다. 군중이 이리저리 몰리면서 신호를 기다리고 있는데, 마침내 종이 울리고 한 젊은이의 목소리가 확성기를 통해서 들렸다. 그는 그날의 행동 지침을 낭독하고 이어 독립선언서를 낭독했다.

"우리는 이에 우리 조선이 독립한 나라임과 조선 사람이 자주적인 민족임을 선언한다. 이로써 세계 만국에 알리어 인류 평등의 큰 도의를 분명히 하는 바이며, 이로써 자손 만대에 깨우쳐 일러 민족의 독자적 생존의 정당한 권리를 영원히 누려 가지게 하는 바이다. 아! 새로운 세계가 눈앞에 펼쳤도다. 위력의 시대가 가고 도의의 시대가 왔도다."

사람들에게 전한 행동지침은 다음과 같았다. 폭력을 행사하지 말 것, 난동을 피할 것, 일본인의 물건을 사지 말 것, 만세를 부를 때는 다 같이 할 것, 자진해서 체포되려고 하지는 말되 일본인들이 포승줄에 묶으려 할 때 저항하지 말 것, 반항해 덤벼들지 말 것 등이었다.

어느 독립선언서에서 발췌한 다음 글은 정치적 성명서라기보다는 한 편의 시 같은 느낌이다.

거룩한 단군의 자손인 우리들
온 사방에는 우리의 적들뿐.

우리는 인류애의 깃발 아래 목숨을 바친다.

구름은 검어도 그 뒤에는 보름달이 있나니

우리에게 커다란 희망을 약속하도다.

한국인의 자질 중에 제일 뛰어난 것은 의젓한 몸가짐이다. 나는 어느 화창한 봄날 일본 경찰들이 남자 죄수들을 끌고 가는 행렬을 보았는데, 죄수들은 모두 흑갈색의 옷에 조개 모양의 삐죽한 짚으로 된 모자를 쓰고 짚신을 신은 채 줄줄이 엮여 끌려가고 있었다. 죄수들은 여섯 척 또는 그 이상 되는 장신이었는데, 그 앞에 가는 일본 사람들은 총칼을 차고 보기 흉한 독일식 모자에 번쩍이는 제복을 입은 데다가 덩치도 왜소했다. 일본 경찰의 키는 한국 죄수들의 어깨에도 못 닿을 정도로 작았다. 죄수들은 오히려 당당한 모습으로 걸어가고 그들을 호송하는 일본 사람들은 초라해 보였다.

한국의 영웅인 독립운동 대표 33인은 이렇듯 한국인만의 의젓한 모습으로 대기 중인 차에 몸을 싣고 일본 경찰에 가서 자수했다. 이제 우리는 여기서 그들과 작별해야겠다.

3·1만세운동은 놀라운 발상이었고 영웅적인 거사였다. 빈손으로 독립을 촉구한 사람들은 돌아올 보복이 얼마나 심할지 잘 알고 있었다. 그런데도 서울에서만 이십만여 명이 실거리를 메웠고, 그와 동시에 한반도 방방곡곡 어디에서도 독립선언서를 낭독하며 애국의 노래를 부르며 시위를 벌였다.

역사적으로 한국 사람들은 자신들의 왕에게도 그러한 비폭력적 저항을 해왔다. 어명御命이 부당하다고 생각될 때에는 많은 사람이 상복喪服을 입고 왕궁 문앞에 모여, 무릎을 꿇고 머리를 땅에 대고 밤낮으로 잘못된 어명을 거두어달라고 청했다. 상복을 입은 사람들은 마침내 왕이 마음을 바꿀 때까지 "아이구, 아이구, 아이구" 하며 통곡을 계속했다.

파고다 공원에 모였던 사람들 이야기로 돌아가 보자. 확성기 소리가 멈추자 남녀노소를 막론하고 숨겨 갖고 있던 태극기를 일제히 휘두르며, "독립 만세, 독립 만세"를 크게 부르며 춤을 추며 길로 나갔다. 함성이 터지면서 군중은 모이고 흩어지고 또 모이면서 질서 정연하게 서울의 대로를 행진했다. 양반, 선비, 교복을 입은 남녀 학생, 상인, 막노동자, 거지, 심지어는 술집 여자들까지, 계급의 상하, 남녀노소를 불문하고 모두 독립 만세를 부르짖었다. 배제학당 교장이었던 휴 신 Hugh Cynn(한국명 신흥우—옮긴이)은《한국의 재생 Rebirth of Korea》(1920)이라는 책에서 자신이 목격한 것을 이렇게 기록하고 있다.

> 한 손에 책을 들고 다른 한 손에는 모자를 든 학생들, 하얀 옷을 입고 주름진 초록색 장옷을 걸친 부인들, 소매를 걷어 올리고 연장을 든 일꾼들, 고운 비단 두루마기를 바람에 날리는 양반의 자제들, 앙상한 손가락에 비쩍 마른 팔뚝을 한 순박한 농사꾼들, 이마에 흰 천을 질끈 동여맨 몸체가 단단한 달구지꾼들, 긴 담뱃대를 들거나 귀 뒤에 펜을 꽂은 부유해 보이는 상인들, 솜 넣은 바지를 입은 퉁퉁하게 생긴 남자아이들, 혹은 나막신을 신고, 혹은 비단신을 신고, 서구식으로 옷을 입은 청년들, 천차만별의 연령, 직업의 고하를 막론하고 모두들 일체가 되어 흥분의 도가니 속에서 즐겁게 "만세, 만세, 만세! 독립 만세!"를 외치고 있었다.

미국 사람들이 설립한 여자대학(이화학당을 가리킴—옮긴이)이 하나 있었는데, 그 대학 교장은 소속 학생들이 자기 명령을 어기고, 독립선언서를 읽던 날 교정을 몰래 빠져나가 가두 시위행진에 참여했다고 말했다. 학생 중에도 제일 똑똑한 학생 하나가 붙잡혀 감옥에 들어갔는데, 후일 나는 그 교장과 같이 그 학생을 면회 갔다(제4대 이화학당장으로 있던 룰루 프라이 여사 Miss Lulu Frey(1868~1921)는 1893년 선교사로 내한하여 1907년에 학당장에 취임했고, 독립만세운동 이후 감옥에 갇힌 학생들을 구하는 등 노심초사, 심신이 피곤하여 휴가를 얻어 도미했는데 1920년 대수술을 받고 1921년에 타계했다—옮긴이).

과부
The Widow

수채화, 《Old Korea》 수록

*

온화하면서도 슬픈 얼굴을 가진 이 부인은 한국 북부 지방 출신이다. 한국에서는 남남 북녀南男北女라고 해 북쪽의 여자를 더 쳐준다. 모델을 서주려고 내 앞에 앉았던 당시는 일제에 끌려가 온갖 고문을 당하고 감옥에서 풀려 나온 지 얼마 되지 않은 때였다. 몸에 는 아직도 고문당한 흔적이 남아 있었지만 그의 표정은 평온했고 원한에 찬 모습도 아니 었다. 타고난 기품과 아름다움이 전신에서 뿜어져 나오는 여인이었다.

이 과부는 남편의 죽음을 마냥 슬퍼할 처지가 못 되었다. 외아들은 일제에 끌려가 버렸고 언제 다시 만날 수 있을지 기약이 없는 상태였다. 아들은 3·1운동에 적극 가담한 애국자 였다.

이 그림을 그린 것은 여름이었다. 여인은 전통적이고 폭넓은 크림색 치마에, 그 아래에 는 헐렁한 바지를 입고 있었다. 저고리는 빳빳한 삼베였다.

북부 지방에는 머리에 두건을 쓰는 풍습이 있다. 무척이나 더운 날씨인데도 여인은 그런 두건을 쓰고 있었다. 여인의 머리는 숱이 많고 길었으며 그것을 땋아서 머리에 감아올리 고 있었다.

텅 빈 듯한 방에 덩그러니 장옷 하나만 걸려 있고 여인은 마루에 걸터 앉아 있다. 슬프면 서도 슬픔을 안으로 감추고, 단정하면서도 결연한 이 과부의 이미지는 일제 강점기의 우리 모습이 아닐까? 안타깝게도 이 그림은 목판화로 만들어지지 않았고, 원작의 행방이 묘연해 《올드 코리아》에서만 볼 수 있다. ─옮긴이

나는 그때까지 애국활동하는 학생들이 얼마나 무자비한 구타를 당하고 수모를 겪는지에 대해서 다 알지 못했다. 우리는 투옥된 학생과 겨우 몇 인치 정도밖에 안 되는 작은 문구멍으로 대화를 해야 했다. 학생의 얼굴이 겨우 보였는데, 그 학생은 한국 사람에게는 힘든 자세인 무릎 꿇는 자세로 앉아 있어야 했다. 구멍은 어찌나 작은지 이쪽저쪽으로 머리를 움직여야만 얼굴 전체를 볼 수 있었다. 학생은 우리 모습을 다 볼 수는 없고 목소리를 듣고 누구인지 알아보는 정도였다. 학교에서 루스Ruth라고 불리는 이 학생은 반질거리는 까만 머리를 등 뒤로 땋아 내렸다. 기품이 고고한 얼굴이었고, 치아는 하얗고 뺨은 불그스레했으며 새까만 눈동자는 반짝거렸다. 슬픈 표정이라기보다는 오히려 환희에 넘친 표정이었다. 학생은 왜 자기가 학교의 명령을 어기고 독립운동에 참가했는지 또 어떻게 체포되었는지 말했다. 그는 시편 23편("여호와는 나의 목자시니 내가 부족함이 없으리로다") 이 유일한 위로가 되었다고 말했다. 동정을 구하는 표정이라기보다는 승리한 자의 모습이었다. 선생은 그런 이야기를 들으면서 울었지만 루스는 조용하고 침착했다.

루스가 보인 태도에 놀란 내게 교장이 전해준 이야기는 더 놀라웠다.

전국의 학교는 사흘 동안 고종황제의 거상居喪을 치르고 있었다. 나흘째 되던 날도 교내는 조용했는데, 새로 온 선생이 내게 "학생들이 북쪽 지방 사람들이 사용하는 누건을 준비하고 있고, 흰옷에다가 짚신을 신고(조의의 표시) 있으니, 문단속을 잘해야 할 것입니다"라고 했다. 아침 식사 때 직원들이, "무엇인지는 모르지만 무슨 일이 일어나고 있는 것 같습니다. 도쿄에 유학한 학생들이 돌아오고 있는데 우리 학생들이 그들에게 영향을 받고 있는 듯합니다"라고 걱정했다.

외국인들은 그렇게 전국적인 행사가 준비된 것을 모르고 있었고, 《조선독립신문》을 밤에 인쇄해서 배부하는 것을 우리 학생들이 도와주고 있음을 알지 못했다. 그때는 그런 신문이 있다는 것조차 몰랐다. 그 운동의 규모가 얼마나 큰지를 처음 깨닫게 된 것이 삼월 일일 점심 무렵이다. 학생 하나가 내게 와서 "우리는 모두 파고다 공원으로 가야 합니다. 사람들이 우리를 불러요!"라고 했다. 나는 "너희들은 가면 안 돼!"라고 했고, 그들은 "학생들이 모두 거기에 모입니다. 우리는 꼭 가야 합니다"라고 했다. 나는 반대했고 마지막에는 "차라리 나를 죽이고 가라"고까지 말했다.

조금 후에 어떤 선생이 내게, 이리 와서 한 학생 방에 펼쳐 있는 독립선언서를 읽어 보라고 했다. "이 글을 읽어보세요." 그 학생이 순박한 태도로 독립선언서를 가리키며 말했다. "참으로 좋은 글입니다. 우리의 지도자와 목사님의 이름이 서명되어 있습니다. 우리가 참석하는 것이 결코 잘못된 일일 수 없습니다." 그래도 나는 안 된다고 말했다. 그랬더니 한 학생이 "그럼 선생님이 우리 중 한 사람과 같이 가면 안 되겠습니까?" 했다. 나는 동의했고 루스를 데리고 가기로 했다. 한편 다른 학생들은 다른 짓을 하지 않고 루스와 내가 종로로 전차를 타고 가는 동안에, 강당에 모여서 나라를 위해 기도하겠다고 약속했다.

우리가 차를 갈아타기도 전에 학생 한 무리가 모자를 벗어 흔들며 만세를 부르며 몰려왔다. 그중에는 공립 중학교에 다니는 여학생들도 끼어 있었는데, 루스는 너무 흥분해서 내가 어깨를 잡고 말릴 수도 없었다. "어떻게 하지요?" 루스가 물었다. "남대문으로 가자"고 내가 말했다. 하지만 거기에서도 학생 한 무리가 경찰에게 쫓기며 달려오고 있었다. 루스가 시위운동에 동참하게 해달라고 졸랐으나 허락하지 않았다. 우리는 돌아가기로 하고 세브란스 병원을 향해서 갔는데 거기에도 사람이 많이 모여 있었고 경찰의 칼이 번득였다. 다음 정류장에서 내려 루스를 잡아끌며 우리 학교 근처까지 왔다. 정문 가까이 오니 이상한 소리가 들렸다. 가까이 가보니 전교 학생들이 이층 난간에 서 있었다. 남학생 이백여 명이 마당에 서서 모자를 내저으며 소리를 치니 우리 여학생들이 화답하고 있었다. 나는 남학생들에게 조용히 말했다. "당신들은 우리 학생들이 있는 데로 오면 안 돼요." 나는 남학생들을 손으로 떠밀며 말했다. "문밖으로 나가요. 소리를 지르려면 교정 밖으로 나가서 해요. 어서 밖으로 나가요."

그때까지 어떻게 해야 할지 몰라서 방관하고 있던 선생들이 나를 도와 남학생들을 밖으로 내쫓고 문을 닫았다. 나는 선생들을 문마다 배치해서 남학생이 들어오지도, 여학생이 나가지도 못하게 했다. 나도 위층 난간으로 올라가서 제일 큰 문을 감시 했다. 한 선생이 잠시 돌아선 틈을 타서 여학생 몇이 재빠르게 빠져나가 길거리로 나 갔다. 몇 명이 그렇게 빠져나가는 것은 할 수 없었다. 나는 급히 대문으로 내려가 문 에다 등을 기대며, 슬퍼하는 학생들을 빤히 쳐다보았다. 용감한 학생이 나에게 항의 했다. 그 학생의 아버지 어머니는 시골에서 살해되었고, 유일한 혈육인 오빠는 칼에 찔리고 매를 맞았다. 그 학생의 눈에서 눈물이 줄줄 흘러내렸다. 다른 학생들이 일제 히 합창을 했다. "나가게 해주세요, 나가게 해주세요, 제발!" 눈물 흘리던 학생은 마 침내 빠져나갔고, 그다음에 내가 그를 만났을 때는 죄수복을 입고 있었다(이 학생은 정황상 유관순으로 추정된다—옮긴이).

이렇게 학생들을 밖으로 나가지 못하게 하던 중, 밖을 보니 정문 저쪽 편에 경찰이 서 있었다. 그는 잠시 서서 보다가 곧 사라지더니 다른 경찰을 데리고 다시 나타났다. 우리를 감시하던 경찰의 상관은 일본인이었고, 다른 경찰 세 사람은 한국인이었다. 나는 이 일본인 경찰관이 친절하고 부드러운 사람이라는 것을 알아보았다. 그는 아 버지 같은 목소리로 학생들에게, 선생님의 말을 들으라고 권고했다. 그렇지만 그가 학생들에게 "선생님 말씀을 따를 사람 손들어봐요"라고 했을 때 손을 드는 학생은 하 나도 없었다.

그러자 경찰은 칼을 빼어 들고 학생 중에 덩치가 큰 스무 명 정도를 골랐다. 나는 더 이상 참지 못하고 학생들에게 다시 한 번 호소했다. "학생들! 내 말을 듣겠다고 약속 해요. 내가 학생들에게 잘못된 일을 하라고 한 적이 한 번도 없잖아요." 이 말에 학생 들이 두 손을 들면서 포기했고 경찰은 학생들을 잡아내는 것을 멈추었다. 나는 학생 들에게 또다시 말했다. "학생들, 내가 학생들 사랑하는 거 알지요?" 다시 그들이 손 을 들었다. 경찰이 학생들에게 숨긴 문서가 없냐고 물었다. 내가 보기에 그 경찰은 그래도 착한 사람 같았다. 나는 그에게 말했다. "우리 학생 몇 명이 문밖으로 나갔어 요. 당신의 명함을 주면 내가 경찰서로 찾아가겠습니다. 그리고 그 학생들도 내 말을 따르겠다고 약속하면 그들을 석방시켜주십시오." 나는 그 후 사흘 연달아 경찰서를 찾아갔다. 하지만 더 이상 희망이 없다는 것을 깨달았다. 그때 그 학생들은 이미 모두 감옥으로 보내졌던 것이다.

인상적인 한국의 풍경 II

*   *   *

한국의 풍경은 마치 조바위를 쓴 한국 여인의 차분한 얼굴처럼
평안하고 조용해 보였다. 한국의 경치는 너무나 아름다워
때때로 기이한 감동을 맛보게 된다. 그 풍경의 아름다움은
한국 문화의 유서 깊은 전통과 긴밀하게 연결되어 있다.
서울의 야산이나 대동강변을 걸어보면 시간을 초월한
황홀경을 느끼게 된다. 이 감각적인 즐거움은 내 고국의
전원을 산책할 때의 느낌과는 사뭇 다르다.

백불白佛
White Buddha, Korea
목판화. 37.8×24.9

*

현재 서울시 유형문화재 중 하나로 서대문구 홍은동에 있는 보도각普渡閣 백불白佛은 14세기에 만들어진 것으로 추정된다. 불상은 높이 십 미터 이상의 자연석에 새겨졌고 여섯 평 크기의 보도각 내에 보존되어 있다. 지금 이 백불의 정식 이름은 홍은동 보도각 마애 보살좌상이다. 20세기 초, 말을 타고 여기 찾아왔었다는 기록을 남긴 스웨덴 기자 아손 그렙스트W. A:son Grebst를 비롯해 많은 서양인 여행객이 방문하던 곳이다.

이성계가 도읍을 정할 때 여기에서 기원을 했다고 한다. 또 고종의 모친 민씨가 아들 고종의 복을 비는 치성을 드리며 불상에 분을 바르기 시작해서 '백불'이라 불리기 시작했다고도 한다. 또 다른 전설에 의하면, 이 불상은 원래 시어머니의 학대에 죽어간 한恨을 품은 여자의 불타는 원혼을 달래기 위해서 고려 명종 때 재상이었던 김수동이라는 사람이 세운 자기 부인의 상像이었는데, 비가 와도 물이 넘치는 법이 없어서 사람들이 이곳에 와서 소원을 빌기 시작했다는 것이다. 세월이 지난 후에 이곳이 절로 변하고 이것을 불상으로 생각하기 시작했다고도 한다.

이 백불은 키스가 그린 부처상像 그림 두 점 중 하나인데, 다른 것은 일본 가마쿠라鎌倉에 있는 대불大佛이다.—옮긴이

사당 내부
Temple Interior

수채화, 《Old Korea》 수록

*

서울 동대문 밖에 있는 이 사당(동묘)은 전쟁의 신을 위해서 지어진 것이라고 한다. 노란색의 작은 지붕 밑에 나무로 깎은 시커먼 조각상은 임진왜란 때 한국을 지켜주었다고 믿어지는 중국 장군 관우關羽의 영혼을 기념하기 위해서 만든 것이라 한다. 사당은 이상한 모양의 조각들로 꽉 차 있었고 내부는 어두컴컴했다. 얇고 가벼운 치마를 입고 땅에 납작 엎드려 염불하는 여인들은 마치 깊고 어두운 숲속에 떨어진 꽃잎처럼 보였다.

불교 사찰은 대개 도시에서 떨어진 산속에 있다. 사찰 건물들은 눈부신 흰색의 담으로 둘러싸여 있고, 담에는 기와를 얹는다. 방은 햇빛이 잘 들어오게 되어 있다. 흰옷을 입은 남자들이 입구에 앉아서 담배를 피우거나 이야기하는 모습도 볼 수 있다.

어떤 사찰 앞에는 연꽃이 핀 둥그런 연못이 있었고, 잔잔한 물에 수양버들이 초록색 그림자를 드리고 있었다. 절의 돌층계에 서서 보면 저 멀리 지평선에 자그마한 산들이 솟아 있는 게 보인다. 또 어떤 절은 언덕에 있는 큰 돌에 불상을 새기기도 했다. 이 사찰에서 손님들은 아무 데나 자유롭게 다닐 수 있었다. 어느 작은 방에서는 특이하게 생긴 말총 모자를 쓴 스님이 북소리에 맞추어 천천히 염주를 굴리고 있었다. 창백한 얼굴의 청년이 스님의 손을 응시하면서 북을 두드리는데, 북소리가 한 번 나면 스님이 염주를 한 번 굴리곤 했다. 여자 몇 사람이 일렬로 천천히 돌계단을 올라가 높은 데 있는 법당으로 향했다. 여자들의 머리는 까맣고 반들거렸으며 치마는 무희의 것처럼 빳빳하고 얇았다. 작은 발에는 섬세하게 색을 입힌 비단신을 신고 있었는데 신발 코가 뾰족하게 올라와 있었다. 여자들의 발목을 감은 주름 잡힌 하얀 무명천은, 남자들의 사냥용 장화의 주름 잡힌 윗부분을 연상시켰다.

한 법당에는 여러 가지 색깔의 과자들이 허드레 평상 위에 놓여 있었다. 그 앞에는 두 남자가 무릎을 꿇고 앉아 있었는데 한 사람은 특히 침통한 표정이었다. 그들은 딱딱한 모자가 평상에 놓은 제물에 닿을 정도로 낮은 자세였다. 다른 방에는 많은 여자가 제단 앞에 엎드려 있었다. 돌처럼 굳은 표정의 두 스님이 화려한 비단 승복을 입고 앉아 단조로운 목소리로 경을 외우며 작은 북을 하나씩 두드리고 있었다.

때로는 보기 흉한 현대적 장식이 절의 분위기를 망치는 느낌이었고, 박자가 맞지도 않는 북소리는 귀에 거슬렸다. 하지만 그런 것들이 절이 주는 평화로움을 해치지는 못했다. 사람들은 고생과 위험이 가득한 속세를 벗어나 한적한 이곳에서 마음의 평화를 얻는 듯했다. 어느 절에 가니 승방僧房 벽에 이런 말이 쓰여 있었다.

"향을 피우는 절—여기에서 바람이 생겨나는 것을 볼 수 있다."

금강산, 전설적 환상
The Diamond Mountains, A Fantasy
1921, 목판화, 35.6×17.6

*

언어가 통하지 않는 서양 여자들이 도로가 제대로 건설되어 있지 않은 금강산을 둘러보는 것은 어려운 일이라 큰 인상을 남긴 듯, 키스는 《동양의 창》에 긴 여행기를 남겼다. 비가 쏟아질 때는 냇물이 무섭게 불어나서 두려웠지만, 비가 개인 후 신선한 바람을 맞으며 안개가 자욱한 계곡으로 내려올 때는 신비스러움을 금할 수 없었다고 했다. 사실화를 즐겨 그리는 키스가, 금강산을 그린 그림에서만은 전설에 의탁한 환상적 장면을 집어넣은 까닭은 아마도 산사山寺의 분위기와 심산유곡의 경치를 너무나 신비스럽게 느꼈기 때문이 아니었을까. 산 위에서 여러 승려가 구름을 타고 내려오는데, 그 밑에는 호랑이 두 마리가 바위에 앉아 있고, 물속에는 용의 머리가 보이며, 오른쪽 바위에는 한복 입은 사람이 엎드려 소원을 빌고 있다. 스무 장밖에 만들어지지 않은 희귀 작품이다. 뒤쪽의 〈금강산 구룡폭포〉와 한 쌍을 이룬다. ─옮긴이

The Dream of a Flat... Elizabeth Keith

금강산 구룡폭포
The Nine Dragon Pool, Diamond Mountains
1921, 목판화, 36.6×17.6

＊

금강산의 4대 폭포 중 하나인 구룡폭포(일명 중향폭포衆香瀑布)는 화강암 아래로 굴러 떨어지는 거대한 폭포다. 폭포 아래에는 구룡연이 있어 용이 아홉 마리 살았는데, 가끔 소동을 피워 사람들을 괴롭히자 홀연히 인도에서 승려들이 와서 용들을 퇴치했다는 전설이 있다. 그 전설을 재현한 듯, 칠십사 미터 높이의 폭포에 용이 여기저기 그려져 있다. 이 그림은 크기나 색조, 내용에 있어서 앞쪽의 〈금강산, 전설적 환상〉과 한 쌍을 이루는데, 사실화를 주로 그린 키스의 작품들 중에 이 두 그림은 환상을 도입한 예외적인 작품이다.―옮긴이

Nine Dragon Pool, Diamond Mts, Korea

금강산 절 부엌
A Temple Kitchen, Diamond Mountains
1920, 목판화, 34.5×26.7

*

금강산은 외국인에게도 가장 아름다운 산으로 알려져 있어서 한국을 방문하는 외국인
은 누구나 찾아가는 곳이었다. 키스도 포드 자동차로 여행하면서 금강산 입구까지는 갔
지만, 산길이 험하고 비까지 쏟아져서 본격적인 등산을 하지는 못했다. 하지만 금강산의
절경에 감탄해 그림을 여러 장 그렸다. 이 그림은 금강산 어느 절의 깨끗하게 정리된 부
엌의 광경이다. 키스가 절의 이름을 밝혀놓지 않았는데 외국인이 많이 찾아갔던 장안사
長安寺로 추정된다. 커다란 부뚜막에 올라앉아 밥을 짓는 상투 튼 어른과, 그 아래서 아
궁이에 불을 때는 아이가 묘한 조화를 이룬다. 아이의 흰옷은 아궁이 불빛이 반사되어
붉게 보인다. 뒤편에는 해를 등 뒤로 하고 그릇을 머리에 인 채 문으로 들어오는 여자가
보인다.

벽에 붙여서 만든 커다란 솥에 많은 양의 밥을 짓고, 그 열기로 방을 데우는 온돌은 흥미
로운 것이었다. 이렇듯 한국 사람들의 일상생활은 항상 키스의 관심을 끌었다.

부록에 이 목판화와 오리지널 수채화가 나란히 배치되어 있으니 참고 바란다.─옮긴이

A Temple Kitchen
Diamond Mts. Korea

6

두 자작
The Two Viscounts

* * *

심문관이 이용직에게 물었다. "진정한 힘이란 무엇이오?"
자작은 이렇게 대답했다. "진정한 힘이라는 것은 우리가 오늘 너희들에게
보여주는 단결된 조선 사람들의 정신이다. 너희들은 군함의 무력을 자랑하지만,
우리가 만세를 부르는 정신을 분쇄하지는 못할 것이다. 그것이 진정한 힘이다!"
이 답변은 일본 사람들과 한국 사람들 사이에 얼마나
커다란 정신적 차이가 있는지 잘 보여준다.

*　*　*

착해 빠지고, 기백도 없고, 경멸의 대상이라고 생각했던 한국 사람들이 그런 반란을 일으키다니! 폭군 같은 일본 식민지 당국은 전혀 상상조차 하지 못했다. 한국인들이 감히 만세를 부르며 자유를 선포하다니! 일본 사람들이 현명한 통치자였더라면 "그냥 노래를 부르도록 내버려두라"고 했을 테지만, 폭군은 원래 현명하지가 못하다.

전화가 바쁘게 오가고, 군사령부와 경찰청은 진압 명령을 내리고, 칼과 몽둥이, 나중에는 소방대원이 사용하는 연장까지 든 일본 진압군이 무기라곤 하나 없이 만세를 부르는 군중 앞에 나타났다. 일본군은 물어보지도 않고 막 때리며 잡아가기 시작했고 특히 남녀 학생을 잔인하게 몰아붙였다. 여학생들은 긴 머리채를 잡혀 끌려가면서도 만세를 불렀다. 열두 살쯤 되어 보이는 여학생은 맞을 때마다 만세를 불렀으며, 경찰에게 "내 속에 만세가 꽉 차 있어서 나도 어쩔 수 없다"라고 말했다. 남녀노소를 막론하고 체포된 사람이 수백 명이나 되었고, 금세 감옥은 만원이 되어 서 있을 수밖에 없게 되었다. 체포할 때도 잔인했지만 나중에 심문할 때는 더욱 잔인했다. 일본 심문관들은 외국인 선교사들이 뒤에서 책동하고 계획했다고 자백하면 잘 봐주겠다고 회유했지만, 모두들 그런 제안을 거부했고 그러자 심문은 더 무자비해졌다. 사실 한국 사람들은 외국 사람 누구에게도 삼월 일일의 비밀스런 계획을 알려주지 않았다.

만세운동에서 제일 주목할 사실은 늙은 양반들의 참여라고 할 수 있다. 일본인들은 합병 이후에 많은 양반 계급에게 후작, 자작, 공작 등의 작위를 하사했다. 하지만 일부 인사들은 그런 작위를 반환하고 독립운동에 가담했는데 김윤식과 이용직이 바로 그런 사람이었다.

그들은 자작이라는 명예직을 반납했을 뿐 아니라, 하세가와 요시미치長谷川好道 총독(1850~1924, 2대 조선총독)에게 독립청원서를 보내 그렇게 행동할 수밖에 없는 이유를 설명했다. 그 청원서가 틀림없이 전달되게 하기 위해서 김윤식은 그 문서를 케이크 상자에 넣어 손자가 직접 총독에게 선물이라고 하면서 전달하도록 시켰다. 다음은 그 독립청원서다.●

어떤 법이든지 실제로 활용할 수 있을 때만이 좋은 법칙이라 할 것이며 어떤 정치든지 인민 간에 평화를 유지할 때만이 좋은 행정이라 하겠도다. 만약 그 법이 시기에 맞지 않으면 실제상 법이라 할 수 없으며, 그 정치가 인민의 안녕을 담보하지 못하면 좋은 정부라 할 수 없을 것이외다.

일본이 한국을 병합한 후 십 년 동안 행징을 개량한 깃도 약긴 있지만 결과는 힌 국민에게 평화를 준 것이 결코 아니다. 최근에 독립을 위해 처음 만세를 부른 뒤 즉시 호응한 자 수천여 명이요, 일주일 동안 전국이 호응해 이쪽에서 저쪽까지 만세를 연속했으며, 필부소아匹婦小兒도 손을 들어 열심히 만세를 부르며 시체가 눈앞에 나타날지라도 두려움 없이 굴하지 않고 독립만 위해 싸움은 무슨 이유인가? 그 이유는 몇 년

● 여기에 실린 김윤식과 이용직의 '독립청원서'는 김병조金秉祚의 《한국독립운동사략》(아세아문화사, 1974)에 국한문혼용체로 실려 있는 것을 우리말로 옮긴 것이며, 옮기면서 현대어로 바꾸었다.―옮긴이

동안 불공정하게 받아온 고통이 마음속에 맺히므로, 신음소리가 육신의 고막에는 들리지 않았으나 이제는 터져 나오는 때라. 양양한 홍수가 황해안을 넘쳐 산하를 뒤덮는 기세는 막을 수 없는 것이리니, 이는 인심의 흐름이며 천명이 이끔이다.

그러면 당국이 두 가지 방침으로 독립운동을 진압할 수 있으니 하나는 고압적이요 하나는 융화적이라. 온화주의는 너그럽고 여유 있는 협의와 평화로운 태도를 요구하므로 시국의 소요를 즉시 가라앉히지 못할 염려가 있지만, 혹독한 수단은 잔인하고 포악한 기관을 요구하나니 독립당의 악감만 불러일으킬지며 독립당을 모두 죽이기는 도저히 불가능하니 혹독한 수단으로는 이 문제를 해결할 수 없으니이다.

독립당이 간절히 원하는 바는 자신들의 권리를 되찾고 노예 상태를 벗어나는 것이라. 그들의 병기는 빈손과 한 치의 혀뿐이니 그것으로 자신들이 받아온 불공정한 압박을 벗어나고자 함이라. 저들이 폭력을 행사할 뜻이 없음은 사실이니 자애심 많은 민족은 깊은 정을 표할지라. 우리가 아는바 무수한 양민이 붙잡혀 감옥이 넘쳐나고 비인도적인 악형으로 옥중에서 죽는 자 많으며 사람이 모이면 함부로 총을 쏘아 길에 시체가 산처럼 쌓였으나, 독립운동은 갈수록 만연하며 곳곳에서 봉기한즉 이 어찌 우연한 일이리오. 근본적 원인을 이해하기 전에는 혹독한 수단이나 온화주의가 다 어디로 돌아갈지 분명할 것이로소이다. 가령 시위운동 주모자를 모두 죽일지라도 그 정신은 영원히 살아남아 사람마다의 가슴에 깊이 뿌리내려 각자 자기 집에서 몰래 독립 만세를 부를지니, 이를 모두 찾아내어 죽일 방법이 있겠는가. 귀하디귀한 사람의 목숨은 초개같이 대할 수 없는 것이리다. 맹자가 제나라 선왕에게 말하기를, 연나라 사람들이 기뻐하거든 취하고 그렇지 않거든 취하지 말라 했는데, 제 선왕이 나중에 후회한 것은 맹자의 권고를 듣지 않은 것이라. 이것이 우리가 배울 만한 과정이외다.

그대들의 노예 김윤식과 이용직은 불행히도 불운한 때에 출사했고, 또 나이가 많아 처사에 민첩하지 못해 합병 때 일본의 작위를 받아 면목이 수치스럽게 되었노라. 그러나 오늘날 죄 없는 자녀들이 도탄에 빠진 것을 보고 침묵할 수 없어 김윤식과

김윤식 초상화
Viscount Kim Yun Sik

1921, 수채화, 39.5×31, 《Old Korea》 수록

*

엘리자베스 키스가 한국에 도착했던 1919년 봄 한국은 3·1운동으로 만세바다, 피바다가 되어 있었다. 일본인들의 미적 감각을 높이 평가하고 수채화로 그린 그림을 일본에서 목판화로 만들어 팔아 생계를 유지하던 키스였지만, 한국 사람들이 일본인의 무자비한 식민 정책에 학대당하고 신음하는 것을 목격하고는 분개해 통탄을 금치 못하며, 일본의 비인도적인 식민지 정책을 비난했다.

그때 미국인 선교사 제임스 게일의 주선으로 초상화를 그리게 된 것이 바로 조선 말기 온건개화파의 상징인 운양雲養 김윤식金允植(1835~1922)이다. 격변하는 조선 말기에 태어난 김윤식은 마흔 살에 대과에 합격해 여든다섯을 일기로 사망하기까지 여러 높은 관직을 두루 거쳤다. 동도서기론東道西器論, 즉 동양의 전통적인 사상을 지키면서도 서양의 기술을 받아들이자는 주장을 하면서 개화를 하되 급격한 것은 피하자는 온건파였던 그는 수구파와 개화파 양쪽 모두에서 배척을 받았다. 좋게 말하면 외로운 지도자, 나쁘게 말하면 기회주의적인 정객이었다. 엘리자베스 키스가 김윤식을 만난 것은, 일부에서 친일파라고 비난을 받던 그가 이용직과 더불어 '독립청원서'를 일본 총독을 비롯한 각처에 제출해 한국의 독립을 촉구한 죄로 2년형을 살고 출옥한 직후이자, 김윤식이 죽기 한 달 전이었다.—옮긴이

이용직도 대한독립을 위해 침실에서 만세를 불렀노라.

우리의 계급이 낮아서 채용의 가치가 없을지라도 허심탄회한 진정한 충고인바 총독은 우리의 청원을 천황폐하게 상주해 내각에서 협의하게 하시옵소서. 지금의 독립 문제는 권고나 명령으로 해결할 것이 아니요 병력으로도 못할지라. 가장 좋은 방침은 천명과 인심에 순종해 일본이 공식적으로 한국의 독립을 승인해 공명정대한 정책을 세계에 알리며 각 조약체결국에도 통지하면 우리는 각 조약체결국이 한국의 독립을 환희로 승인할 줄 믿노니, 이와 같이 하면 일식 같은 어둠은 사라지고 영화스러운 공의公義와 서광이 우주에 비치리다. 그러면 누가 감히 일본을 찬양하지 아니하며 흠모하지 않으리오. 우리는 나이 많고 쇠약해 은거하고 있고 세계 활동에 참여할 여지가 없으나, 만약 우리의 권고가 채용되면 수천만 백성이 복을 누릴지며, 채용하지 않으면 우리는 악형을 받을 줄 알고 있노라. 우리 민족의 생활을 위해 도모하다 죽은들 누구를 원망하며 무엇을 후회하리오. 늙어 죽음이 임박한 병객病客으로 언사가 적절한지 알지 못하겠으나, 너그럽고 어진 태도를 보이라.

두 사람은 즉시 체포되었다. 자작 김윤식은 여든다섯의 고령에다 병중이어서 그의 손자가 대신 감옥살이를 했다. 그 손자는 그때 감옥에서 맞은 매로 나중에 죽었다는 이야기를 들었다.

이용식 자작은 체포된 후 심문을 당했는데 그 기복을 간추리면 다음과 같다.

심문관: 조선 사람들의 본부가 어디 있는지 압니까?

이용직: 알고말고.

심문관: 누가 만세운동의 배후인지 압니까?

이용직: 알고말고.

심문관: 그렇다면, 그 본부의 소재지와 배후 조종자를 말해주시오.

이용직: 당신들의 그 훌륭한 경찰 조직을 가지고도 아직 그런 중요한 것을

모르고 있었단 말이오?

심문관: 잔소리 말고, 묻는 말에 대답만 하시오.

이용직: 정 그렇다면 말해주리다. 하지만 대단한 비밀이니 크게 말할 수는 없고 당신의 귀를 이쪽으로 좀 바짝 가져다 대시오. (죄인이 정중하게 말하니 위엄을 부리던 심문관이 궁금해 허리를 구부리며 노인의 입 가까이 귀를 갖다 대었다. 이용직은 엄숙하게 말했다.) 조선의 본부는 하늘에 있고, 이 운동의 뒤에는 이천만 조선인이 있소.

심문관: (화가 나서) 당신이 이 운동을 사주한 것은 아니요?

이용직: 요즘 젊은이들이 얼마나 똑똑한데 나 같은 늙은 사람의 말을 어디 들을 것 같소?

심문관: 당신이 도쿄로 가려고 했다는 이야기를 들었소. 그것이 사실이오?

이용직: 사실이오. 도쿄에 사는 사람들은 당신들보다는 좋은 사람일 것이라고 생각하오. 머지않아 모든 일이 제대로 풀려나갈 겁니다. 나는 그렇게 확신하오.

심문관: 늙지만 않았으면 당신은 매를 맞았을 거요!

이용직: 일본 사람들이 노인을 존경한다는 이야기를 못 들어보았소. 내가 듣기로 일본 어디에서는 부모가 나이 들면 산에 끌고 가서 언덕 아래로 떨어뜨려 죽게 한다는 이야기를 들었소.

이용직의 또 다른 답변은 일본 사람들과 한국 사람들 사이에 얼마나 커다란 정신적 차이가 있는지 잘 보여준다. 심문관이 이용직에게 물었다. "진정한 힘이란 무엇이오?" 자작은 이렇게 대답했다. "진정한 힘이라는 것은 우리가 오늘 너희들에게 보여주는 단결된 조선 사람들의 정신이다. 너희들은 군함의 무력을 자랑하지만, 우리가 만세를 부르는 정신을 분쇄하지는 못할 것이다. 그것이 진정한 힘이다!"

선비와 양반

*   *   *

이 나라는 학문을 쌓은 학자라면 비록 남루한 옷을
입고 다닌다 해도 존경하고 우대하는 문화를 갖고 있다.
고대 기록에서도 문인이 가장 존경받는 사람으로 나와 있다.
가난하지만 후덕한 학자가 유명해지는 이야기가 많으며,
신분을 밝히지 않은 왕자가 탁월한 지식을 보여줌으로써
뛰어난 능력을 증명하는 이야기 또한 허다하다.
한편 학문을 닦는 것도 중요하지만 필체도 좋아야 한다.
한국 사람들의 붓글씨 솜씨는 유명하다.

왕릉 앞에 선 시골 선비
Country Scholar before a Royal Tomb

1921, 수채화, 39×28.8, 《Old Korea》 수록

＊

이 시골 선비는 내가 《동양의 창》이란 책에서 소개한 바로 그 사람이다. 나는 그의 많은 가족 중에서 오로지 그만 스케치하고 싶다고 그에게 말했다. 스케치가 거의 끝나갈 즈음에 그는 자기 선조의 묘소에 가자고 제안했다. 나는 작업하던 그림을 완전히 끝내놓고서 가고 싶었지만, 그 선비가 너무나 협조적이었기 때문에 거절할 수가 없었다.

그는 옛날 옛적부터 쓰던 식의 실내용 두건과 겉옷을 벗고, 그림에서 보는 것과 같은 모자로 바꾸어 쓰고, 외출할 때 신는 신발을 신었다. 우리가 길을 나서자 그의 손자들이 따라왔다.

그의 조상의 묘는 주변 환경이 무척 아름다운 곳에 있었다. 한국을 연구하는 학자 헐버트 Homer B. Hulbert(1863~1949, 미국의 선교사이자 역사학자—옮긴이) 박사가 말한 대로 "한국 무덤들의 모양새나 차림새는 세계 어느 것보다도 아름답다".

완전한 반원형으로 둥그런 무덤 앞에서 선비의 손자들은 신을 벗고 엎드려 절했다. 무덤 앞에는 기다란 석상石床이 놓여 있었고 그 위에는 작은 접시들이 있는데, 그 석상은 특별한 날에 밥과 술을 올리는 데 사용한다.

언덕에 선 그의 모습이 너무 좋아서 그 모습을 왕릉 앞에 서 있는 모습으로 바꾸어 넣었다. 왕릉은 대개 경치 좋은 언덕에 있는 것이 보통이고, 중국에서와 같이 돌로 된 말이나 양의 조각이 있고, 그 옆에는 문신과 무신의 석상들이 서 있다.

이 그림은 시골 선비만 그린 그림에 왕릉을 배경으로 추가해 다시 그린 것이다(부록 참조). 이 그림이 목판화로도 출판되었는지는 알 수 없다.—옮긴이

선비
The Scholar, Korea

1921, 목판화, 44.5×31.4

＊

이 원산의 선비는 내가 그린 몇몇 작품의 모델인데, 이 그림에서는 대궐 출입용 예복을 입고 있다. 이 옷 색깔이 참으로 인상적이었다. 그의 흉배에 학鶴이 둘이 아니라 하나 있는 것으로 보아서 양반 출신의 학자가 아니고 자기 실력으로 학자 신분을 얻은 사람인 듯 보인다. 그가 자기 초상화를 보고서 얼굴색에 더 화색이 돌지 않고 귀도 밖으로 튀어나오게 그리지 않았다며 불평해서 황급히 그림을 고칠 수밖에 없었다.

원산 학자와 그 제자들
The Wonsan Scholar and his Disciples

1921, 목판화, 36×23.5

＊

이 학자는 밥하고 빨래하는 등의 가사 일체를 여자에게 맡기고 고고히 살아간다. 키스는 이런 한국 여성의 어려움을 동정하기도 했지만, 이 학자를 무척 좋아해서 그의 그림을 여러 장 그렸으며, 그와는 퍽 친해진 사이였다. 바로 앞에 나온 〈왕릉 앞에 선 시골 선비〉와 〈선비〉도 이 학자가 모델이다.

이 학자의 유일한 일거리는 동네 아이들에게 글을 가르치는 것이다. 키스는 서당 아이들의 옷차림으로 그 아이가 정혼했는지, 결혼했는지, 총각인지 알 수 있다고 기록했다. 물론 키스는 여자아이가 서당에 오지 못하는 것을 지적했다.―옮긴이

궁중 복장을 입은 공주
Princess in Court Dress

수채화,《Old Korea》수록

*

서울에서 우아하게 생긴 귀부인이 오래된 가마를 타고 지나가는 것을 여러 차례 보았다. 그 귀부인은 머리에 까만 띠를 하고 그 위에는 금으로 만든 새를 붙이고 있었다. 그것은 그가 왕족이라는 표시였다. 호기심에 수소문한 결과 나의 친지가 그 여인을 만나게 해주었다. 이 여인은 전에 공주 신분이었으며, 지금은 대학 교수와 결혼한 가정주부였다. 나는 절대로 그의 신분을 밝히지 않겠다고 약속하고서 비로소 스케치할 수 있었다. 이 여인은 경복궁에서 멀지 않은 곳에 살고 있었다. 정부기관에서 그 집안 사람들의 출입과 방문객을 감시하기 위해 문 앞에 보초를 세워놓았다. 벽지는 흰색이고 방바닥은 노란 기름을 먹인 장판지였다. 한국 집 어디나 그렇듯이 이 집도 천장이 나지막했다. 방 한쪽은 열 쪽짜리 화조도花鳥圖 병풍이 둘러쳐 있었고, 비단 보료의 한쪽 옆에는 팔걸이가 놓여 있었다. 까만 칠을 한 자개 책장이 가구의 전부였다. 공주는 거상居喪(최근에 고종황제가 승하했다)이어서 흰옷만 입고 있었다. 얇게 비치는 소재로 된, 반짝거리는 실내복을 입었고, 반짝이는 검은 머리에는 황금새金鳥 모양의 비녀를 꽂았다. 그는 자신의 우아하고 위엄 있고 매력을 뿜어내는 분위기를 전혀 의식하지 못하는 듯했다.

공주는 모델을 서기 위해 궁중 복장으로 다시 갈아입고 나왔다. 치마는 푸른색 비단에 수를 놓은 것으로 넓고 빳빳하게 뻗쳐 있었다. 비단 저고리는 올리브색에 빨간 옷고름을 달고 있었다. 머리에는 마치 신부가 쓰는 것과 비슷하게 생긴 작은 관을 쓰고 있었는데, 그것은 흑색 바탕에 옥으로 장식되고 금색 테가 둘려 있었다. 머리에는 금비녀를 꽂고 가슴에는 노란색 호박으로 된 장식품을 달고 있었는데 그 끝에 술이 달려 있었다. 손에는 커다란 옥 반지를 끼고 있었다. 공주가 입은 옷은 빅토리아 초기 풍의 분위기를 풍겼는데, 그런 옷을 이곳 한국에서 발견하게 되다니 기이하다는 느낌이 들었다. 이 옷은 틀림없이 에카르트가《에카르트의 조선미술사Geschichte der Koreanischen Kunst》에서 언급했던 1896년경에 디자인되었을 것이다. 에카르트는 "1896년경에 한국은 마치 마지막 불꽃이 한번 환하게 피어나듯, 대한제국으로 칭호를 높여 짓고 황제의 보좌를 새로 도입했으며 궁중은 호화스러운 유럽풍으로 장식했다"고 말했다.

정확히 말하면 공주는 아니지만, 원문 표현을 그대로 따랐다. 이 여인은 순정효황후의 백부인 윤덕영의 딸이자 연희전문교수 유억겸의 부인인 윤희섭尹喜燮으로 추정된다.—옮긴이

민씨閔氏가의 규수
A Daughter of the House of Min
1938, 에칭, 37.1×23.8, 《Old Korea》 수록
*

이 여자는 지체 높은 집안의 규수에 어울리는 복장을 하고 있다. 그의 아버지는 암살된 명성황후의 친척이다. 나는 그를 고풍스러운 병풍 앞에 세웠고, 예쁜 신발을 그리고 싶어서 비록 실내이지만 일부러 신발을 신게 했다.

그의 아버지는 프랑스에 외교사절로 파견된 최초이자 최후의 인물이었고, 내가 만난 최초의 한국 양반이었다. 그는 하얀색 옷을 입고 있었고 크림색의 얇은 천으로 된 두루마기를 입고 있었다. 그의 하얀 버선은 발에 아주 잘 맞았다. 만약 내가 시인이었더라면 그의 멋진 발을 노래하는 시를 지었으리라! 그는 영어가 유창하지 못해서 프랑스어로 말하기를 원했다. 나는 그와 나눈 대화를 정확히 기억하지 못하지만 그의 우아한 자세와 우수가 깃든 온화함을 잊지 못한다.

이 여자는 지체 높은 집안의 딸 같은 분위기를 풍겼으나 아버지의 고결한 풍모는 아직 갖추지 못했다. 나중에, 결혼해 어린 딸을 하나 둔 이 여자를 다시 만났는데, 모녀에게서 그 아버지의 우아함이나 온화함을 찾아볼 수는 없었다. 이 여자는 영어를 잘하고 꽤 똑똑해 보였다. 나는 그가 좋은 배필을 만난 듯해 기뻤다.

이 여자의 아버지가 조선 말기 최초의 프랑스 공사였다는 것으로 보아, 1900년 파리에서 열린 만국박람회에 특권대사로 파견되었다가 1902년에 주프랑스공사로 임명되어 일본이 외교권을 박탈한 1905년까지 공사로 활약한 민영찬으로 추정된다. 민영찬은 국권을 빼앗긴 것을 분히 여겨 자결한 민영환의 동생이다. ―옮긴이

담뱃대 문 노인
Lazy Man Smoking

수채화, 41.8×26.1, 《Old Korea》 수록

*

길을 가다 가끔 열려 있는 문 안으로, 나이 많은 영감이 긴 담뱃대를 물고 있는 한가로운 장면을 볼 수 있다. 한국의 양반은 보통 하인이 불을 붙여주면 담배를 피운다. 하기야 스스로 직접 불을 붙이긴 꽤 어려워 보이는 길이이긴 하다!

다른 그림에서도 보듯이 한국에서는 일을 하면서도 흔히 담뱃대를 물고 있다. 하지만 정말 행복한 흡연가는 근사한 담뱃대를 뻐끔대고, 꿈꾸듯이 먼 곳을 바라보며 한가로이 앉아 있는 바로 이 사람일 것이다. 한국에서는 담배를 직접 재배하기 때문에 자기 취향대로 독하게 혹은 연하게 만들어 피울 수 있다.

제일 싼 담뱃대는 대나무로 만든 것이다. 대나무 표면을 태워서 무늬를 만들어 넣기도 한다. 어떤 담뱃대는 표면을 칼로 새겨 조각해넣은 것도 있다. 놋쇠나 은으로 된 담뱃대 앞부분에다 담배를 담는다. 여자들의 담뱃대는 색칠한 것이 많고 옛날에 만들어진 것도 색칠된 것이 많다.

일반적으로 한국의 젊은 여성들은 담배를 피우지 않는다. 한국의 가정에서 대부분의 일은 여자가 하고, 그런 만큼 남자의 역할은 아주 경미하다. 여기 앉아 있는 노인도 그런 남존여비 제도의 혜택을 받은 사람 중 하나다. 하지만 시대가 바뀌어가면서 요즘의 젊은 남자들은 여자들의 짐을 덜어주고 집안의 일을 분담하는 경향이 있다고 한다.

많은 서양인 방문객은 서울에 오면 밤늦게까지 들려오는 다듬이질 소리를 듣는다. 또 한국 여자들이 일찍 일어나서 가족의 밥을 해야 한다는 것을 알고 있었다 그래서 한국 여자는 일을 많이 하는 반면 한국 남자, 특히 양반 남자는 당최 일이란 것은 안 하는 게으르고 담배나 피우는 존재라는 생각을 가진다. 키스도 그런 생각으로 이 그림의 제목을 Lazy Man Smoking이라고 했는지 모른다.—옮긴이

Elizabeth Keith

우산 모자 쓴 노인
The Umbrella Hat
수채화, 《Old Korea》 수록

*

모자에 우산을 달겠다는 기발한 생각은 아마 한국 사람만이 할 수 있는 것이리라. 비 오는 날이면 우산 모자를 쓰고, 두 손이 다 자유스러우니, 걱정 없이 앉아서 이런저런 생각을 할 수도 있고, 다음에 무엇을 먹을까 생각도 할 수 있고, 자연을 음미할 수도 있으리라! 어느 날 이 노인 영감이 자기 집 앞의 벽에 엄숙한 표정으로 기대앉아 있는 것을 보고서 스케치하고 싶다는 생각이 들었다. 예의상, 모델을 서주면 돈 일 원을 지불하겠다고 말을 건넸다. 모델을 선다고 하지만 그 영감은 평소 하던 것처럼 그냥 앉아 있기만 하면 되는 것이었다. 하지만 이 영감은 갑자기 자기가 중요한 존재라도 된다는 생각이 들었는지 머리를 요리조리 움직이면서 가만히 앉아 있지를 못했다. 그러고는 계속 움직이고 불평하면서 통역하는 사람에게 얼마나 더 앉아 있어야 하느냐, 자기한테는 일 원을 주면서 저 그림 값은 외국에 나가면 훨씬 더 비쌀 것이 아니냐면서 불만을 토로했다. 급기야는 저 서양인 화가가 자기 모습을 그려 가 미국에서 무려 백 원이나 받을 것 아니겠냐는 말까지 했다. 이 영감에 대해서 좋지 않게 말해서 미안하지만, 한국에서 노인을 지나치게 공경하다 보니 가끔 노인들은 자신의 가치를 과대평가하는 버릇이 있다.

시골 선비
The Country Scholar

1921, 에칭, 29.8×39.4

*

이 선비는 원산 사람이다. 그가 입고 있는 전통적인 선비 의상은 팔백여 년 전부터 내려오던 것이고 모자도 옛날식이다. 그가 들고 있는 막대기는 끝부분이 백옥으로 단장되어 있고 복장과 잘 어울렸다. 선비는 그 부분이 잘 보이도록 막대기를 들고 있었다. 그의 옷고름은 연홍색 비단이고 옷은 엷은 옥색이었는데, 까만 단과 훌륭한 색깔의 조화를 이루었다.

한국 사람들은 역사적으로 학문을 중히 여겼고, 고대 기록에서도 문인이 가장 존경받는 사람으로 나와 있다. 그래서 한국 사람들은 자기 아들이 학자가 되어 고전을 읽고 문장을 쓸 수 있게 되기를 바란다. 가난하지만 후덕한 학자가 유명해지는 이야기가 많으며, 신분을 밝히지 않은 왕자가 탁월한 지식을 보여줌으로써 뛰어난 능력을 증명하는 이야기 또한 허다하다. 학문을 닦는 것도 중요하지만 필체도 좋아야 한다. 한국 사람들의 붓글씨 솜씨는 유명하다. 양반들 사이에서는 서예書藝와 작시作詩가 즐거운 놀이였다.

이 나이 많은 선비와 얼굴을 대하는 것은 즐거운 일이었다. 그의 표정에서 좋은 가정교육, 자기 절제, 인자한 부드러움 등을 읽을 수가 있었다. 그의 매너는 은근하면서도 정중했다. 그는 속세의 근심을 떠나 별천지에서 노니는 사람이라는 인상을 주었다.

《올드 코리아》에는 오리지널 수채화가 실렸다. 부록에 이 에칭과 오리지널 수채화가 나란히 있으니 참고 바란다.—옮긴이

7

현명한 두 청년
Two Wise Young Men

* * *

매일 저녁 공개적으로 우리를 찾아와서 한국 사람들의 희망과 목적을
말해주던 젊은 청년. 그는 우리가 살고 있는 집을 방문하면 거기에 상주하다시피
하는 군인과 순찰을 도는 경찰이 자기를 감시하리라는 것을 알고 있었다.
그런데도 대로를 당당하게 걸어와서 보초들에게 인사를 하고,
좁고 긴 길을 위엄 있는 걸음걸이로 올라왔다.
한 번도 주저하거나 불안하고 초조한 모습을 보여주지 않았다.

* * *

앞의 두 장에서 일본의 만행에 대해서 자세히 언급했으니 이 문제는 이제 그만 쓰려고 한다. 사실 독자 여러분은 독일 사람들이 유럽에서 저지른 만행을 지겹도록 들었을 테니 그런 이야기라면 고개를 절레절레 흔들지도 모르겠다. 그래서 내가 한국에 머물 때 한두 주 동안 매일 저녁 공개적으로 우리를 찾아와서 한국 사람들의 희망과 목적을 말해주던 젊은 청년에 대해서 이야기하고 싶다.

그는 외국 사람인 우리가 살고 있는 집을 방문하면 거기에 상주하다시피 하는 군인 두 사람과 순찰을 도는 경찰이 자기를 감시하리라는 것을 알고 있었다. 그런데도 그 청년은 대로를 당당하게 걸어와서 보초들에게 인사를 하고, 좁고 긴 길을 위엄 있는 걸음걸이로 올라왔다. 한 번도 주저하거나 불안하고 초조한 모습을 보여주지 않았다. 그 청년은 의사였고 영어도 잘했다. 어쩌면 지금쯤 그 청년이 신상에 해로운 일을 당했을지도 모른다. 그 청년 의사는 다음과 같이 말했다.

"우리 한국 사람들은 늘 일본 사람들의 심리를 이해하려고 애쓰고 있습니다. 하지만 그들의 정신 문화를 연구하면 할수록 그들이 모든 것을 다 버리고 아예 처음부터 다시 시작하지 않으면 희망이 없다는 것을 깨닫게 됩니다. 그들은 물질주의에 삶의 기반을 두고 있습니다. 우리 운동의 목적은 한국의 독립뿐 아니라 일본과 한국 두 나라가 다 잘되는 데 있습니다. 일본은 이 난국을 빠져나갈 방도가 없습니다. 일본의 성공이 곧 일본의 어려움이 되고 있습니다. 일본은 정신적으로 거의 파탄 상태입니다. 어떤 거대한 힘으로 그들의 머리를 쳐서 새로운 일본을 만들어내지 않는 한 희망이 없습니다.

나는 일본이 현재의 일본보다 더 좋은 나라가 되기를 바랍니다. 일본이 좋아지면 한국에도 도움이 됩니다. 지금 일본인들은 국가를 무엇보다도 중요하다고 생각합니다. 그들은 국가를 위해서는 도덕, 양심, 인류애, 언론의 자유 등 그 무엇도 다 희생시킬 각오가 되어 있습니다.

일본도 예전에는 한국과 마찬가지로 바깥세상을 모르고 살았습니다. 그러다 갑자기 뱃길을 이용해 일본인 몇 사람이 유럽으로 가게 되었고, 그들은 '일본을 위해 무엇을 배워갈 것인가?' 하고 연구하기 시작했습니다. 그것까지는 좋았지만 거기에 심각한 문제점이 있었습니다. 그들은 오직 물질문명만 중시했고 정신적 측면은 등한시했습니다. 그래서 근대화한 일본은 순전히 물질주의에 기초를 두게 되었습니다.

일본 사람들과 대화를 해보면 한동안은 대화가 잘됩니다. 그러다가 원리원칙의 이야기에 도달하면, 그들의 황당한 발언에 깜짝 놀라게 됩니다. 과연 이 사람이 내가 지금까지 대화를 나누어온 바로 그 사람인가 할 정도로 변해버려요. 우리가 중요하다고 생각하는 개인의 명예나 감정은 정말 소중한 가치인데 이런 것을 일본 정부가 일괄적으로 통제하고 있습니다. 어느 날 내가 어떤 일본인에게 말했습니다. '당신의 도덕심은 어디에 있습니까? 그것은 손으로 들어볼 수도 없는 것, 보거나 만질 수도 없는 것, 다른 사람에게서 뺏어올 수도 없는 것이고, 물론 팔 수도 없는 것입니다. 당신은 물질 그것밖에는 아무것도 관심이 없습니까?'"

그 청년 의사는 이런 말도 했다.

"한국에 온 일본 사람들은 정치적 센스가 부족합니다. 그들은 우리의 정신 세계를 이해하지 못합니다. 이런 점에서는 우리가 그들보다 정신적으로 더 풍요롭습니다. 일본 사람들은 자기들이 한국 사람에게 물질적 혜택을 준다고 떠들어대지만, 실제로는 일본 사람들의 이익을 도모하려는 것입니다. 우리는 그것을 훤히 꿰뚫어 보고 있습니다. 일본인 판사도 한국 사람들의 정치적 식견에 놀라곤 합니다. 한 일본인 판사는 우리 여학생의 대답에 너무 놀라서 옆에 앉은 사람에게 이렇게 물었습니다. '도대체 이 여자애들이 어디서 일본과 일본의 외교관계에 대해서 그렇게 많은 것을 알게 됐습니까?'

일본 사람은 생각이 좁아서 늘 같은 얘기만 되풀이하고 있습니다. '한국 사람은 일본에 동화되거나 아니면 말살되어야 해.' 하지만 그들은 역사를 제대로 읽지 못했습니다. 강제 동화를 거부하는 이천만 동포를 억지로 일본인으로 만들려고 하는 것은 어리석은 일이지요. 이런 엉터리 동화정책을 실시하기 위해 일본 사람들은 모두 정보기관의 밀정같이 되어버렸습니다. 일본 경찰은 우리를 항상 감시하고 따라다닙니다. 심지어 이 집에서 저 집으로 걸어가는데도 그들의 질문과 조사를 받아야 하는 형편입니다.

일본에 있는 제국대학에 이해심 많은 사람이 하나 있습니다. 나는 그 사람의 글을 열심히 읽고 있습니다. 독립만세운동을 시작했을 때, 우리는 그런 양심적인 일본인들을 간절히 바라보고 있었던 겁니다. 몇몇 일본 저술가는 한국을 이해하는 혁명적인 생각을 발표했습니다. 이런 사람들은 우리를 이해하고 우리를 도와줄 것이라고 우리는 생각했습니다. 그러나 제국주의의 강압이 너무나 완고해 그들은 아무것도 할 수 없었습니다. 이제 믿을 것은 우리의 힘밖에 없습니다.

우리들이 정치, 경제, 사회적 기구를 건설하는 것은 쉽지 않겠지만 우리는 결국 해낼 것입니다. 반면에 일본 사람들은 정신적으로 가치 있는 문화를 절대로 건설하지 못할 것입니다."

내가 도쿄에 있을 때 어느 서양인과 이야기를 나눈 적이 있는데, 그 대화에서도 일본 사람의 기질을 어느 정도 파악할 수 있었다.

"일본의 무력주의에 대해 말하는 사람이 많은데, 일본은 역사적으로 무력을 숭상하는 나라였다는 사실을 그들에게 말해주고 싶군요. 한국의 유일한 희망은 무력주의를 거부하는 또 다른 일본인 세력들입니다. 하지만 일본 내에서 양심적이고 용감한 사람들은 핍박당하고 있습니다. 어떤 사람 하나가 사회주의에 대해서 경솔한 발언을 했다가 십 년 동안이나 형사의 미행을 당했습니다. 하도 오래 미행을 당하다 보니 지금은 그 형사와 친해져서 짐을 들고 가게 하는 등 오히려 형사를 부려먹기까지 한답니다.

일본 교육계에는 지각 있는 사람들, 기독교의 정신을 받아들인 남녀가 상당히 많이 있습니다. 그 사람들은 일본이 한국에서 저지른 만행에 대해서 분노하고 있습니다. 최근에는 마치 큰 지진 전에 작은 지진이 자주 일어나듯이 한국인들의 작은 소요가 자주 생기고 있습니다. 노동자들의 항의도 어느 때보다 거세게 일어나고 있습니다. 한국은 인내하고 또 인내해야 하겠지만, 그들이 스스로를 구원할 날은 생각보다 멀지 않습니다."

다시 한국인 청년 의사 이야기로 돌아가, 그가 이런 말을 했던 게 기억닌다.

"역사적으로 보면 어떤 정신적 바탕 위에 건립되지 않은 나라는 결국 재난을 당합니다. 한국 사람이 일본 사람을 불쌍하게 생각한다면 이상하게 들릴지 모르지만, 나는 진실로 그들을 불쌍하게 생각합니다. 물론 내가 일본을 다 안다고는 할 수 없지만, 적어도 한국에 나와 있는 일본 사람들을 보면 그들은 희망이 없는 사람들입니다."

한국 청년의 이야기를 이만큼 들었으니, 이제는 내가 잘 아는 일본인 야나기 무네요시柳宗悅(1889~1961, 미술평론가—옮긴이)의 이야기를 좀 해보자. 야나기는 젊었을 때 윌리엄 블레이크William Blake(1757~1827, 영국의 낭만파 시인이자 화가— 옮긴이)의 생애에 대해서 글을 썼고 한국 미술을 연구해온 학자다. 그는 신문과 기타 매체에 조선총독부의 잔인성과 무능한 행정에 항의하는 글을 썼다.[•]

일본인들은 육체적으로는 용감한 듯하지만 도덕적인 용기는 별로 없다. 하지만 야나기는 도덕적 용기를 가지고 있었다. 그가 도쿄에 있는 학습원學習院 학교를 다닐 때, 국가적인 영웅 도고 헤이하치로東鄕平八郞(1848~1934) 해군 제독이 방문해 강연을 한 적이 있었다. 그 학교의 학생들은 이 위대한 영웅에 대해 존경심이 지나쳐서 마치 신처럼 숭배하는 마음을 가지고 있었다. 강연이 끝난 후 장내는 조용했다. 이어 야나기가 제독에게 질문을 해도 되겠느냐고 물어 허락을 얻었다. 그가 던진 질문은 이런 것이었다. "제독께서는 뤼순항旅順港 전쟁(러일전쟁을 의미함—옮긴이)에서 죽어간 사람들을 가끔 생각하십니까?"

몇 년 후 메이지 천황이 서거하자, 생각이 깊고 진실한 제독은 천황을 따라 간다면서 도쿄에 있는 자기 집에서 자결했다. 그의 죽음은 많은 병사를 전사시킨 것에 대한 속죄의 의미가 있었다고 말해지기도 한다. 제독이 은퇴 후에 살던 수수한 일본식 목조 가옥은 그 후에 성지聖地처럼 되어서 많은 사람이 방문한다. 피 묻은 방을 그대로 보존했는데, 이것이야말로 고인에게 경의를 표하는 일본인들의 방식이었다. 제독의 헌신적인 부인도 남편을 따라 그 옆방에서 자결했다.

야나기는 한국에 독립만세운동이 일어난 그해에 한국을 방문했는데, 그때 쓴 글을 여기 그대로 옮겨본다. 다른 많은 진보적인 일본인도 이와 비슷하게 일본의

• 나의 남편이 쓴 《일본의 토대Foundations of Japan》(1922)라는 책에 야나기의 업적과 인품에 관한 글이 있다. 1921년 야나기는 한국 미술에 대해서, "우리는 유럽처럼 먼 데 있는 것에는 많은 관심을 보이면서 가장 가까운 데 있는 것에는 관심을 가지지 않는다"라고 말한 바 있다. 야나기는 서울에 한국민속화협회를 만들기도 했다.

식민지 정책을 비난했다.

조선에 대해서 지식이나 경험이 있는 일본인들은 조선 사람들을 깊이 사랑하지 않는 듯하다. 그래서 나는 우리의 이웃을 위해 눈물을 흘린다. 조선에 사는 많은 일본인이 조선 미술을 연구하기 위해 옛날 무덤을 파헤쳤다. 이는 그들의 학문을 위한 것이지 조선 사람을 사랑해서가 아니다. 조선 사람들은 자신들의 역사적 유물을 도난당했다. 일본은 조선에 거액의 돈을 투자했고 군인들과 관료들을 조선에 보냈지만, 이는 조선인을 사랑하는 마음이 있어서 그런 것이 아니다. 대다수 조선 사람은 돈, 군인, 정치적 관료보다는 인간적인 동정을 더 갈구하고 있다.

어느 조선 사람이 나에게 "일본이 조선 사람을 교육하는 것은 조선을 위해서인가요, 일본을 위해서인가요?" 하고 물었다. 조선 역사는 학교에서 가르치지도 않는다. 외국어 교육을 권장하지도 않으며, 일본말과 일본의 도덕률을 강제적으로 받아들이게 할 뿐 아니라, 일본 천황 가족을 숭배하라고 강요한다. 조선의 미술이 세계적인 위치를 인정받도록 하는 것이 일본 사람들의 의무다. 교육의 목적은 조선 사람들로 하여금 그들 고유의 가치관대로 살도록 하는 것이지 그것을 파괴하는 것이 아니다. 일본이 조선 사람을 사랑하지 않으면서 조선 사람들더러 일본을 사랑하라고 요구하는 것은 무리한 일이다. 오로지 기독교만이 조선 사람들에게 사랑을 베풀었으므로, 한국인이 기독교 신교사를 사랑하는 것은 너무나 자연스럽지 않은가?

우리가 이웃과 영원한 평화를 유지하려 한다면, 그들을 진심으로 사랑하고 그들의 문제를 먼저 이해해주어야 한다. 하지만 지금 일본은 불행히도 칼을 들이대고 있으며, 그 결과 조선 사람들의 저주를 사고 있다. 이런 상태가 두 나라 사이의 이해를 증진시키고, 장래에 한마음으로 일할 수 있게 한다고 생각하는가? 조선 사람들은 그들의 불행만을 생각하며, 그 결과 원망하는 마음으로 일본에 항거하게 되었고 자주독립을 원하고 있다. 조선 사람들이 일본을 사랑하지 않는 것은 당연하고, 이런 상황에서 그들의 존경을 기대하는 것은 불가능한 일이다.

* * *

기독교인들은 한국 내에서 일본 정부로부터 많은 박해를 받았다. 하지만 일본 본토 내에는 기독교인의 수가 꽤 되었고 교회에 나가는 사람도 적지 않았다.

극동 여러 나라에 있는 기독교인들이 도쿄에서 연차회의를 가졌다. 회의가 열린 시기는 한국 기독교인 상당수가 1919년의 애국운동 때문에 잔인하게 처형된 직후였다. 실제로 그 회의가 진행되는 바로 그 순간에도 한국에서는 잔인한 행위가 계속 벌어지고 있었다. 많은 사람이 한국 기독교인은 그 회의에 참석하지 못할 것이라고 예상했다. 설사 어느 누가 용기 있게 여행 허가를 신청한다 해도 허가를 받지 못할 것이었다. 어느 날 저녁, 회의장 안에 사람이 꽉 들어찼는데, 한 나이 많은 한국인이 전통적인 한복을 입고 의젓한 걸음으로 걸어 들어왔다. 순전히 자신의 책임감 때문에 그 회의에 참석하러 온 것이었다.

재치 있는 회장은 연설할 사람이 너무 많아서 모두 발언할 기회는 주지 못하겠지만 그래도 최선을 다하겠노라고 말했다. 청중들은 한국 사람의 발언권 요구를 두려워하는 회장이 미리 선수를 치는 것이라고 생각했다. 그러나 회장이 자리에 앉자마자 부드러운 표정의 그 한국인은 단상 앞으로 나아갔다. 갑자기 장내가 조용해지다가 모든 사람이 일제히 기립해 환영했다. 다른 연설자에게는 그런 경의의 표시가 없었다.

나이 많은 그 한국인은 눈을 감고 두 손을 맞잡으며 똑똑한 목소리로 말했다. "하느님 아버지, 칭송과 영광은 모두 당신의 것입니다. 오늘 한국 대표가 나 이외에 아무도 오지 못한 것을 심히 유감으로 생각합니다. 나의 동포가 지금 수난을 겪고 있습니다. 여러분, 고통당하는 나라를 위해서 기도해주시기 바랍니다." 말을 마치고 그는 조용히 자기 자리로 돌아갔다.

다양한 한국 사람들 I

*   *   *

한국인의 자질 중에 제일 뛰어난 것은 의젓한 몸가짐이다.
나는 어느 화창한 봄날 일본 경찰이 남자 죄수들을 끌고 가는
행렬을 보았는데, 죄수들은 여섯 척 또는 그 이상 되는 장신이었다.
그 앞에 가는 일본 사람들은 총칼을 차고 보기 흉한 독일식
모자에 번쩍이는 제복을 입은 데다가 덩치도 왜소했다.
죄수들은 오히려 당당한 모습으로 걸어가고 그들을 호송하는
일본 사람들은 초라해 보였다.

문묘제례 관리
Nobleman at a Confucian Ceremony
1938. 에칭. 29.2×38.1.《Old Korea》수록

*

내가 처음 이 노인 신사를 본 것은 그가 문묘제례를 주관하고 있을 때였다. 날씨가 무척 추워서 그는 궁중 예식 모자 밑에 털 달린 남바위를 쓰고 있었다.

문묘 자체에는 별 장식이 없었으나, 그곳에 있는 기둥은 주홍색으로 무척 아름다웠고 경내는 더할 수 없이 깨끗했다. 문묘제례에는 손님들이 일본 정부의 초청으로 참석했으며, 관료들은 일본에서 하듯이 서양식 프록코트와 비단 모자를 쓰고 있었다. 서울의 문묘제례는 베이징의 그것보다 더 전통에 충실한 것으로, 이 예식보다 더 고풍스러운 행사는 찾아보기 어려울 것이다. 유교의 예법을 따르는 춘추제례식은 이미 베이징에서도 1920년부터 폐지되었다.

예식은 대부분 문묘의 앞에 있는 석조단에서 행해졌는데, 거기까지 가려면 일고여덟 개의 좌우, 중앙에 있는 돌계단을 올라가야 했다. 약 스무 명이 한 조가 되어 예식을 진행하는데, 몇 번씩이나 예복을 갈아입었다. 어떤 예복은 무척 오래된 것인 듯, 퇴색해 아름다운 붉은색을 띠었다. 청색 또는 초록색 예복도 있었다.

신음하듯, 곡하는 듯한 음악이 들려왔는데 북 치는 소리에 맞춰 크게 일제히 울려 왔다. 내가 도쿄에 있을 때 궁중 무용을 본 적이 있는데, 잘 알려진 바와 같이, 일본의 궁중 무용은 한국의 예악禮樂을 많이 본뜬 것이다. 이 문묘제례에 사용된 악기들 중에 돌로 만들어진 기이한 악기(편경編磬─옮긴이)가 있었다.

나는 이 희귀한 장면을 스케치하려고 애써보았지만 허사였다. 넋을 빼앗아가는 장면이 수시로 바뀌면서 어느 장면의 어느 의상이 제일 인상적인지 결정할 수가 없었다. 나는 마침내 포기하고 그냥 앉아서 예식을 바라만 보고 있었다.

제물로는 생쌀, 수수, 콩, 고기 등등을 사용했으며, 제물로 쓰인 것들을 나중에 학생, 교수, 귀빈에게 나누어 주었다. 또 아름다운 하얀 비단 두루마리를 예식 중에 제단에 올렸는데 식이 다 끝난 후에는 불태웠다.

나는 후에 게일 박사의 주선으로 이 예식을 주관하던 노인을 그릴 수 있었다.

대금 연주자
The Flautist

1927, 목판화, 24.5×22.8,《Old Korea》수록

＊

이 사람은 과거 국악원 소속이었으나 현재는 조선 왕조가 망해 궁중 음악이라는 것이 있을 수 없으므로 일본 정부가 이들의 활동을 지원하고 있다.

다행히도 나는 국악원 몇 사람을 그릴 수 있었다. 하지만 내가 전에 문묘제례 때 보았던 아주 희귀한 악기를 연주하는 사람은 만나지 못했다.

제일 보기 드문 이 악기는 다듬지 않은 옥같이 보이는 삼각형의 돌을 여러 개 나무틀에 걸어놓은 것이었다(편경을 가리킨다—옮긴이). 이것을 기술적으로 치면 전 음계의 음정을 낼 수가 있고 소리가 아주 좋다. 대개는 피리 소리의 효과를 높이는 데 사용했다. 또 오리 모양으로 만든 나무 딱따기도 있었는데(박拍을 가리킨다—옮긴이), 밝은 색깔의 옷을 입은 스무 명 정도가 전후좌우로 돌아가면서 소리를 냈다. 북의 종류도 여러 가지여서 각기 다른 소리를 냈다. 언제나 피리 소리가 제일 고음이었고 또 제일 아름다웠다.

이 대금 연주자는 연주도 잘하지만 행동도 점잖아서 좋은 가정에서 자란 사람 같았다. 한국 사람은 일본 사람과 마찬가지로 손이 잘생겼는데, 이 연주자의 대금을 부는 섬세한 손놀림이 정말 보기 좋았다.

이왕직 아악부 소속 대금 연주자는 김계선, 유의석, 김칠복, 박창균, 고억만, 김천룡 등이 있었는데,《조선아악》도록부에 있는 사진을 검토해보면 김천룡(1905~1945) 선생으로 추정할 수 있겠다.—옮긴이

좌고座鼓 연주자
The Gong Player

1927, 에칭, 23×20.2

*

이 악기는 조선 말기 혜원 신윤복의 풍속도에도 보이는 좌고라고 생각되는데, 좌고는 주로 관현 합주, 대풍류, 춤 반주 등에 사용된다. 즉 장구의 합장단과 북편을 칠 때 이를 따라 함께 치는 것이다. 원래 쉰 장을 출판할 예정이었다고 하나 현재까지 알려진 작품 중에는 18번이 제일 높은 숫자다.

이 작품은 키스가 프랑스에 가서 에칭을 배우면서 만든 작품으로 비교적 간단한 선과 색채로 되어 있다. 일본 목판화를 만드는 장인들의 정교함은 오랫동안 연마한 후에야 가능한 것이다.—옮긴이

궁중 음악가
Court Musicians, Korea

1938, 에칭, 27.3×40.6

＊

대한제국이 일본에 합병된 후 전통 한국 음악의 정수인 궁중 음악이 사라져갈 무렵, 키스는 궁중 음악가들을 애써 찾아가 그림을 남겼다. 이 예복을 입은 사람들이 아마 고종, 순종 재위 시의 마지막 궁중 음악 연주자라 생각된다.

키스가 영국으로 돌아가서 에칭을 배운 후에 에칭으로 만든 작품인데, 그림 밑에 연필로 서명을 했을 뿐 아니라 오십 매 한정판으로 번호를 적어놓았다. 일본 목판화가들은 한정판의 개념이 별로 없고 필요할 때마다 더 출판하며 목판화에 번호를 기록하지 않는데, 키스는 프린트이지만 서양식으로 한정판이라는 것을 명시한 것이다.

그림에 보이는 거문고 연주자는 1932년 5대 아악사장을 맡았던 함화진(1884~1948) 선생으로 추정되며, 피리 연주자는 이수경(1882~1955) 선생으로 추정된다. 그는 피리뿐 아니라 거문고의 명인이기도 했다.―옮긴이

농부
The Farmer

수채화, 《Old Korea》 수록

＊

이 청년은 내가 원산에 체류할 때 묵었던 집에 쌀과 채소를 가져다주던 농부다. 내가 그림을 그리고 싶다고 했더니 아주 심각하게 받아들였는지 말쑥하게 차려입고 왔다. 평상시의 모습을 그리고 싶었던 나는 참으로 유감일 수밖에….

어떻게 할 도리가 없어 두 손을 앞에 모은 채 정색하며 긴장한 자세로 서 있는 그를 스케치하게 되었다. 이런 긴장된 자세는 내가 그렸던 시골 선비나 공주였던 부인도 마찬가지였다. 한국에는 언어와 행동거지에 엄격한 규칙이 있었다. 나는 그걸 알기 때문에 모델에게 이래라저래라 주문하지 않고 항상 다른 사람, 예를 들면 그곳에서 제일 나이 많은 여자 등에게 부탁해서 옷매무새만 고치도록 했다. 이 농부는 도시에 나갈 때의 말쑥한 의상을 입고 서 있다.

뒤에 보이는 논은 벼 심기를 할 준비가 되어 있다. 논은 무척 평화로운 광경이어서 그 논에서 올라오는 두엄 냄새와 거기서 벌어지는 뼈 빠지는 노동에 대해서는 아무것도 말해주지 않는다. 전문가들에 의하면 한국의 쌀이 중국이나 일본 쌀보다 맛있다고 한다.

한국 어디나 그렇듯이 소나무의 밑가지는 잘라서 땔나무로 사용한다. 한국의 참을성 많은 소는 밭을 갈아엎기도 하고 물건을 운반하기도 한다. 땔나무를 산더미같이 등에 싣고 갈 때면 소의 모습은 안 보이고 오로지 네 다리만 보인다.

무인武人
The Warrior

수채화, 41.5×27, 《Old Korea》 수록

＊

이 사람이 입은 옷은 대한제국 멸망 직전에 군인들이 입던 제복이다. 실제로 오십여 년 전에는 궁궐에서 이런 옷을 입었다. 모델을 서준 사람은 이 제복을 무척 자랑스럽게 생각 했다. 그는 모든 것을 제대로 보여주려고 하면서 작대기도 올바르게 잡아야 한다고 강조 했다. 이 무인은 자신이 찬 검에도 커다란 자부심을 가졌다.

이 복장 중에서 제일 군인답지 않게 보이는 것이 모자다. 모자의 오른쪽에 달린 푸르고 둥 근 방울 술은 새털로 만든 것이었고, 모자 장식으로는 공작새의 깃을 달고 있었다. 오른쪽 어깨 뒤에 보이는 것은 화살이고, 모자 주위에 부착된 노란색 호박 구슬이 목 아래까지 늘어져 있었다. 무인의 신발은 말랑말랑한 것이었으며, 마지막으로 청색 단을 허리에 매 었는데⋯ 정말 믿기지 않았다. 이런 복장으로 전쟁을 하려고 했다니!

《대한제국 멸망사Passing of Korea》를 쓴 헐버트 박사는 문무차별의 한국 역사를 다음과 같이 설명했다. "고려가 창건된 후 처음 삼백여 년 동안(약 918~1392) 불교사상의 영향도 조금 있기는 했지만, 주로 중국사상에 근거를 둔 사회제도가 발전했다. 중국의 것과는 똑같지 않지만, 과거제도가 생겨서 관원으로 성공하는 데 필수 조건이 되었다. 이 과거제 도야말로 한국과 일본의 차이점이다. 그 때문에 한국은 일본과 달리 무예와 무인을 경시 하는 문화가 생기게 되었다."

과거에 급제해 등용되어야만 출세의 길이 열렸으니, 학문을 닦는 것이 무엇보다도 중요 했다. 무인은 중인보다도 낮은 계급으로 취급되었다. 어떤 때는 중국에서와 마찬가지로 군인의 신분이 거지보다 조금 나은 정도였다.

이 그림은 키가 크고 인상이 강한 약재상을 모델로 구하고 옛날 무인 복장으로 갈아입혀 그린 것이다. 이 모델의 얼굴과 〈이순신 장군 초상화〉(추정, 299쪽)의 얼굴을 비교해 보면 분위기가 판이하게 다른 것을 알 수 있다. —옮긴이

신발 만드는 사람들
Shoes and Shoemakers
드로잉, 《Old Korea》 수록
*

한국 사람만큼 키는 크면서도 발이 예쁘게 작은 사람도 없을 것이다. 전차를 타고 앉아서 보면 커다란 한국 남자들이 여자도 부러워할 정도로 작고 아담한 발을 가진 것을 볼 수 있다. 한국 사람들은 양말 대신 무명으로 된 버선을 신는다. 실밥을 안으로 하고 주름이 지지 않게 버선 바느질을 하는데, 흔히 버선을 보면 그 여자의 바느질 솜씨뿐 아니라 살림 솜씨까지도 알 수 있다고 한다.

여자의 신발은 장식품이라 할 수 있을 정도로 예쁘게 만들어져 있다. 위는 비단이고 바닥은 가죽인데, 얼굴에 바르는 분가루로 사용하는 가늘게 빻은 조개껍질을 신발 위에 뿌려 하얗게 만든다. 이렇게 가죽, 비단, 종이를 조각조각 붙여서 만든 여자의 신발은 모자이크같이 보이며, 신발 만드는 기술도 보통이 아니다. 한국에서는 가정부인이 신을 사러 가는 법이 없다. 대신 남편이 발 크기를 잰 막대기를 가지고 가서 신발 만드는 사람에게 준다. 신발은 두 짝 다 같아서 오른쪽과 왼쪽이 따로 없다.

하다못해 나무로 만든 나막신도 예쁘다. 애들은 비 오는 날에는 나막신을 신는다. 그림에 보이는 사람 중 맨 뒤에 있는 사람은 우선 나무토막을 적당한 크기로 대충 깎아낸다. 이어 다음 사람이 신의 모양을 만들고, 마지막으로 나이 많은 최고 기술자가 섬세하게 마무리를 한다. 신발 만드는 사람들은 일을 하면서도 담배를 피우며, 이때는 담뱃대를 천장에 달아놓은 담뱃대 걸이에 얹어서 고정시킨다. 신발 만드는 사람들은 한국 사회에서는 하층계급에 속한다.

상류계급의 사람들은 나막신을 신지 않고 가죽신을 신는다. 구두 만드는 데 쓰는 가죽은 겨울에 만드는데, 완성된 가죽은 나무처럼 딱딱하게 되어 모양새도 변하지 않는다. 가죽신의 색깔은 대개 노란색에 약간 붉은 기운이 돈다. 남자 신발은 속은 반들반들한 가죽이고 겉은 펠트 천으로 되어 있다. 여자용 가죽신은 하얀색으로 안을 대었고, 겉은 검정이며 신발 코는 대개 흰색으로 한다. 신은 앞이 높이 올라가 있어서 터키 사람들의 신발을 연상시킨다. 시골 사람이나 상중인 사람 또는 도시의 빈민은 짚신을 신는데 이 신발도 모양이 예쁘다. 일본 사람들이 고무신을 들여와서 요즘은 고무신이 인기다. 전쟁 중에 한국 사람들은 다시 나막신을 신어야 했다.

8

어느 운동가
The Crusader

* * *

스코필드는 한국 사람들을 공공연히 옹호하고 다녔기 때문에 적대감을
사기도 했지만, 전혀 개의치 않고 일편단심으로 자기 주장을 밀고 나갔다.
그는 사실에 근거한 탁월한 설득력의 소유자였고 아주 매혹적인 미소를
늘 짓고 있었기 때문에 일본 관료들 중에 친구가 된 사람도 있었다.
그는 일본 당국의 검열을 피하려고 빵 속에다가 원고를 집어넣어서
비밀리에 외국으로 보내기도 했다.

* * *

　젊은 영국인 프랭크 스코필드Frank Schofield(1888~1970, 한국명 석호필, 의학자이자 선교사―옮긴이)는 캐나다에서 제일 크고 제일 좋은 토론토 병원의 병리과 교수였다. 그는 그런 전도유망한 직장을 그만두고 미국인 올리버 에이비슨Oliver R. Avison(한국명 어비신, 의학자이자 선교사, 세브란스 병원 설립자―옮긴이) 의사가 일하던 세브란스 병원에서 의료 선교 사업을 하기 위해 서울로 왔다. 어느 저명한 미국 의사는 이렇게 말했다. "세브란스는 내가 아는 어떤 학교 병원보다도 환자 치료의 현실을 잘 이해하는 모범 병원일 뿐만 아니라, 질병 예방에도 주력하고 검사실 설비도 훌륭하게 잘되어 있다."

　과학적 탐구 정신이 왕성하던 스물한 살 때, 스코필드는 자신이 개발한 약을 자기 자신에게 실험하다가 불행히도 한쪽 다리를 절룩거리게 되었다. 그러나 그는 쾌활한 성격을 잃지 않았고 무슨 활동이든 마다하지 않았다. 자전거를 타고 서울 길거리 어디든지 다니는 것은 물론이고 작은 시골 마을까지도 다녔으며, 어딜가나 많은 환영을 받았다. 그는 한국 사람을 무한히 사랑했고, 현대 생활의 스트레스에 시달리는 학생들과 친구들을 도와주는 일에 최선을 다했다. 그처럼 바쁘게 활동하는 와중에 한국의 정치적 현실에 대해서도 박식한 견해를 가지고 있었다.

우리가 소문으로 잘 알고 있는 3·1운동 전후의 '괴롭던' 시기에 스코필드는 괴로워하는 한국 청년들에게 항상 이렇게 충고했다. "서양을 바라보며 도움을 얻으려 하지 말고, 도쿄로 눈을 돌려라." 스코필드는 일본의 젊은 층에서 무력주의를 거부하는 사람이 점점 늘어나는 데 희망을 걸고 있었다. 어느 해는 팔월의 폭염이 따가운 도쿄에서 휴가의 전 기간을 보내면서 저명한 일본의 교수, 정치가, 군인 지도자를 찾아다니며 한국을 도와주도록 설득했다. 일본 관료의 명령으로 무려 한국의 열일곱 개 마을 교회가 불태워진 그런 살벌한 때에도, 그가 희망을 버리지 않고 애쓴 결과 도쿄 시민들로부터 교회 재건축 명목으로 기부금을 받아냈다.

스코필드는 한국 사람들을 공공연히 옹호하고 다녔기 때문에 비난을 받기도 하고 적대감을 사기도 했다. 때로는 생명의 위협을 당하기도 했지만, 그는 전혀 개의치 않고 일편단심으로 자기 주장을 밀고 나갔다. 그는 사실에 근거한 탁월한 설득력의 소유자였고 아주 매혹적인 미소를 늘 짓고 있었기 때문에 일본 관료 중에 친구가 된 사람도 있었다. 그는 일본 총독에서부터 말단 관료에 이르기까지 모든 일본인 관리를 만나서 한국 지원을 부탁했다. 한편 스코필드는 자기가 외국 신문에 만세운동에 관해 기고한 사실을 선선히 시인했다. 그는 일본 당국의 검열을 피하려고 빵 속에다가 원고를 집어넣어서 비밀리에 외국으로 보내기도 했다.

스코필드가 어느 날 일본인 총독과 인터뷰를 했는데, 당시는 일본 군인들이 제암리提巖里(경기도 화성군 소재-옮긴이)라는 마을을 정당한 이유 없이 불태운 직후였다. 총독은 군장성 출신의 무인 하세가와 요시미치였다. 그 자리에는 총독과 스코필드 외에도 오씨吳氏라는 사람이 참석했는데, 오씨는 한국 사람이지만 일본 정부를 위해서 일하는 '밀정'이었다. 다음은 그들 사이에 오고 간 대화를 그대로 옮긴 것이다.

스코필드: (예의 그 유명한 미소를 총독에게 지어 보이면서, 오씨에게) 내가 누구라
는 것을 장군님께 말씀드렸지요, 미스터 오?

오씨: 네!

스코필드: 장군님께 내가 아주 나쁜 사람이라고 말해주세요. 나는 행동을
조심하지 않으면 출국명령을 받거나 피해를 당할 수도 있다는 경
고를 일본 경찰로부터 받은 사람이거든요.

총독: (영어를 아는 것이 틀림없는데, 오씨가 일본말로 통역한 것을 듣고 난 후에)
무슨 일을 했기에 그렇게도 평판이 나쁩니까?

스코필드: 신문에 한국 관련 기사를 많이 썼습니다. 예를 들면, 〈한국에 나와
있는 일본인들에 대한 위험한 제안〉, 〈대가代價 지불하기—현 정
부의 현명하지 못한 정책〉 등이지요. 저는 일본 군인이 불태워버
린 시골 마을들을 둘러보았습니다. 많은 사람이 학살당한 제암리
에도 가보았습니다. 집이 없어져버린 사람들의 사진도 찍었고,
내 친구 여럿에게 이런 사실을 편지로 알리기도 했습니다.

오씨: 장군님께서 말씀하시기를 스코필드 의사님의 명성이나 경력은
하나도 흠잡을 데가 없다고 하십니다. 오히려, 장군님 자신이 나
쁜 짓을 많이 했고, 명성도 나쁘며, 어떤 사람들로부터는 진행 중
인 사업을 중지하거나 정책을 바꾸지 않으면 신상에 해가 올 거
라는 위협을 받기도 한다는데요.

스코필드: (총독에게 목례를 하며) 장군님, 대단히 죄송합니다. 장군님의 경우
에는 그것이 사실인 듯합니다.

오씨: 장군님께서 "장군 된 사람으로서 선량한 일을 하는 것은 어렵다"
라고 하셨습니다.

스코필드: 네, 저도 동감입니다. 제 삼촌도 장군이었는데, 미얀마의 총독으
로 여러 해 계셨어요. 삼촌도 생명의 위협을 받곤 했지요. 장군님께

제가 드리고 싶은 말씀은 기독교인들에 대한 박해를 멈춰달라는 것입니다.

오씨: 장군님께서 말씀하시기를, 기독교인을 종교 때문에 박해하는 일은 없다고 합니다. 하지만 기독교인들이 독립운동에 앞장섰기 때문에 체포하고 형벌을 줄 수밖에 없었다는 것입니다.

스코필드: 장군님께, 기독교인들은 대단히 도덕적이어서 도덕적인 문제에 관심이 많다고 말씀드려주십시오. 현재 한국 사람들은 정의와 자유를 원합니다. 따라서 정의와 자유가 무엇인지를 이해하는 기독교인들이 독립운동에 관여하게 되는 것입니다. 기독교인들은 항상 나쁜 정부에 저항을 합니다. 노예제도를 폐지한 것도 기독교인입니다. 미국의 윌슨 대통령이 프로이센 군사 정부와 평화회의에서 왜 싸우는지 아십니까? 그가 기독교인이기 때문이지 다른 이유가 없습니다.

오씨: 왜 링컨 얘기는 안 하십니까. 나는 그 이름도 익히 들어왔습니다. 이제 장군님께 다른 얘기를 하는 게 좋지 않을까요?

스코필드: 네, 그러지요. 몇 주 전에 시골에 설교하러 갔었는데 그곳 사람들이, 내가 설교를 하면 거기 교인들이 벌을 받는다고 하더군요. 그래서 헌병내에 가서 허사해달라고 했더니 헌병내장은 설교해도 좋다고 허락했습니다. 나는 헌병대장에게 말했습니다. "나와 같이 와서 내 이야기를 듣고, 내 이야기가 나쁘면 나를 책망하되 조선 사람들을 벌주지 마십시오. 그들은 나의 친구입니다." 그랬더니, 헌병대장이 이렇게 대답했습니다. "조선 사람은 다 나쁩니다. 그들은 다 거짓말하고, 만세를 부릅니다." 대장의 허가가 있었는데도 결국 헌병들이 내가 설교하는 데까지 감시를 나왔습니다. 내가 떠난 후에 그들은 여자들과 어린아이들을 두 시간이나 못살

게 굴었고, 그래서 그 마을 사람들은 저더러 제발 다시는 설교하러 오지 말라고 합니다.

오씨: 장군님께서 그 마을의 이름이 무엇이냐고 묻습니다.

스코필드: (총독을 향해서) 장군님, 말씀드리고는 싶지만, 제가 말하면 사람을 보내서 조사하게 될 것이고, 그러면 그 사람들은 또다시 두들겨 맞을 것입니다.

오씨: 왜 그렇게 말씀하십니까?

스코필드: 내 친구가 한국 가정에서 기도회를 가졌는데 그곳 목사님의 부인과 다른 여자가 참석했지요. 밀정 세 사람이 들어왔고, 내 친구가 기도하는 사이에 두 여자 분을 데려갔습니다. 내 친구가 그 마을을 떠나기 전에 목사 집에 가보니, 부인이 방바닥에 쓰러져 있었습니다. 일본 헌병한테 구타를 당해서 그리 되었던 것입니다. 일본 경찰, 헌병, 관리 모두가 한국 사람을 미워합니다. 사람을 미워하면 정의로운 정치를 할 수가 없습니다.

오씨: 우리는 탈선한 자식을 대하는 엄격한 아버지와 같습니다. 당신네 선교사들은 그들의 영혼을 구하려고 합니다만, 우리는 그들에게 물질적 혜택을 베풀고 있습니다. 우리도 당신처럼 조선 사람들을 사랑할 수 있기를 바랍니다. 그런 부족한 점을 지적해주어서 고맙습니다.

스코필드: 제암리를 불태운 이야기를 좀 해주셨으면 합니다. 나는 그곳 사람들에게서 들은 이야기가 있습니다만, 장군님의 이야기도 듣고 싶습니다.

오씨: 장군님께서 기꺼이 설명해주시겠답니다.

총독: 그곳은 사흘 동안 무정부 상태였고 일본인들이 학살당했습니다.

스코필드: 잠깐만요, 장군님. 지금 일본인들이 학살당했다고 말씀하셨습니까?

오씨: 네, 일본인들이.

스코필드: 미스터 오, 일본인 몇 사람이 죽었습니까?

오씨: 헌병 두 사람이지요.

스코필드: 한국 사람들이 중무장을 했던가요?

오씨: 조선 사람들은 작대기, 돌멩이 그리고 여러 가지 농기구를 가지
           고 있었습니다. 현지 경찰은 수원 지역에 경찰 병력을 보충해달
           라고 요청했습니다. 병력이 증원되자 그제서야 사태는 진정되기
           시작했습니다. 조선 사람들에게 교회로 와서 강연을 들으라고 했
           습니다. 동네 청년들이 자기들의 소동을 뉘우치는 듯했는데, 갑자
           기 난동을 부리기 시작해서 일본인 학교를 불 질렀습니다. 그렇게
           사흘이나 일본인들을 학살했습니다. 밤이 되어서야 우리는 예순
           한 개 마을에서 천육백 명을 검거할 수 있었습니다. 그중 천이백
           명은 석방했습니다. 마을 사람들이 불을 크게 질렀습니다.

스코필드: 그 사람들이 경찰관을 공격했습니까?

오씨: 상황은 아주 혼란스러웠습니다. 교회 뒤에 덤불을 쌓아놓았고,
           불량분자들이 다른 마을에 불을 질렀습니다. 그래서 사람들이 쉽
           게 도망갔지요. 이게 조선 사람들의 상투적인 습관입니다.

스코필드: 집에 불 지르는 것이 상투적인 습관이라고요?

오씨: 한 일본군 중위가 조선 사람에게 공격당했습니다. 그다음에는 싸
           움이 벌어져 정확히 어떤 일이 일어났는지 모릅니다.

스코필드: 불이 난 원인은 무엇입니까?

오씨: 조사관이 현재 조사 중이라 아직 잘 모릅니다만, 아마 조선 사람
           집에서 불똥이 튀어 나무더미에 떨어진 듯합니다.

스코필드: 불이 났을 때 사람들이 교회에서 뛰어나왔나요?

오씨: 아니요.

스코필드: 왜 교회에서 뛰쳐나오지 않았나요?

오씨:　　다 죽었으니까요.

스코필드: 다 죽어 있었다고요? 어떻게 죽었지요?

오씨:　　총에 맞아 죽었습니다.

스코필드: 그러면 군인들은 불타는 교회에서 사람들이 나오도록 도와주지
　　　　않았다는 말입니까?

오씨:　　공식 보고에 의하면, 교회가 불탄 다음에 중위가 군인들을 두 개
　　　　조로 나누어서, 한 조는 사람들을 도와주고 다른 한 조는 사람들
　　　　을 체포했다고 했습니다.

스코필드: 왜 여자 둘을 죽였습니까? 한 여자는 목이 잘려서 죽었고 다른
　　　　여자는 총을 맞아서 죽었는데요.

오씨:　　조선 여자들은 화나면 아주 고집불통이 됩니다.

스코필드: (사람 좋은 미소를 지으며) 누구나 다 그런 겁니다, 미스터 오!

오씨:　　그 여자들은 군인들의 명령에 불복했습니다. 그들이 군인들을 공
　　　　격했는지 안 했는지는 잘 모릅니다.

스코필드: (총독을 향해서) 장군님! 일본 군인들은 아주 용감하지 않습니까?
　　　　어찌 해서 마을의 집과 교회를 불태웠습니까?

오씨:　　바람이 몹시 불어서 다 탄 겁니다.

스코필드: 그렇다면 다른 마을은요? 열일곱 개 마을에 불이 났습니다. 그
　　　　열일곱 개 마을에 하나같이 강풍이 불었나요?

오씨:　　조선에서는 오래전부터, 경찰이 불령선인不逞鮮人을 잡으러 오면
　　　　급히 집들에 불을 지릅니다. 그래서 사람들이 집에서 다 나오면
　　　　불령선인은 그 틈을 이용해서 도망가는 겁니다.

스코필드: 그런 풍습이 언제 생겼습니까? 한국의 다른 곳에서도 그런 일이
　　　　일어납니까?

오씨: 장군님께서는 더 무어라고 설명하실 수 없답니다. 설명하기가 너무 어렵다고요. 군인들은 예순한 개 마을로 파견되었고, 불은 열일곱 개 마을에서만 났습니다. 그러니 군인이 방화한 것이 아니지요. 장군님은 당신이 조선을 통치하는 게 얼마나 어려운 일인지 이해하지 못한다고 생각하십니다. 조선 사람들은 거짓말을 엄청 잘하거든요.

스코필드: 잠깐만, 한국 사람들이 거짓말한다고 하셨습니까? 대낮에 불태워진 마을들은 어떻고요? 그 불도 난동분자들이 질렀다고요?

오씨: 조사를 하긴 했는데, 아직 무엇이라고 발표할지 결정하지는 못했습니다.

스코필드: 장군님께, 거짓말하는 사람의 더 좋은 사례가 있다고 말씀드려주세요. 《서울 프레스Seoul Press》(조선총독부의 관보 영문판—옮긴이)의 미스터 X라고 아시는지 모르겠습니다만, 제 친구인데 그는 거짓말 기사를 씁니다. 그는 첫째, 한국 사람들의 독립운동이 전국적인 운동이 아니고, 둘째, 상점들이 문을 닫은 것은 선동하는 사람들이 무서워서 그런 것이라고 했습니다.

오씨: 장군님께서는 만세운동이 전국적 현상은 아니라고 하십니다. 소수의 선동분자가 문제를 일으키기 시작했고 이것이 마치 독감처럼 퍼져나가고 있기 때문에 정부가 단호하게 처리해야 한다고 하십니다. 상점들은 이런 선동분자들이 두려워서 문을 닫았다는 겁니다.

스코필드: 장군님께 그건 잘못 아시는 거라고 말씀드려주십시오. 상점 주인들이 문을 닫은 것은 장군님의 정책에 실망한 탓입니다. 장군님께 그 마을에 불을 질렀던 중위 아리타 다케오有田俊夫에게 어떤 조치가 있었는가 물어봐 주십시오.

오씨: 그 장교는 아주, 아주 심한 처벌을 받았습니다.

스코필드: (조급하게) 일본 사람들이 다 그렇게 말하더군요. 모든 신문도 그렇게 보도하고요. 하지만, 아무도 정확히 어떤 처벌을 주었는지는 밝히지 않는군요. 그가 사형당했습니까?

오씨: 그 사람은 민간인 법이 아니라 군법에 의해 중벌을 받았습니다.

스코필드: 그런데 왜 아무도 그가 어떻게 됐는지 말하지 않습니까. 장군님께서는 알고 계시잖아요, 직접 군법재판을 했으니까요. 꼭 말씀해주시기 바랍니다.

오씨: 그 사람은 봉급의 절반을 박탈당했고, 은퇴 연금도 삭감되었고, 진급이 지연되었습니다.

스코필드: 미스터 오, 그러면 여기에 서명을 하시겠습니까?

오씨: 그렇게 할 수 없습니다. 이건 정리되지 않은 기록이니까요.

스코필드: (사람 좋은 미소를 지으며) 그렇지만, 여기 적은 것은 다 사실이지 않습니까, 미스터 오?

오씨: 네, 기록은 사실이지만, 이것은 초본일 뿐입니다. 서명을 할 수는 없습니다. 이해하지 못하시는군요.

스코필드: (의미 있게) 미스터 오, 당신은 나에게 거짓말을 하고 있었습니까?

오씨: 아니요. 나는 거짓말을 하지 않았습니다.

스코필드: 미스터 오, 그것이 사실이라면 서명을 못할 것 없잖습니까. (아주 주저하면서 오씨가 그 기록에 서명했다.) 자 이제 장군님께, 귀한 시간을 내주셔서 정말 감사하다고 말씀드려주십시오. 나는 일본에 가면 다정한 사람들을 만날 것이고, 그들에게 한국의 상황을 있는 그대로 전해줄 것입니다. 장군님은 영향력 있는 친구가 많이 있을 것입니다. 장군님께서 명함을 주시면 일본에 가서 지도자급 인사들에게 보이면서 교제하고자 합니다.

오씨:　　　장군님께서 기꺼이 명함을 드리겠답니다.

스코필드: (총독에게 미소를 지으며) 대단히 감사합니다.

스코필드는 나에게 이렇게 말했다.

"나는 바로 제일 높은 사람에게 갑니다. 아래 있는 부하들과는 이야기하지 않아요. 제일 높은 사람에게 내가 직접 잘못된 일을 알려주면, 그 사람은 부하들에게서는 못 들어본 이야기니까 오히려 고마워합니다. 어떤 부하들은 제멋대로 나쁜 일을 하고 엉터리 보고를 올리거든요.

나는 수원 주재 수석 관리에게 말해 집이 불탄 사람들에게 각 오십 엔씩 지원하고, 또 각 집에 쌀도 배급하도록 요청했습니다. 이것은 한동안 지켜졌지요. 정부는 자기들이 태워버린 교회 건물과 민간인 집을 모두 다시 지어주어야 합니다. 하지만 그러지 않았습니다. 그런 무자비한 짓을 한 책임자들을 처벌했다고 하나 군사재판은 하지도 않은 채 말로만 엄벌했다고 합니다. 명령에 불복종한 것이 아니라 명령 이상으로 과잉행동을 한 자들을 군사재판에 보낼 수는 없다면서 말입니다."

다음은 스코필드가 해준 또 다른 이야기다.

"나는 일본 사람들에게 구타당한 목사를 만나볼 생각으로, 하루는 자전거를 타고 그 목사가 사는 동네로 가고 있었지요. 그런데 갑자기 길옆에서 사람이 튀어 나오더니, '거기 섰거라' 하고 반말로 지껄였습니다. 그때 나는 동행과도 헤어져서 혼자였는데, 할 수 없이 정지하고 그 순사들에게 말했습니다. '이봐요. 나에게 존댓말을 하던가 보통 말로 하세요. 그러면 나도 그렇게 대우하겠습니다. 나는 쌍놈이 아니란 말입니다. 나는 영국의 시민이에요.' 그랬더니, 그 순사가 '어디로 가십니까?' 하고 물었습니다. 그래서 '나는 내가 어디 가는지 모릅니다' 하고 대답했지요. '어디 가는지 모르다니 그게 무슨 말입니까?' 그래서 다시 설명했지요. '방금 말했듯이 나는 내가 어디로 가는지 모릅니다. 내가 지방 지리를 잘 모르기도 하고, 동행하고 헤어져서 길을 잃은 상태예요. 우리는 매 맞은 사람을 찾아가던 길이었습니다. 나는 그 사람이 누군지, 어디 사는지 모르지만, 하여간 만세를 불렀다고 경찰에게 죽도록 매 맞은 사람을 찾아가고 있습니다. 내가 출발할 때 그 사람의 이름이 무엇인지 모르고 떠났어요.' 그러자 '찾아가는 사람이 누구인지, 어디 사는지도 모른다는 것이 말이 되는 소리요?' 하고 순사가 말했습니다.

'그렇다면 내가 거짓말을 한다는 겁니까? 나는 거짓말 못합니다'라고 말했습니다. 그러나 두 순사는 나의 대답을 못마땅하게 생각했습니다. 그래서 내가 말했지요, '좀 더 설명해드리리다. 미스터 유라는 사람이 서울에 사는데 우리가 저녁 먹으면서 크게 논쟁이 일어났지요. 그 사람은 조선 사람들은 삼십 전 혹은 먹을 과자만 주면 만세를 부른다는 겁니다. 조선 사람들은 애국심이 없다는 겁니다. 그래서 나는 그것은 잘못된 정보라고 했지요. 만세를 부르면 배에 칼이 들어가거나 감옥에 가게 되는데, 어떤 미련한 사람이 삼십 전을 받고 만세를 부른답니까? 그래서 내가 시골로 가서 과자를 줄 테니 만세 부를 사람이 있느냐고 물어보려고 작정을 한 겁니다.'

'그건 정말 이상한 이야기인데요'라고 그들은 말했습니다. '그렇다면 서울에 연락해서 미스터 유에게 물어봐요. 우리가 며칠 후에 다시 만나기로 되어 있으니까요'라고 말하고 나는 자전거를 타고 그냥 떠나버렸지요.

나는 불태워진 마을을 한번 찾아가 봐야겠다고 전부터 생각하고 있었습니다. 어느 날 나는 경찰보다 앞서서 그 마을에 가려고 자전거 페달을 열심히 밟았습니다. 하지만 벌써 경찰이 나를 본 겁니다. 그들은 걸어가고 있었는데, 그중 한 사람이 다시 돌아가서 자전거를 가지고 나오더군요. 그다음부터 나는 편안하질 못했습니다. 그 고약한 경찰이 내 바로 옆에 따라붙었으니까요. '상쾌한 아침이군요!' 내가 부드럽게 인사하니, 그 경찰이 '네, 반갑습니다. 그런데 어디를 가십니까?' 하고 말했습니다. '시골로 가는 길입니다' 하니 '시골 어디로 갑니까?'라고 묻더군요. 그래서 수원으로 간다고 했더니 자기도 수원으로 간다고 하더군요. 그래서 내가 '그거 잘됐군요. 그럼 같이 가십시다'라고 말했지요. 나는 그 경찰과 다른 군인들이 마을에 도착하기 전에 먼저 가고 싶었는데, 그 경찰도 나보다 앞서가려고 했습니다. 그 경찰은 우악스럽게 생겼는데, 언덕을 올라갈 때는 나보다 빨리 갔으나, 내려갈 때는 내가 더 빨랐고, 평지를 갈 때는 거의 똑같은 속도로 달렸지요.

경찰이 화가 난 것을 알 수 있었습니다. 내가 뒤처지지 않는 것이 싫었던 거지요. 언덕을 힘주어서 올라가더니 수원으로 가는 마지막 언덕길 중간쯤에서 갑자기 나에게 '지금 몇 시입니까?' 하고 물었습니다. '두 시 십오 분 전입니다' 하고 대답했더니, 아무 말도 않고 그냥 언덕으로 달려 올라가더군요. 나도 열심히 언덕을 자전거로 올라가다가 문득, 내가 그 마을에 전에 가본 적이 있었고, 어느 노파가 마을로 직접 들어가는 샛길이 있다고 가르쳐준 것이 생각났습니다. 경찰은 자기가 군인 도로를 타고 갔기 때문에 나를 이겼다고 생각했을 것입니다. 그가 나보다 한 이백 야드나 앞서서 신나게 가고 있을 때, 나는 갑자기 자전거를 좁은 샛길로 돌려서 불과 삼십 초도 안 되어서 마을에 도착했습니다. 사람들을 지나치면서 나는 말했습니다. '경찰이 오고 있어요. 군인이 오고 있어요. 하지만, 외국인도 옵니다. 용기를 잃지 마세요. 외국인들은 결코 당신들을 해치지 않습니다!'"

다양한 한국 사람들 II

*   *   *

두 손을 앞에 모은 채 정색하며 긴장한 자세로 서 있는
그를 스케치하게 되었다. 이런 긴장된 자세는 내가 그렸던
시골 선비나 공주였던 부인도 마찬가지였다.
한국에는 언어와 행동거지에 엄격한 규칙이 있었다.
나는 그걸 알기 때문에 모델에게 이래라저래라 주문하지 않고
항상 다른 사람. 예를 들면 그곳에서 제일 나이 많은 여자
등에게 부탁해서 옷매무새만 고치도록 했다.

예복을 입은 순이
Gentle in Ceremonial Dress

수채화, 40.6×33.7, PAM 제공, 《Old Korea》 수록

*

우리가 순順이라고 부르던 여자가 정식으로 예복을 입고 모델을 서주었다. 순이의 증조할머니가 아주 정성들여 준비시켰다. 그분이 순이의 치마 중간 앞으로 띠 같은 긴 하얀 천을 늘어뜨려 놓은 것은 내가 보기에 어울리지 않았지만.

순이는 조각상처럼 미동도 하지 않고 앉아 있는 것이 마치 결혼식 날 신부 같았다. 일본 여자들은 두 다리를 붙이고 무릎을 꿇고 바닥에 앉아 전혀 움직이지 않는다. 반면에 한국 여자들은 가부좌로 앉아서 피로하면 서슴지 않고 수시로 다리를 고쳐 앉는 게 풍습이다. 교회에 나온 한국 여자들을 그리다 보면, 다리를 고쳐 앉을 때마다 치마가 불쑥하게 들어 올려졌다 내려앉는 것을 볼 수 있는데, 재미있는 광경이다.

한국의 가정 내에서 여자들은 남자들보다 하대를 당하지만, 3·1만세운동 때는 여자들도 남자 못지않게 잘 싸웠다. 비밀문서를 전달하고, 《조선독립신문》을 배포하고, 지하조직에 참여했으며, 갖은 고문을 당하면서도 굽히지 않았다. 한국 여자들은 기회가 있을 때마다 그들이 얼마나 강인한가를 보여주었다.

동양의 다른 나라 여자들처럼, 한국 여자들은 연극이나 연예 방면에도 소질이 많다. 한번은 여학교 학생들이 루이자 메이 올콧의 〈작은 아씨들〉이라는 연극작품을 공연하는 것을 본 일이 있다. 의상이 조잡하고 무대 장치가 빈약한데도, 어찌나 진지하게 극중 인물들의 감정을 표현하는지 감탄을 금할 수 없었다. 특히 주인공 베스가 죽어가는 마지막 장면은 정말 감동적이었다.

또 한번은 구세군에서 주최한 음악회에 갔었는데, 열두 살 난 고아 여자애들이 서투른 영어발음으로, "우리는 행복해지고 싶어요!We want to be happy"하는 노래를 부를 때 가슴이 뭉클했다. 대다수가 집안이 가난해 버려진 고아였다. 이제 일본의 압제로부터 해방되었으니 그 아이들이 행복하게 살고 있기를 간절히 바란다.

필동이
Pil Dong Gee

수채화,《Old Korea》수록

*

필동이는 내가 그린 다른 한국 사람들과는 달리 고집이 세고 제멋대로 행동하는 사람이었다. 그는 아내가 무슨 조그마한 일이라도 해달라고 하면 크게 소리 지르며, 자기가 할 일이 아니란 듯한 표정으로 불평해대기 일쑤였다. 낮이면 그늘에 앉아 긴 담뱃대를 물고 먼 산을 쳐다보고 있었고, 매사 자신의 신사 체면에 어울리지 않지만 그저 한 번 해준다는 식이었다. 이런저런 단점이 있기는 해도 필동이는 정직하고, 충성심이 많고, 믿어도 될 만한 사람이었다. 전에는 어느 양반 집에서 일을 한 적도 있었다는데, 예수를 믿기로 한 다음부터 외국인들의 집에 와서 일을 해주며 살았다.

주일 아침이면 필동이는 깨끗하게 빤 하얀 옷을 입고 교회에서 이런저런 작은 일을 했다. 주일이면 상투를 단정히 빗질해 올렸지만, 다른 날은 헝클어진 채로 생활했다. 어느 크리스마스에 그의 아내가 모자를 선물로 주었는데, 필동이는 쓰지 않았다. 필동이와 달리 양반들은 외출할 때 절대로 상투를 노출시키지 않고 그 위에 갓이나 망건을 쓴다.

뒤에 보이는 것은 지게다. 농촌 지역에 가면 지게를 멘 사람들을 흔하게 볼 수 있다. 헐버트 박사에 의하면 지게는 구조상으로 거의 완전무결한 기구다. 등에 지면 짐의 무게가 등 전체에 균일하게 배분되기 때문에, 지게꾼이 두 발로 일어설 수만 있으면 어떤 짐도 나를 수 있다. 한국에는 지게 없는 곳이 없으며, 지게로 나르지 못하는 것도 거의 없다. 살아 있는 돼지나 커다란 농짝도 실어 나를 수 있고, 깨지기 쉬운 독을 얹어서 운반하기도 한다.

고요한 아침의 나라에서 온 사람
From the Land of the Morning Calm
1928, 목판화, 33×23.5

*

중하류 계급에 속하는 한국 남자의 전형적인 모습이다. 추운 겨울이라 머리에는 털이 안으로 달린 남바위를 쓰고 그 위에 말총으로 만든 갓을 쓰고 있다. 하얀 무명옷에는 솜을 넣어 방한을 하고 있다.

20세기 중반 넘어서까지 많은 한국 사람은 이런 차림으로 살았다. 흰옷에 두루마기를 입고, 겨울에는 토시를 착용하고 버선에 대님을 맨 차림을 어디서나 쉽게 볼 수 있었다.

남자의 입술을 푸른색으로 칠한 점이 독특하다. 이에 따라 이 그림을 'Man with a Blue Lip'이라고 부른 적도 있는 듯하다. 배경과 소매도 푸른색이다.

이 그림은 미국의 여성 예술가 미술관National Museum of Women in the Arts에도 소장되어 있다. 워싱턴에 있는 이 미술관은 미술 각 분야에서 크게 공헌한 뛰어난 여성을 기리고 그들의 작품을 수집, 전시하는 곳이다.—옮긴이

쓰개치마를 쓴 노파
Ugly Old Woman

수채화, 30×21.5

＊

한국을 비롯해 아시아 여러 나라를 방문한 키스는 어디를 가든지 토착인들의 문화와 일상생활을 자세히 관찰하여 화폭에 담았다. 길을 가다가도 시선을 사로 잡는 인물이나 경치가 있으면 그 자리에서 캔버스를 펴곤 했다. 키스는 전통문화를 존중했으며, 새로운 것을 무조건 좋다고 추켜세우며 받아들이는 태도를 좋아하지 않았다. 남녀노소, 신분의 고하, 직업의 귀천, 종교의 유무와 종파를 따지지 않은 화가이자 나아가 인류문화학자라 할 수 있다.

여기 보이는 노파는 어느 시골길에서 만난 듯한데, 보라색 장옷과 흰 치마를 끈으로 매어 입고, 나무 지팡이를 들고, 짚신을 신었다. 머리에 쓴 것은 흔히 볼 수 있는 모습은 아닌 듯하다. 흙길 뒤로 보이는 한적한 농촌 풍경은 늙어가는 여인을 더 외로워 보이게 한다. 이 그림의 원 제목 'Ugly Old Woman'에서 ugly는 '추하다'는 의미가 아니라 '여성용 모자의 넓은 차양'이라는 뜻으로 쓰인 듯하다. 즉 노파가 쓴 쓰개치마를 묘사한 것으로 보인다.—옮긴이

초록색 장옷을 입은 여자
The Green Cloak

수채화, 36×26, 《Old Korea》 수록

*

머리 위로 뒤집어쓰는 장옷은 여인들이 길에 나다닐 때 사용하는 것이다. 상인 계급의 부인들이 사용하는데, 특정 계급의 무관武官 부인들만 사용하던 때도 있었다고 한다. 초록색 장옷은 오래전 어떤 용감한 전사를 기념하기 위해 생겨났다고 하는데, 빨간색 단과 리본은 그 사람이 흘린 피를 상징한다. 장옷의 안쪽은 하얀색 비단으로 만들고 빨간 리본을 달았으며 소매는 통상 팔을 꿰지 않고 그대로 비워둔다.

여자는 결혼 전까지는 장옷을 입지 못한다. 장옷을 사용할 때는 눈만 내놓고 얼굴을 거의 다 가리며, 한 손으로 장옷의 양쪽을 휘어잡고 걸어간다.

내가 한국에 처음 갔던 1919년에는 길에서 장옷 걸친 부인을 많이 보았는데, 1936년 마지막으로 갔을 때는 자주 볼 수가 없었다. 몇 주일에 한 번씩 눈에 띄어, 나랑 같이 걸어가던 한국에 처음 온 사람들에게 따로 설명해줘야 할 정도였다.

이 그림의 배경은 창의문이며, 당시 많은 화가가 이곳에서 그림을 그렸다. 인왕산과 북악산 사이에 위치한 창의문은 사대문 중 하나로, 그 자체가 아름다웠을 뿐 아니라 수려한 주위 경관으로도 유명했다. 창의문은 아직도 건재하지만, 그 주위는 도시화로 알아볼 수 없이 변했다.—옮긴이

환관
The Eunuch

수채화, 《Old Korea》 수록

*

서울에서 길을 가다 수염이 하나도 없고, 목소리가 여자처럼 높은 이 사람을 두어 번 본 적이 있었다. 옷이나 모자가 아주 구식인 그는 구한말 왕을 섬기던 환관이었으며, 지금 은 사라져버린 왕조 체제의 슬픈 유산이다.

얼마 후에 내가 베이징에 갔을 때도 그와 비슷한 중국 황실의 환관을 본 적이 있는데, 그 의 표정은 마치 길 잃은 사람 같았다. 그는 아직도 돼지꼬리 모양의 변발을 하고 있었고 옷은 구식이었다. 그는 서태후 시절이 그립다는 말을 했다.

일본이 자객을 이용해서 궁궐에 침입해 들어가 한국의 용감한 황후를 살해한 것은 이미 잘 알려진 사실이다. 명성황후의 주치의였던 나이 많은 미국인 의사(언더우드 부인으로 보 인다—옮긴이)가 황후의 장례식에 초대받아 갔었는데, 밤 열두 시에 햇불을 들고 다른 관 료들과 행진을 하던 환관들의 이야기를 흥미진진하게 이야기해주기도 했다.

이 사람이 자꾸 안절부절못해서 나는 재빨리 스케치를 끝내야 했다. 그의 과거를 연상시 키는 배경으로 옛 궁궐 뒤에 있는 북악산을 집어넣었다.

9

총독
The Military Governor

* * *

총독을 가까이에서 보니 소문처럼 그렇게 잔인한 사람이라고 믿기가
어려울 정도였다. 사람보다 식민지 제도와 한국인을 경멸하는 일본의
관료제도가 잘못된 것이었다. 총독이 준 명함은 나중에 도움이 되었다.
한국 사람들의 핍박상을 묘사한 나의 글과 엘리자베스의 그림을 일본 관헌에게
추궁당하지 않고 도쿄로 보낼 수 있었던 것이다. 만약 내가 일본인 고관의
명함도 없이 여행하는 한국 사람이었으면 얼마나 괴로웠을까!

* * *

나는 어느 날 유림의 한 유명한 선비를 찾아가게 되었다. 그가 사는 집 근처에 있는 아름다운 산허리에는 십삼 대에 걸친 그의 조상들 무덤이 있었다. 그 노인 선비는 우리들을 환영한다는 말을 한 다음에 통역하던 사람에게, "그 유럽의 대전쟁은 끝났나?" 하고 물었다. "신문을 안 읽으시나요?"라고 통역이 말했다. 그러자 선비는 "신문을 무엇 때문에 읽겠나? 옛날 사람들의 글을 매일 읽으면서 즐기면 그것으로 족한데"라고 단호한 어조로 말하면서, 한국과 중국의 귀중한 고전이 쌓여 있는 자신의 서재를 손으로 가리켰다.

젊은 사람들도 말할 때 억양은 조금 다를지라도 단호하기는 마찬가지다. 열 살밖에 되지 않은 아이가 일본인 선생에 대해서 말하는 것을 들어보자. "일본 선생은 목이 짧고 얼굴이 납작해요. 이것은 야수가 차차 사람 모습으로 변한 겁니다. 그는 작대기를 우리에게 휘두르지요. 그 사람의 눈은 마치 풀잎 속에서 내다보는 뱀의 눈 같아요. 사냥꾼에게 몰려 바위틈에 들어간 여우의 눈 같기도 해요. 그가 우리를 내려다볼 때, 그 눈에는 사랑이라고는 하나도 보이지 않고 자만심과 분노만 이글거려요."

한국을 사랑하는 어느 성실한 영국인은 최근 일본의 창씨개명 법령에 대해서 다음과 같은 글을 썼다.

미나미 지로南次郎(1874~1955, 7대 조선총독—옮긴이)가 총독이었던 1939년에 일본 정부는 한국 사람의 성姓을 일본식으로 바꾸도록 계획을 세웠다. 그 전에도, 발음은 달랐지만, 한국 사람은 성명을 한자로 표기했다.

일반적으로 한국 사람의 성은 중국 사람의 표기방법에 가깝다. 한국말로 국민을 백성百姓이라고 하는데, 문자 그대로 백 가지 성을 가진 사람들이란 뜻이다. 그러나 일본의 경우, 일본인이 사용하는 한자는 중국이나 한국에서 사용하는 글자와는 퍽 다르고, 특히 성姓을 지칭할 때 사용하는 한자는 많이 다르다. 일본 사람 중에도 한국의 성과 같은 글자를 사용하는 사람이 간혹 있는데, 이것은 칠 세기 전후해서 일본인과 한국인이 섞였다는 역사적 흔적이다. 이 당시 한국인 다수가 일본으로 건너갔던 것이다. 아이러니하게도, 총독 미나미의 성도 이런 조선 사람의 성과 같은 한자다.

창씨개명 정책은 일본이 지난번 복장 정책에서 겪은 경험을 바탕으로 해 고안해낸 아주 교활한 것이다. 일본 정부가 발표하기를 창씨개명은 법적으로 요구하는 것은 아니고 권고만 하는 것이라고 했지만, 그 형식적 권고의 위력은 대단하다. 일본 정부는 '사람들에게 놀림당할까, 무식하다는 소리 들을까, 또는 사상이 불온하다는 의심을 받지 않을까' 하는 일반 대중의 마음을 교묘하게 이용한 것이다. 정부는 일본식 이름으로 바꾸지 않으면, 당신의 자녀가 학교에 가서 출석 불릴 때마다 다른 학생들의 놀림감이 될 것이고, 당신 자신은 세상모르는 무식한 촌놈으로 보일 것이고, 더 나아가 사상이 불온한 사람으로 낙인이 찍힌다는 것을 충분히 선전했다. 이런 '권고' 덕분에, 정부는 몇 달 후에 약 팔십 퍼센트가 이름을 바꾸어 등록했다는 통계에 전혀 놀라지 않았다.

한번은 어느 도시의 일본인 시장市長이 서른 명이 넘는 한국인 사업자와 관료를 자기 방으로 불렀다. 이 중 스물네 명이 참석했는데, 그중 일곱 명은 공무원이 었다. 그 회의는 오후 한 시부터 네 시 삼십 분까지 세 시간 반이 걸렸다. 시장은 지금 한반도 전역에 소요가 생겼는데, 질서 회복을 원하는 사람은 그런 소요에 반대하며 자제할 것을 요구하는 청원서에 서명해야 한다고 말했다. 그리고 아래 와 같은 요지의 성명서에 서명하라고 요구했다.

1. 독립선언은 조선의 천한 무리의 짓이며, 조선인 대다수의 의사를 반영하 는 것은 아니다.
2. 조선은 일본하고 합병되지 않은 채 혼자서 일을 해결할 수 없다.
3. 만약 소요가 계속되어 경찰과 군인을 괴롭힌다면, 국민이 고생할 것이고 중대한 상황이 발생할 것이다.
4. 소요가 계속되면 사업에도 좋지 않은 결과가 생길 것이므로 평화와 질서 가 조속히 회복되기를 바란다.

그 성명서에 아무도 서명하려 하지 않았다. 그러자 시장은, "여기에 서명 안 한다는 것은 독립운동을 지지한다는 표시"라고 말했다. 누군가 "그런 성명서를 발표해야 하는 근거가 무엇입니까?" 하고 반문했고, 또 한 사람은 "서명 안 하면 죽을지도 모르지만, 죽어도 그것은 할 수 없습니다"라고 말했다.

이튿날 사업가협회의 어느 일본 간부가 한국 사람 여덟아홉을 특별회의로 소집했는데 겨우 네 명만 나타났다. 위와 똑같은 요구를 했고, 긴 토론 후에 참석 자 모두 서명을 거부했다.

나는 일본을 떠나 한국으로 오기 전에, 한국의 고위직 인사들에게 가는 소 개장과 명함을 받아 가지고 왔지만 별로 사용한 일이 없었다. 우리 자매는 선 교관에서 자유롭게 생활할 수 있었기 때문에 공식적으로 높은 사람들에게 인사

다닐 생각도 없었고 또 우리의 행동거지에 시비 거는 사람도 없었다. 그런데 몇 주일 후, 외국인들 사이에서 평판이 나쁜 일본인 관리가 찾아오기 시작했다. 그는 한국말 하는 의사에게 여러 가지 질문을 했고, 다 대답해주었는데도 계속 찾아왔다.

어느 날 그 일본 관리가 선교회 의사와 앉아 있다가 나를 보고서는 총독이 나를 한번 만나고 싶어한다고 말했다. 그 관리는 영어를 꽤 하는 편이었다. 나는 기꺼이 그렇게 하겠노라고 답했는데, 마침 총독에게 가는 소개장도 두어 장 가지고 있던 터였다.

날씨가 청명한 날이었기에 나는 하얀 옷을 입었고, 엘리자베스의 한국 풍물과 한국 사람을 그린 그림을 가지고 가기로 했다. 일본 사람들이 그림이나 사진 보기를 아주 좋아한다는 것을 나는 이미 알고 있었다.

그 관리, 즉 밀정과 나는 인력거를 타고 총독부로 갔는데, 도착하자 그 관리는 서슴지 않고 복도를 여러 개 지나서 들어갔다. 복도 양옆의 사무실은 일본에서 만든 서양식 사무용구로 가득 채워져 있었다. 마침내 천장이 높은 방으로 들어갔는데 서양식 탁자가 여러 개 있었고 바닥에는 두꺼운 카펫이 깔려 있었으며, 벽에는 액자로 된 그림이 몇 점 걸려 있었다. 일본식도 서양식도 아닌 대단히 보기 흉한 방이었다.

총독(로비트슨 스콧 부인이 만난 일본 총독은 하세가와 요시미치다 — 옮긴이)은 다른 일본 사람들보다 키도 크고 준수하게 생겼다. 관리가, 총독은 영어를 거의 모른다고 말했다. 항상 그렇듯이 공손하게 질문이 시작되었다. "일본에는 얼마나 계셨습니까? 부군은 어디 계십니까?" 남편은 그때 일본에 살았지만 마침 미국을 방문 중이었다. "소개장을 써준 일본에 있는 제 친구들은 어떻게 지내나요?" 모두 다 아주 친절한 질문이었지만, 나는 나대로 생각이 있어서 엘리자베스가 그린 그림들을 탁자에 내놓았다. 그랬더니 금방 변화가 생겼다. 두 사람 다 자기 할 일을 잊어버리고, 스케치한 것을 한 장 한 장 보기 시작했다. 나는 그림에 관한 이야기와 소재를 설명했다. 관리도 한결 부드러워지면서 덜 고약해지는 느낌이었다.

이 두 사람을 만나는 동안에 나는 그 건물 어디에선가 지금도 발생하고 있을지 모르는 일을 생각하지 않을 수 없었다. 이 건물이 바로 그 수많은 심문과 고문이 벌어지는 곳이었던 것이다. 그들은 나의 계획에 대해서 여러 가지를 물었고, 나는 선선히 다 대답해주었다. 그 후에 나는 총독에게 엘리자베스가 서울에 있는 절과 사당의 내부를 그릴 수 있도록 허가해달라고 요청했다. 총독은 즉시 허가증을 써주었고, 내가 요청하지 않았는데도 명함을 몇 장 더 주면서 한국에서 여행하다 필요하면 사용하라고 하면서 나중에 도쿄로 돌아갈 때도 도움이 될지 모른다고 말했다.

총독을 가까이에서 보니 소문처럼 그렇게 잔인한 사람이라고 믿기가 어려울 정도였다. 사람보다는 식민지 제도와 한국인을 경멸하는 일본의 관료제도가 잘못된 것이었다. 총독은 나를 방문 밖까지 전송해주었고, 처음부터 끝까지 예의를 잃지 않았다. 총독의 명함은 나중에 도움이 되었다. 한국 사람들의 핍박상을 묘사한 나의 글과 엘리자베스의 그림을 일본 관헌에게 추궁당하지 않고 도쿄로 보낼 수 있었던 것이다.

서울에서 다시 도쿄로 오는 여행은 특기할 것이 없었다. 엘리자베스는 한국에 남아서 그림을 더 그리기로 했다. 총독의 명함은 나가사키長崎에서만 빼고는 많은 도움이 되었다. 나가사키에서는 말단직 밀정이 어디든지 나를 따라다니면서 줄곧 똑같은 질문을 해대고, 심지어는 점심 먹으러 들어간 식당에까지도 따라왔다. 만약 내가 일본인 고관의 명함도 없이 여행하는 한국 사람이었으면 얼마나 괴로웠을까! 생각만 해도 아찔했다.

도쿄에 돌아와 제일 처음 만난 사람은 지금은 고인이 된 롤랜드 모리스 Roland Morris로, 필라델피아 출신의 현명하고 유능한 미국 대사였다. 그의 첫 인사말은 이러했다. "돌아와서 다행입니다. 이제야 한국에서 무슨 일이 일어났는지 제대로 알 수가 있겠군요. 지난주에 한국에서 두 사람이 왔었는데, 도대체 무슨 말을 하는지 알아들을 수가 없었어요. 그들의 이야기를 믿어야 할지 어떨지 헷갈렸습니다. 한국에서 실제로 어떤 일이 벌어지고 있나요?"

그다음에 한국에 파견되어 총독을 지낸 사람의 친척인 어느 지도자를 만났다. 내 이야기를 들으며 그는 매우 놀랐다. 얘기를 듣는 동안 눈물까지 글썽거렸다. 그는 이렇게 말하면서 고개를 가로저었다. "어찌할 도리가 없어요. 우리 군부는 미친개 같아서!" 그가 바로 언젠가, "일본 사람들은 용감하지만, 도덕적 용기는 아직 없다"면서, "우리는 아직 남을 사랑하는 법을 모른다"라고 말한 사람이다.

그 당시 주일본 영국 영사 대행代行은 중국에서도 오래 살았던 사람으로 동양에 대해서 박식한 사람이었다. 내가 그에게 한국 사태를 말해줄 때, 젊은 나이에 이미 장성이 된 무관이 마침 동석하고 있었다. 그들은 열심히 내 이야기를 들었고 대화는 밤늦도록 계속되었다. 당시 한국은 일본 내에서 영향력 있는 친구들을 얻고 있었다.

그런 모임이 있은 얼마 후에—그때는 영국과 일본이 동맹관계이던 때였다—한국에서 만났던 그 무인 총독은 소환되고 그 대신 더 인간미가 많은 사람이라고 알려진 해군 장성 사이토 마코토齊藤實(1858~1936)가 총독으로 임명되었다.

한국의 아이들

아이들의 의상은 어른의 옷과 모양새는 다를 바가 별로 없으나
색깔이 더 다양하다. 여자아이들은 분홍장미 색깔의 넓은 치마를
발목까지 내려오게 입고, 어린 남자애들도 같은 색깔의 옷을 입는다.
조금 큰 남자아이들의 바지는 어른들과 마찬가지로 통이 넓고
발목까지 내려간다. 갓난아기들의 저고리에는 색동 소매가 달려 있다.
파란 하늘, 회색 돌, 빛바랜 담을 배경으로 이런 색동옷들은
아름다운 조화를 이룬다.

두 한국 아이
Two Korean Children

1940. 목판화, 24×17

＊

남매인 듯 보이는 색동저고리를 입은 두 어린이가 문 앞에 서 있다. 이 그림은 1919년에 처음 제작되었고, 그 후 1925, 1935년에 인쇄되었다. 이 작품은 1940년 크리스마스 실의 도안으로도 사용되었는데 거기에는 일제의 탄압에 얽힌 일화가 있다.

선교사 셔우드 홀은 한국에서 결핵으로 죽는 사람이 많은 것을 보고, 크리스마스 실을 만들어 팔아 결핵퇴치운동을 하고 있었다. 매년 실 제작을 해 오면서 아무런 문제가 없었는데, 유독 이 해에 인쇄까지 다 마치고 배부하기 직전에 일본 경찰이 들이닥쳐 압수해 간 것이다. 이미 당국의 허가를 받고 준비했던 홀은 당황스러울 수밖에 없었다. 알아보니, 그림에 산이 너무 높아서 군사 법에 어긋나며, 서기 1940년이라고 연도를 쓰면 안 되니 일본 정부의 연호를 쓰라는 등 일제의 억지스러운 트집에 불과했다. 원화를 그린 키스에게 홀이 저간의 사정을 이야기하자, 키스는 화가 많이 났지만 좋은 일을 위해서 참고 다시 그림을 그렸다. 금강산을 생각하고 그린 산은 대문 속에 집어넣어 이십 미터가 안 넘는 것으로 보이게 하고, 서기 연도 대신 '구 년째 발간ninth year'이라고 써넣었더니 일제가 허락을 했다. 이 이야기는 셔우드 홀의 자서전에 자세히 쓰여 있다.

이 작품을 포함해서 키스의 그림이 담긴 크리스마스 실은 세 번 발행되었는데, 1934년에는 〈아기를 업은 여인〉(81쪽)이, 1936년도 실에는 〈연 날리는 아이들〉(283쪽)이 사용되었다.—옮긴이

한국의 어린이들
Young Korea

1920, 목판화, 26.1×37.7

＊

색동저고리를 입은 여자아이와 두루마기에 예쁜 신을 신은 남자아이 등 어린이 셋을 나
란히 앉혀놓고 그렸다. 머리 모양과 의상, 신발 등이 그 시대를 말해준다.

제작 연도가 말해주듯 키스의 초기 작품 가운데 하나인데, 이 그림에 대해서는 별로 기록
이 없다.—옮긴이

연날리기
Kite-Flying

수채화, 《Old Korea》 수록

*

서울은 연날리기에 최고로 좋은 도시다. 연 날리는 철이 돌아오면 어느 날 갑자기 하늘이 온통 형형색색의 연으로 뒤덮인다. 웬만한 가게에서는 각종 크기의 연을 파는데, 값도 싸서 어떤 것은 불과 일 전밖에 하지 않는다.

여기에 그려본 것은 전형적인 아이들의 연 날리는 모습이다. 산등성이를 따라 축조된 성벽이 뒤로 보인다. 불행히도 성벽은 여기저기 파손되어 끊어진 데가 많다. 서울의 언덕은 경사가 완만해 애들이 쉽게 올라가서 연을 날릴 수 있다. 한국 어린이의 연 날리는 기술은 대단하다.

연은 가끔 높은 나무의 우듬지나 전신주 끝에 걸리는 사고를 만나기도 한다. 한국 종이는 질기기 때문에 나무에 걸려도 잘 찢어지지 않는다. 나무에 걸린 연은 바람이 불어 발기발기 찢어질 때까지 여러 날 유령처럼 매달려 있기도 한다. 비가 와도 삼월의 심한 바람이 불어도 나무에 걸린 연은 고집스럽게 거기에 달라붙어 있다.

정월 초하루가 되면 어른들도 연날리기 시합을 한다. 어른들은 주로 연싸움을 하는데, 이것은 상대방의 연줄을 끊는 놀이다. 연싸움을 잘하기 위해 연줄에다가 아교 섞은 유릿가루를 바른다. 게일 박사는 그의 저서 《한국풍물Korean Sketches》에서 한국의 연날리기 시합은 미국의 야구 경기만큼이나 흥미진진하다고 말했다.

연 날리는 아이들
Children Flying Kites

1936, 리소그래프, 49.5×36.5

*

키스는 선교사 로제타 홀Rosetta Hall과 가까운 사이로 서울에 올 때면 그 집에 유숙하곤
했다. 그 아들 셔우드 홀이 한국에서 처음으로 폐결핵 환자 요양원을 해주에 설립하고
운영할 때 모금을 위해서 크리스마스 실을 만들어 팔았는데, 키스가 그 도안을 세 번이
나 해주었다. 이 그림은 1936~1937년 크리스마스 실로 사용된 것이다. 추운 정월에 연
을 날리고 즐기는 남매의 모습이 그 당시 아이들의 의상이나 놀이 문화를 보여준다. 이
그림은 홍보 목적으로도 사용되고 엽서, 포스터 등으로도 만들어졌다. 왼쪽 하단에 키스
의 이름을 한자로 쓴 '기덕奇德'이라는 글자는 이 그림과 또 다른 크리스마스 실 원화인
〈아기를 업은 여인〉(81쪽)에만 있다.─옮긴이

284

사월 초파일
Buddha's Birthday (Korean Boy in Holiday Dress)

1919, 목판화, 26.5×16.8

*

이 그림은 사월 초파일, 부처님 오신 날에 예쁜 옷을 입은 아이를 그린 것이다. 키스 초기 작품 중 하나인데, 제목과 E.K.라는 이니셜, 손으로 쓴 엘리자베스 키스란 서명이 있다. 전통적으로 일본 목판화에는 화가의 서명을 그림 안에 넣지 않는 것을 감안하면, 이것은 키스가 서양 방식을 도입한 것이라 하겠다.

이 그림은 키스가 한국에 와서 그린 제일 첫 번째 그림인 것으로 보인다. 키스가 서울에 도착한 것이 삼월 이십팔일이었고, 이 아이는 영국 영사관의 소개로 모델을 서게 되었는데, 사월 초파일이 가까워 오는 시기였다. 영국 영사관에는 영어와 성경을 함께 공부하던 공간이 있었는데, 그곳에 오던 사람의 아들이라고 알려져 있다.—옮긴이

널뛰기
See-Saw

수채화, 《Old Korea》 수록

*

두 여자아이가 '뛰는 시소'인 널뛰기를 하고 있다. 주로 봄에 많이 하는 놀이인데 그네뛰기와 더불어 한국 여자들의 몇 안 되는 놀이다. 옛날 한국 양반가에서는 여자아이가 열한 살쯤 되면 안채에서만 살아야 하고 놀이는 담으로 둘러싸인 마당에서만 할 수 있었다. 그러면 여자아이들은 이 널뛰기를 하며 담 밖의 세상이 어떻게 생겼나를 잠깐 엿볼 수 있었다.

널뛰기는 사실 위험한 놀이이며 기술이 필요하다. 한쪽의 여자가 뛰어 올라갔다가 내려오면서 정확히 자기 자리에 온몸의 무게를 실으면, 그 힘으로 반대편의 아이가 하늘로 올라가는데, 어떤 때는 자기 키보다 더 높이 올라가기도 한다. 이 놀이는 이처럼 서로 교대해 오르내리는 동작을 반복하는 것이다. 놀이 도중에 발을 잘못 디디면 발이나 허리를 다칠 수도 있다. 하지만 여자아이들은 그런 걱정을 조금도 하지 않고 재미있게 널뛰기를 한다.

여자아이들의 짧은 저고리는 어머니나 할머니가 입은 것과 모양이 똑같다. 넓은 치마 밑에는 폭이 넓은 풍선 같은 속곳을 입는데, 겉의 치마가 얇은 천일 경우에는 속곳이 비쳐 보이기도 한다.

여자애들은 어릴 때부터 그들이 남자보다 못한 존재라는 가르침을 받는다. 어떤 때는 여자애들한테 이름조차 지어주지 않고 첫째, 둘째 하고 태어난 순서를 이름 대신 부르기도 한다. 이 그림 뒤에 애 업고 있는 어린 여자아이는 이름이 있지만 차라리 없는 것만 못했다. 왜냐하면 그의 이름은 'sorry' 즉 '섭섭'이었으니까. 그 여자아이가 집안의 다섯 번째 딸로 태어나서 식구들 모두에게 섭섭한 존재가 되어버린 탓이다.

이 집은 언덕 높은 곳에 위치해 멀리 보이는 산의 경치가 아름다웠다. 담장은 수수로 엮어서 만든 것이었다.

10

하와이의 한국인들
A Generation of Koreans in Hawaii

* * *

내 한국 친구들은 독립적이고, 철저한 이상주의자이며, 강인한 애국자다.
그들은 마음이 너그럽고, 늘 유머가 있으며, 친절하고, 오래된 것을 사랑하지만
새 것을 쉽게 받아들인다. 그들은 이 하와이란 섬의 중요한 일부가 되었다.
언젠가 한국이 다시 '고요한 아침의 나라'로 불리는 그날,
그들은 반가운 인사 알로하를 널리널리 전할 것이다.

* * *

　일제 치하의 한국을 용케 벗어난 애국지사들이 미국으로 건너와서 집결지를 형성한 것은 매우 자연스러운 일이고, 호놀룰루가 바로 그 중심지다. 호놀룰루에 있는 한미문화협회는 김창순 박사의 열성적인 지도로 활발히 움직이고 있으며 저명한 외국인들도 자신들의 이름을 후원자로 사용하도록 하는 등 많은 지원을 해주고 있다.

　한국 사람들의 친구인 앨리스 아펜젤러 박사Dr. Alice Appenzeller도 한미문화협회의 일원이다. 그는 한국에 갔던 선교사의 딸인데 서울에서 태어났으며, 한국의 이화여전 교장으로 거의 이십여 년을 활동했다. 아펜젤러 박사는 웰즐리, 컬럼비아, 그리고 보스턴 대학에서 학위를 받은 사람인데, 아랫글은 그가 미국에 살고 있는 한국인들에 대해서 쓴 것이니 한번 읽어볼 만하다.●

● 이하 아펜젤러 박사의 글은 인용문의 성격이지만, 긴 분량상 가독성을 높이기 위해 일반 본문 형식으로 처리했다.—편집자

하와이는 세계 각국에서 모여든 사람들이 사는 곳인데, 지난 몇십 년 사이에 하얀 저고리에 긴 치마를 입은 한국 사람이 섞이게 되었다. 나이 많은 사람들은 전통적인 한복을 여전히 입고 다닌다. 일본이 한국을 강제 점령하여 한국인을 몰아내기 시작하자, 미국은 피난처를 찾아오는 한국 사람을 받아들이기 시작했다. 1902년과 1905년 사이에 칠천여 명이 농장에서 일하려고 하와이로 건너왔다. 여기서 그들은 생계를 유지하고, 자녀를 자유로이 교육시키고, 또 주권을 되찾기 위한 독립운동도 할 수 있었다. 1882년 미국은 한국이 외국의 침략을 받을 경우 최선을 다해서 도와주겠다고 엄숙히 조약에 서명했는데도, 1905년의 러일전쟁 후에 일본이 한국을 그들의 보호국으로 만드는 것을 수수방관했다. 그리고 1910년 마침내 한국은 일본에 합병되었다.

한국 사람들은 하와이로 이민 온 다른 나라 사람들과 마찬가지로 사탕수수밭과 파인애플 농장에서 고된 노동을 하게 되었는데, 그 결과 하와이의 경제는 윤택해졌다. 오래전에 이민 왔음에도 영어를 잘하지 못하는 사람들은 아직 농장에서 일을 하지만, 다른 많은 사람은 차차 호놀룰루와 다른 도시로 옮겨갔다. 세탁업이나 봉제사업 등으로 군부대와 연결된 사람도 많고 가구점, 식료품점, 악기점 등을 운영하거나 구두 수선, 하숙 등을 하기도 한다.

그들의 자녀는 미국에서 태어났기 때문에 당연히 미국 시민이고 일본 정부의 압박에서 완전히 자유롭다. 일본은 진주만 폭격 이전까지만 해도 미국 시민권이 없는 한국인 이민자들을 자국 국민이라며 여러 가지로 간섭했다. 어린이들은 한국의 옛 모습에 대한 이야기를 항상 듣고 자랐으며, 한글학교도 다니고, 매운 한국 음식, 특히 김치도 잘 먹는다. 그렇지만 그들은 자신이 미국 시민임을 자랑스럽게 생각하고, 부모들도 자기 자식들이 영어를 배우고 미국에서 주는 모든 혜택을 누리기를 원한다.

한국 이민자의 2세들은 학업을 마치고 의사, 간호사, 교사, 목사, 사회봉사가, 변호사, 엔지니어 등 여러 분야에서 훌륭하게 활동하고 있다. 나는 미국 사회에 들어가서 여러 가지로 참여하는 한국 사람들을 눈여겨 보았는데, 인구수 대비 그 수가 많다고 할 수 있다. 한국 사람들은 신체가 건장하고 운동에 뛰어나며, 여자 아이들은 예뻐서 외모가 중요한 직종에서 많이 일하고 있다. 어느 일본 여자는 나한테 한국 여자들이 김치를 먹어서 예쁘다고 했다. 하와이에 남아 있는 한국 사람은 약 칠천 명인데 대부분 미국 시민이 되었다.

여기 사는 한국 사람들은 이미 오래전부터 그들만이 한국의 실상을 온 세상에 알려줄 수 있다는 것을 알고 있었다. 한국 내에 있는 사람들은 독일의 게슈타포보다도 더 잔인한 일본 경찰 때문에 도저히 의사 표시를 할 수 없었다. 미국에 사는 많은 한국 사람은 교육받지 못한 노동자였지만, 열심히 번 돈을 조국 독립운동에 헌납했다.

그렇지만 치밀하게 계획된 일본의 악선전으로 한국 사람의 성품이나 공적은 폄훼되었고, 온 세상 사람들은 그것이 실상인 양 그대로 믿었다. 일본은 줄기차게 한국 사람이 무식하고 후진적이라고 악평을 해댔다. 그러면서도 그들은 한국의 전략적 중요성을 잘 알았고 또 이천사백만 한국 사람이 강인하고, 지성적이며, 슬기로운 민족이라는 것을 알고 있었다. 일본 사람들이 한국 사람을 자기네 국민이라 하면서도 교육받을 기회를 주지 않고, 무기를 맡기지 않는 것은 그들을 두려워하고 있다는 증거다. 일본은 엄격하게 언론을 통제하고 정보기관을 통해 감시해 한국 내에서 일어나는 일을 외국에 알릴 수 없게 했다. 하지만 현지에 있던 선교사나 다른 사람들에 의해 참혹한 현실이 외부에 알려지게 되었고, 미국에 살고 있는 한국인들은 그것을 온 세상에 널리 알리려고 애를 썼다.

그러나 한국 사람들의 이야기에 귀를 기울이고 한국을 동정하거나 그들의 비극적 형편을 중대한 문제라고 생각하는 사람은 별로 없었다. 이처럼 세상 사람들이 한국의 실정을 무시하는 동안 한국인들은 그 억울한 불공정에 깊은 좌절감을 맛보았다. 마침내 그러한 감정은 폭발 직전의 화산처럼 뜨겁게 되었다. 한국 사람들은 자신들의 주장이 옳다는 것을 알았다. 한국이 독립해야 극동의 평화가

보장될 것이고, 일본이 권력을 유지하는 한 전쟁 이외에는 일본의 아시아 침략을 막을 수 없다고 보았다. 슬프게도 미국은 그런 경고를 귀담아 듣지 않았으며 그 결과 2차 세계대전을 겪으면서 수많은 생명을 희생시켰다. 한국 사람들은 마치 귀 먹은 사람에게 말하는 꼴이었으며, 그 미국이라는 귀머거리는 몸짓 언어마저 제대로 알아보지 못했다.

하와이에 거주하는 한국인 중에 제일 특이한 인물은 이승만 박사다. 그는 1913년 하와이에 도착했으며 여러 해 살았다. 그는 아직도 그가 창설한 동지회를 이끌고 있다. 프린스턴 대학에 다닐 때 우드로 윌슨 밑에서 공부했으며, 청년 시절 한국에 있을 때도 여러 가지 애국운동에 기여했다. 그는 많은 한국 사람의 존경을 받았고 한국 사람을 옹호하는 확신에 찬 말을 많이 했다.

1919년에 맨손으로 만세를 부르며 독립을 선언한 후에, 이승만 박사는 임시정부의 초대 대통령으로 지명되었으며, 나중에는 워싱턴 주재위원회의 의장으로 선정되었다. 그는 1916년에 한인교회를 만들었는데 그 교회는 여러 해 전부터 한인들의 교회였던 감리교 등 다른 종파의 사람들을 포함했기 때문에 분란이 일었다. 이 박사를 따르지 않는 사람의 숫자가 이제는 더 많으며, 통일 한인위원회도 그중 하나다.

최근 충칭重慶에 있는 임시정부에서 모든 한인은 단합하라는 훈시가 전달되었다. 그 훈시는 장제스蔣介石 총통의 지지하에 전달된 것이있다. 모든 단체가 총한인위원회에 참가했으나 동지회만은 참가하지 않았다. 이 글이 인쇄되기 전에 동지회도 통일 총한인위원회의 일원이 되어 조국을 되찾는 데 합심하기 바란다.

분열 때문에 힘이 낭비되었지만, 한국인 단체들은 모두 조국의 완전한 독립을 원하는 데 일편단심이다. 나이 많은 구식 할머니부터 젊은 현대 여성까지 모두 다 조국애에 불타고 있다. 그들은 희생을 아끼지 않는다. 중국에서 싸우는 한국군에게 성금을 보내고, 선물도 한다(미국 정부에 이천육백만 달러를 전쟁 후원비로 보냈다). 또 전쟁비용을 충당하기 위해서 미국 정부가 발행한 채권도 사고, 여러 군수공장에서 일을 하기도 한다. 한국 사람들의 아들들은 전쟁에 가담하여 세계 이곳저곳에서 싸우고 있다. 제일 감리교회(호놀룰루)는 별이 쉰여덟 개가 있는 깃발을 미군에 복무하는 청년들을 위해서 걸어놓고 있다(왜 기에 별이 쉰여덟 개인지 설명이 없어 알 수 없다. 그 교회에서 군대에 나간 한국 청년의 수가 아닐까 짐작해본다 —옮긴이).

"한국 사람은 자기 몫을 꼭 합니다." 한 농장 직원이 내게 한 말이다. 어느 미군 부대 관리자는 한국 사람이 일을 제일 잘한다고 했으며, 호놀룰루 교장도 한국계 여학생이 다른 학생보다 기회를 잘 이용한다고 했다. 미국은 한국 사람에게 잘해주었고, 한국인들은 그것을 알고 감사하게 생각하고 있다. 한국 사람들은 전쟁에 적극 협조했고, 전선戰線이 차차 일본에 가까워질수록 그들의 공헌은 중요해졌다. 많은 사람이 한국어와 일본어 통역으로 일했다. 유고슬라비아에서 추락해 사망한 군용 비행기 조종사의 부인은 지금 하와이 대학에서 주택 건축을 공부하고 있는데, "언젠가 한국에서 유용할 것이기 때문"이라고 한다.

내 한국 친구들은 독립적이고, 철저한 이상주의자이며, 강인한 애국자다. 그들은 마음이 너그럽고, 늘 유머가 있으며, 친절하고, 오래된 것을 사랑하지만 새것을 쉽게 받아들인다. 그들은 이 하와이란 섬의 중요한 일부가 되었다. 언젠가 한국이 다시 '고요한 아침의 나라'로 불리는 그날, 그들은 반가운 인사 알로하를 널리널리 전할 것이다.

이순신 장군 초상화 (추정)

* * *

키스는 이 작품을 그릴 때 이순신이 특별한 인물이라고
생각했음이 틀림없다. 이 초상화가 키스가 평생 그린 그림 가운데
제일 크기 때문이다. 또 키스는 인물을 그리면서 배경으로
그 인물과 관련 있는 그림을 집어넣는 일이 많았는데,
이순신 초상화의 배경으로 거북선만 한 상징물은 없다.
다른 무인을 그리면서 거북선을 배경에 넣을 수 있을까?

이순신 장군 초상화 (추정)
Admiral Yi Sun-sin

수채화, 77×55

*

그림 속 주인공은 조선 시대 군인들의 복장인 융복을 입었고, 머리에는 하얀 새털이 달린 전립을 썼다. 오른손에는 등채라는 지휘봉을 거머쥐고, 의자에 앉아 오른편을 응시하고 있다. 얼굴은 전투에 시달리는 무인답게 야윈 편이며, 똑바로 뜬 눈은 사람을 꿰뚫어 보는 듯하고, 굳게 닫은 입은 부드러우면서도 결의에 찬 느낌이다. 치켜진 눈, 반듯한 귀, 단정하게 다듬어진 수염으로 보아 보통 무인이 아님이 확연하다.

배경에는 거북선과 판옥선 여러 척이 붉은 깃발을 휘날리며 일제히 한 방향으로 전진하는 모습이 그려져 있다.

키스의 수채화가 으레 그렇듯이, 이 그림 역시 누구를 그린 것이라고 명기되어 있지 않다. 하지만, 한국 역사에 거북선을 지휘하며 혁혁한 전공을 세운 무인은 임진왜란 당시 전승의 기록을 세우며 나라를 구한 충무공 이순신 장군밖에 없다. 다음 쪽에 이 그림의 발견 및 입수 경위와 추정의 구체적인 근거 등을 상세히 밝혀두었으니 참고 바란다.—옮긴이

* * *

이번 기회에 〈이순신 장군 초상화〉(추정)의 발굴 경위와 옮긴이의 견해를 밝히고자 한다. 엘리자베스 키스는 1956년에 사망했는데, 친척을 찾으면 키스에 대해 좀 더 알 수 있을 것 같아 수소문을 계속했다. 그러다 키스의 조카 애너벨 베러티Annabel Berretti가 캐나다 에드먼턴에 살고 있다는 사실을 알게 되었다. 수차례 편지와 전화가 오간 끝에 2007년 그의 집을 찾아갔다.

베러티 부부가 사는 집은 에드먼턴 교외에 있었는데, 숲에 가려 옆집도 안 보일 만큼 한적한 곳이었다. 실내 벽에는 그림과 사진이 빈틈없이 걸려 있있다. 그날 저녁 식사를 대접받으며 베러티 부부와 이야기를 나누었다. 큰오빠 스튜어트는 한국전쟁에 참전했다고 한다. 그는 한국에 있는 동안 새 관찰에 취미를 붙여 세계를 돌아다니며 새를 연구하다가 미국 전국 학회장까지 지냈는데 몇 년 전에 사망했다. 애너벨의 남편 맥스는 사슴을 사냥해서 일 년 내내 사슴 고기를 먹는다는 이야기를 늘어놓았다. 유감스럽게도 애너벨은 고모에 대해 아는 것이 거의 없다고 말했다. 비행기를 타고 대륙을 건너 거기까지 찾아간 옮긴이로서는 실망이 이만저만이 아니었다. 앨범 속 어딘가에 가족사진이라도 한 장 없느냐고 물었지만 그런 것도 없다고 했다. 애너벨은 자기 아버지가 캐나다로 일찍 이민 왔고, 어릴 적 런던에 가면 고모는 여행 중이기 일쑤였다고 설명을 덧붙였다.

이튿날 다시 찾아갔더니 애너벨이 고모의 그림을 보여주겠다며 꺼내 왔다. 우선 그 많은 그림을 소장한 데 놀랐다. 그림의 보존 상태도 좋았다. 수채화나 목판화는 시간이 흘러 햇빛에 오래 노출되면 퇴색하기 쉬운데, 색깔이 아주 선명했다. 대략 오륙십 장은 되어 보였다. 오래전 어딘가에 깊숙이 넣어두곤 까맣게 잊고 있었던 것 같다. 엘리자베스 키스가 죽은 지 어언 오십여 년이 흐른 그때, 어떻게 애너벨이 그 그림들을 갖게 되었는지는 물어보지 못했고, 그가 자진해서 설명해주지도 않았다. 베러티 부부는 키스의 그림이 한국인에게, 특히 옮긴이에게 얼마나 의미가 큰지를 몰랐을 것이다. 친척의 유품을 보관하기는 했지만 그리 귀하게 생각하지 않았던 것 같다.

목판화는 옮긴이가 이미 알고 있는 작품들이었고, 오리지널이라 할 수 있는 수채화가 몇 점 있었다. 그중 푸른 옷을 입은 조선 시대 무인의 초상화가 눈길을 끌었다. 직감적으로 '어, 혹시 이순신?' 하는 생각이 들었지만, 워낙 그림이 많아 하나씩 자세히 보지 못했다. 수채화는 대개 필리핀 여러 섬나라의 풍경을 담은 것이었다.

처음 만난 터라, 그림을 팔 생각이 있다면 한 장이라도 사고 싶다는 말은 하지 못했다. 비행기 시간에 맞춰 떠나면서 급히 이런 말만 남겼다. "꼭 수채화들을 사진으로 찍어 보내주세요. 사진사에게 주는 비용은 제가 부담하겠습니다."

푸른 옷을 입은 무인의 그림은 유난히 커서 두 번을 접어두었기에 종이가 구겨지고 금이 있었다. 키스가 남긴 수채화는 목판화보다 조금 큰 것도 있지만 대개 목판화 크기다. 수채화는 유화에 비해 보존이 어려워 웬만큼 정성을 들이지 않으면 보관 중에 손상되기 십상이다. 한국을 방문한 몇몇 화가의 그림도 거의 없어졌다. 지금껏 키스 말고 다른 서양인 화가들의 그림도 찾아보았지만, 오리지널은 수채화든 유화든 거의 없었다. 다만 한국을 찾아왔던 일본인 화가들의 목판화가 열대여섯 점 남아 있을 뿐이다.

애너벨은 일 년여가 지난 뒤에야 오리지널 수채화들의 디지털 이미지를 보내주었다. 그 사진들을 자세히 살펴보지 못한 채 2012년 《키스, 동양의 창을 열다》를 펴낼 때 작품 목록에 올려두었다. 그 무인의 그림은 〈청포를 입은 무관Man in Blue〉이라고 제목을 붙이기만 했다. 몇 년 후 애너벨과 맥스가 세상을 떠났는데, 옮긴이는 한참 후에 알게 되어 조의도 제대로 표하지 못했다. 이후 캐나다에 사는 그 부부의 딸에게 연락해서 그림을 사고 싶다는 뜻을 전했다. 그 딸은 형제간에 상속 문제를 해결한 다음, 그림은 친척이나 친지 중 원하는 사람에게 먼저 판 후에 남은 것을 팔겠다고 했다. 그래서 남은 그림을 모조리 도매처럼 사 왔는데, 그중 하나가 바로 〈청포를 입은 무관〉이었다. 다른 그림 중에는 상품 가치가 전혀 없는 습작 수준의 것도 있었지만, 어느 미술관에든 기증하여 훗날 키스 연구에 도움이 될까 하여 받아두었다.

문제의 그림을 집에서 찬찬히 살펴보니, 약간 구겨져 있었지만 생각보다 덜 손상되었고, 채색은 흠 잡을 데가 없었다. 그래서 넓은 탁자 위에 펴놓고 커다란 유리로 덮어 반년 이상 두었더니 똑바로 펴졌다. 전문가에게 맡겨 액자를 만들고 자외선을 구십구 퍼센트 막아준다는 특수 유리를 끼웠더니 어느 미술관에 놓아도 손색없는 작품이 되었다.

그림 속 주인공은 조선 시대 군인의 복장인 융복을 입었다. 머리에는 하얀 새털 같은 깃이 달린 전립을 썼다. 등채라는 지휘봉을 오른손에 비스듬히 거머쥔 채 나무 의자에 앉아 오른편을 보고 있다. 치켜진 눈, 단정한 수염에서 권위가 느껴진다. 얼굴은 야윈 편이며, 똑바로 뜬 눈은 사람을 꿰뚫어 보는 듯하고, 굳게 다문 입은 부드러우면서도 결의에 찬 느낌이다. 왼쪽 귀도 반듯하게 생겼다. 설령 다른 옷을 입혀놓는다 해도 나약한 문인의 인상은 전혀 아니다.

무사 뒤에 그려진 선박들도 시선을 사로잡는다. 거북선과 판옥선 여러 척이 붉은 깃발을 휘날리며 일제히 한 방향으로 전진하는 모습이다. 왼쪽 하단에도 희미하지만 자세히 들여다보면 배들이 그려져 있다.

한국 사람은 거북선 하면 이순신을 생각하게 되고, 이순신 장군 하면 거북선을 떠올리지 않을 수 없다. 하지만 영국의 화가 키스가 정말 이순신을 그렸을까? 해석이 좀 필요할 것 같아 인터넷으로 검색해보니 박종평이라는 이름이 뜨며 이순신 전문가라고 되어 있었다. 고백하건대 그 당시에는 박종평 선생이 《난중일기》를 번역하고, 여러 편의 글을 쓰고, 특히 이순신 장군의 초상화를 자세히 연구한 사람인 줄 몰랐다. 마치 장님이 문고리를 요행스레 잡듯 가장 적합한 전문가를 우연히 찾은 것이다.

생면부지의 박종평 선생에게 이메일을 보내면서 핸드폰으로 찍은 초상화 사진을 첨부해 감정을 의뢰했다. 뜻밖에도 박종평 선생은 속히 답을 주었다. 그 후 박종평 선생과 여러 번 연락을 주고받았지만 아직 만나지는 못했다.

2014년에 보도된 〈이순신 장군 초상화 어디로 갔을까〉(《주간경향》 1078호)에 따르면, 일제 강점기까지 우리나라에는 네 곳 이상의 이순신 장군 사당에 오래된 초상화가 걸려 있었는데 지금은 하나도 남은 것이 없다. 오래되었지만 출처나 작자가 불분명한 초상화 한 점이 동아대 박물관에 남아 있을 뿐이다.

박종평 선생은 키스가 그린 초상화가 청전 이상범의 그림과 유사한 점이 많다고 감정했다. 이상범은 1932년 동아일보 사장 송진우의 부탁으로 현충사에 모실 충무공 영정을 그리게 되었다고 한다. 이상범은 한산도 제승당에 있는 영정을 사본해 오기도 하고, 통영·여수 등 남해 일대에 있었던 초상화를 두루 돌아보고 작품을 만들었는데, 좀 더 명장 모습으로 만들려고 "얼굴에 살도 붙이고, 수염도 힘 있게 붙이고 여러 가지로 만들어놓았다"고 한다. 그 후에 그려진 초상화들은 모두 유명 화가들의 상상력이 더해진 그림이다.

박종평 선생의 감정을 받고 난 뒤 경향신문과 KBS에서 '영국 화가 키스가 그린 이순신 초상화가 최근 발굴되었다'고 보도했고, 곧이어 인터넷 여러 곳에서 기사를 인용한 글이 올라왔다. 그런데 박종평 선생에게 이메일로 보냈던 사진은 방바닥에 비스듬히 세워놓고 찍은 것이었다. 대충 찍었던 것을 후회했지만, 이제 와서 그런 사진을 인터넷에서 회수할 수는 없다. 이 책에 실은 〈이순신 장군 초상화〉(추정)는 나중에 전문 사진사가 찍은 것이어서 화질이 훨씬 좋다.

키스의 〈이순신 장군 초상화〉(추정)가 얼마나 오래되었고, 이순신 장군의 모습에 얼마나 가까운지는 한국의 여러 역사·미술 전문가가 판단해줄 거라 믿는다. 다만 옮긴이가 생각하고 느낀 바를 간단히 적어보겠다. 먼저 작품 연도나 제목이 없음을 밝힌다. 일반적으로 목판화에는 제목을 영어로 붙이고, 엘리자베스 키스가 서명을 하고 연도도 밝혔지만, 수채화 원본은 대개 제작 연도, 서명, 제목이 없다. 판화는 여러 사람에게 팔면서 선물하듯 연필로 서명해주었을 텐데, 수채화는 하나뿐이라 그러지 못했을 것이다.

엘리자베스 키스는 정확한 사실화를 그린 화가다. 상상화나 추상화와는 거리가 먼 화가이며 인상파나 입체파도 아니다. 언제나 실물을 그렸으며, 모델을 구해 직접 보면서 카메라로 찍듯이 정밀하게 그림을 그렸다. 키스가 일본이나 중국보다 한국을 소재로 그림을 많이 그린 이유도, 물론 한국을 좋아해서이기도 했겠지만, 한국에서 모델을 쉽게 구할 수 있었기 때문이다. 키스가 한국에 오면 서양 선교사 여럿이 모델을 찾아주기노 했고, 한국 사람이 일본 사람이나 중국 사람보다 흔쾌하게 모델을 서주기도 했다. 중국이나 일본은 이미 서양식 그림이나 화가에 익숙했지만, 한국은 아직 그렇지 않을 때였다. 고종이 휴버트 보스Hubert Vos나 헨리 새비지랜도어A. Henry Savage-Landor에게 초상화를 그리기를 부탁하고 사례를 잘했던 것도 이런 시대 환경의 일환이었다. 온건개화파인 운양 김윤식도 팔순이 넘은 나이였지만 정식으로 관복을 차려입고 초상화를 그리는 데 응했다(187쪽).

키스는 이 작품을 그릴 때 이순신이 특별한 인물이라고 생각했음이 틀림

없다. 이 초상화가 키스가 평생 그린 그림 가운데 제일 크기 때문이다(이미지만 77cm×55cm). 단언컨대 키스의 작품 중 이보다 큰 그림은 없다. 운양 김윤식의 초상화도 일본 전통 목판화보다 약간 클 뿐이고, 다른 작품은 모두 판화 크기로 한정되었다. 키스가 수채화를 그릴 때 목판화가 수용할 수 있는 크기를 감안해서 그렸기 때문이다. 예컨대 〈무인〉의 크기가 41.5cm×27cm인데 목판화의 크기는 대개 36.9cm×23.4cm 정도다.

키스는 항상 스케치 도구를 들고 다니다가 모델을 만나거나 마음에 드는 풍경이 있으면 즉석에서 그림을 그리고, 집에 돌아와서 완성하곤 했다. 방랑의 화가로서 키스는 어느 편지에서 한탄했듯이 평생 자기만의 화실을 가지고 그림을 그린 적이 없었다. 짐작컨대 키스는 〈이순신 장군 초상화〉(추정)를 중요한 위인의 위상에 맞춰 크게 그리고, 서울을 방문했을 때 어느 집의 방 안에서 수채 작업을 했을 것이다.

서양인 화가가 이순신 장군을 어떻게 알았을까 하는 의구심은 접어두어도 된다. 키스 자매는 한국 역사·문화에 대한 관심이 지대했고, 한국의 풍속과 사람들을 관찰한 기록을 많이 남겼다. 키스에게 여러 번 모델을 구해주고, 한국 생활을 안내해준 선교사 제임스 게일은 한국에 관한 책을 여러 권 저술한 사람이다. 당시 한국에 있던 서양인들은 서로 잘 알고 지낼 수밖에 없는 소수 집단이었다. 특히 키스와 게일은 같은 스코틀랜드 출신이어서 더욱 허물없이 지냈다.

키스는 임진왜란 때 일본이 조선의 도공들을 납치해 간 사실도 알고 있었고, 해방 후에는 일제 강점기에 일본이 가져갔던 문화재를 한국에 돌려줘야 한다고 주장했다. 한번은 경복궁에 있는 박물관에 갔다가 신라 시대로 추정되는 묘에서 발굴한 오래된 조각상 한 쌍을 보고 크게 감명하여 이튿날 다시 가서 수채화로 남긴 적도 있다(다음 쪽). 그만큼 키스는 한국 문화에 대한 애정이 깊었다. 그 그림은 지금 오리건 대학의 조던 슈니처 미술관에 소장되어 있다. 이렇게 한국 역사를 많이 알고, 한국 문화를 사랑한 키스가 이순신을 몰랐을 리 없다. 또한 당연히

한국 묘 조상彫像 1, 2 Korean Tomb Statuette 1, 2
수채화, JSMA 제공

키스는 한국의 영웅 이순신 장군의 초상을 그리고 싶었을 것이다.

배경에 그려진 거북선과 판옥선도 임진왜란 당시를 그렸을 거라고 확신하게 한다. 키스는 인물을 그리면서 배경으로 그 인물과 관련 있는 그림을 집어넣는 일이 많았다. 망해버린 조선 왕조의 슬픈 유산이라 할 수 있는 환관을 그리면서는 배경으로 경복궁과 북악산을 그렸고(263쪽), 순정효황후의 사촌 동생을 그릴 때는 그가 왕가의 일원임을 알고 배경에 용을 그린 병풍을 넣었다(199쪽). 궁중 예복을 입고 입궐하려는 청년을 그리면서는 배경에 광화문과 해태상을 그렸고

(135쪽), 농부의 배경으로는 소를 그렸으며(229쪽), 막일꾼인 필동이의 배경에는 지게를 그려 넣었다(255쪽).

이순신 초상화의 배경으로 거북선만 한 상징물은 없다. 다른 무인을 그리면서 거북선을 배경에 넣을 수 있을까? 유명한 한국 화가들이 이순신 초상을 그리면서 거북선을 배경에 넣지 않은 것은 유감스러운 일이다. 그들이 그린 초상화는 하나같이 점잖고 온화한 양반의 인상이다. 이당 김은호는 갑옷을 입은 무인으로 이순신을 그렸지만, 약간 격이 떨어질 뿐 아니라 시기적으로 훨씬 뒤에 아무런 근거 없이 그린 그림이다. 이 점에서 키스가 그린 초상화의 의미가 더욱 크다고 할 수 있다. 키스의 한국 역사 지식과 대상에 대한 이해도가 깊었음을 단적으로 보여주기 때문이다.

거북선 하면 한국 최초의 크리스마스 실seal에 관련된 이야기를 빼놓을 수 없다. 엘리자베스 키스는 서울에 올 때면 대개 의료 선교사 로제타 홀Rosetta Hall의 집에 머물며 여기저기 짧은 여행을 하곤 했다. 로제타 홀은 남편과 함께 우리나라에 와서 의료 선교 사업을 했는데, 남편은 청일전쟁 후 만연하는 전염병 환자를 치료하다가 병이 옮아서 사망했다. 그 후 로제타는 평생 의료 사업을 하면서 여성 의료 교육 시설을 세웠는데 그것이 현재 고려대 의과대학의 전신이라 할 수 있다. 그는 한국 최초의 여의사 박에스더를 미국에 보내 교육시켰고, 한국 시각장애인을 위한 점자도 개발했다.[*]

로제타의 아들이 한국 최초로 크리스마스 실을 만든 셔우드 홀Sherwood Hall이다. 2대에 걸쳐 선교활동을 편 이 가족의 이야기는 셔우드 홀의 자서전《조선회상With Stethoscope in Asia: Korea》에 자세히 담겨 있다. 셔우드 홀은 한국 최초의 폐결핵 요양원을 해주에 세워 운영했다. 그러던 중 치료비 모금을 위해 크리

---

[*] 로제타 홀에 대해서는 많은 자료가 있지만, 특히《로제타 홀 일기 1~6》(양화진문화원 엮음, 김현수 외 옮김, 홍성사, 2015~2017)을 참조하기 바란다.

스마스 실 운동을 생각해냈다. 크리스마스 실을 처음 만든 1932년, 그는 디자인을 어떻게 할까 하다가 거북선 그림을 넣기로 했다. 그러나 일제는 일본 수군을 물리친 이순신이나 거북선을 넣은 크리스마스 실을 허용하지 않았다. 셔우드 홀 박사는 할 수 없이 남대문 그림을 넣었다. 이처럼 선교사 로제타 홀의 가족은 거북선을 익히 알고 있었다. 그들의 집에 머문 키스도 분명 알고 있었을 것이다.

키스는 무인 복장의 사람을 하나 더 그렸다. 'The Warrior'라는 제목을 단 작품으로 한국어로는 단순히 '무인'이라 옮겼다(231쪽). 《동양의 창》에 실린 회고에 따르면, 한번은 "키가 크고 인상이 강한" 약재상을 모델로 구하고 옛날 무인 복장으로 갈아입혀 그림을 그렸다. 이 무인은 구한말 복장인 붉은 옷을 입고, 오른손에 등채를 쥐고, 왼쪽 허리에 검을 차고 서 있다. 머리에는 화려한 전립을 썼는데, 키스는 '저런 옷을 입고 어떻게 싸움을 할까?' 하고 의아해했다. 이 무인 그림은 목판화 크기인데, 목판화로 제작되지 않고 그냥 수채화로 남아 있다가 경매에 나와서 옮긴이가 수집할 수 있었다. 이 그림 속 모델의 얼굴과 이순신 초상의 얼굴을 비교해 보면 분위기가 판이하게 다른 것을 알 수 있다.

〈이순신 장군 초상화〉(추정)든 〈무인〉이든 모두 제작 연도가 없어서 정확히 언제 그렸는지를 알 수 없다. 〈무인〉은 1928년에 출판된 《동양의 창》에 실렸으므로 그 이진 작품이 확실하며, 1921년경으로 짐작된다. 〈이순신 장군 초상화〉(추정)도 키스가 일본을 떠난 1936년 전에 그려진 것은 확실하지만, 언제인지를 증명할 수는 없다. 1921년일 수도 있고 1931년일 수도 있는데, 키스가 한국을 소재로 한 작품을 제일 활발하게 만들었고 일본 제국주의에 대한 감정이 확실했던 1921년일 가능성이 높다고 본다. 1921년 이후 엘리자베스 키스는 중국, 필리핀 등 여러 나라를 여행하며 다채로운 풍물에 심취하며 지냈고, 1924년 이후에는 영국을 두 번 왕래했다.

옮긴이가 상상력을 발휘해 추리해보자면 이렇다. 1920년대만 해도 남해 몇 도시에 이순신 사당이 있었고, 서양인을 포함한 관광객이 남해의 경치를 즐기며 유적지를 여행했다. 키스가 그곳에 가서 사당에 걸린 그림을 스케치해 왔을 수 있다. 서울로 돌아와 작품활동을 하던 중 〈무인〉을 먼저 그리게 되었다. 한국이 일본의 식민지로 전락한 그 시점에 키스는 옛 무인의 모습을 남기는 것이 뜻있는 일이라고 생각했을 것이다.

뒤이어 키스는 남해에서 보았던 이순신 초상화를 근거로 작품을 그리기 시작했는데, 이순신의 역사적 위상을 고려해 크기를 크게 잡기로 했다. 키스는 아마 방바닥에 펴놓고 그렸을 텐데, 이번에는 〈무인〉처럼 붉은색을 쓰지 않고 푸른 옷을 택했다.

선조가 평양도 지키지 못하고 도망가던 형편에, 바다에서 연전연승을 기록한 절세의 명장 뒤에는 당연히 돌진하는 거북선이 들어가야 했다. 거듭 말하지만, 키스는 언제나 사실화를 그렸다. 살아 있는 모델이든, 다른 사람의 그림에서 본 모습이든, 또는 책에서 본 모습이든 자기 눈으로 본 모습만을 정확히 화폭에 담았다. 배경에 넣은 거북선도 어디선가 보고 그렸을 텐데 출처가 어디인지는 알 수 없다. 키스가 본 거북선은 이순신 종가에서 보관하던 그림일 수도 있고, 옮긴이도 읽은 바 있는 춘원 이광수의 《이순신》에 나오는 〈전선 및 거북선 모형도 중 전라 좌수영 거북선〉일 수도 있고, 그런 여럿을 종합해 그린 그림일 수도 있다. 판옥선 역시 어디에서 보고 그렸는지 알 수 없다.

키스는 무인을 그린 두 그림 모두 수채화로만 남길 수밖에 없었다. 일제 강점기에 무인의 그림을 판화로 만들기는 어려웠을 것이다. 키스의 목판화는 모두 도쿄에 있는 와타나베 공방에서 만들었는데, 키스의 작품을 목판화로 만들던 와타나베가 조선 무인의 그림을 판화로 만들기 주저했을 수 있다. 어쩌면 인기가 없어서 팔리지 않을 것이라고 생각했을 수도 있다. 키스 자신도 〈이순신 장군 초상화〉(추정)는 목판화로 만들 생각이 아예 없었고 일제 강점기에 전시할 수도 없었을 테니, 그대로 다른 그림들과 함께 한구석에 보관할 수밖에 없었을 것이다.

벌써 그때쯤에는 한국을 자주 드나드는 키스에게 일본 관원들이 껄끄러운 시선을 보내면서 통관할 때 여권을 휴대하지 않았다고 일본 입국을 불허하기도 했다. 키스가 한국은 일본에 속해 있으니 여권이 필요 없을 뿐 아니라, 전에도 여권 없이 여행했다고 항의했지만 소용없었다. 할 수 없이 유력한 친구를 동원해 그의 보증으로 통과했다. 전시 체제로 들어서면서 일본은 한국인에게 우호적인 태도를 취하는 서양인들을 경계했다. 급기야 서양인 대다수를 한국에서 이런저런 구실로 추방했다. 셔우드 홀 박사도 1940년 외국의 첩자라는 어처구니없는 누명을 쓰고 추방당했다.

팔십여 년이 지난 지금, 키스가 그린 초상화의 제작 과정이나 전수 내력의 증거를 댈 수는 없다. 하지만 키스의 초상화는 이순신 장군의 실제 모습에 가장 가까울뿐더러 제일 오래된 작품으로 생각된다. 이당 김은호가 그린 영정은 1949년 작품이고, 현재 표준 영정으로 지정된 장우성 화백의 영정은 1952년 작품이다. 이상범 화백이 보고 복사본을 만들어 참고했다는 1932년 작 초상화는 원본이 이미 없어진 지 오래다.

키스가 아무리 우리나라를 사랑했다 한들, 서양인의 그림이 충무공 이순신 영정에 합당할 것이라는 생각은 우리 국민 정서에 맞지 않을지도 모른다. 어쨌든 옮긴이는 이 초상화를 보며 엘리사베스 키스에게 감사한 마음을 금할 수 없다. 현재 옮긴이의 서재에 걸려 있는 이 그림을 언제든 한국으로 돌아가게 하여, 이순신 장군을 기리는 모든 사람이 볼 수 있도록 해야 할 것이다.

부록
같은 소재를 그린 다른 기법의 그림들

*　　*　　*

엘리자베스 키스는 한국 여기저기를 다니면서
그림을 그릴 때, 우선 대상을 앞에 놓고서 스케치를 하고,
숙소나 작업실로 돌아가서 수채 작업을 한 뒤,
일본으로 돌아가서 판화 작업을 했다.
그래서 같은 소재를 두고 서로 다른 기법으로
표현한 그림이 여럿 있다.
이런 그림들을 비교하며 볼 수 있도록 나란히 배치했다.

장기 두기
A Game of Chess (1 of 4)

1921, 목판화, 31.2×42.4

장기 두기
A Game of Chess (2 of 4)

1921, 수채화, 31.2×42.4, JSMA 제공

모자 母子
Korean Mother and Child (1 of 2)

1929, 에칭, 33×26

모자母子
Korean Mother and Child (2 of 2)

1929, 수채화, 33×26, JSMA 제공

신부
Korean Bride (1 of 2)

목판화, 41×29.5

신부
Korean Bride (2 of 2)

1919, 수채화, 《Old Korea》 수록

정월 초하루 나들이
New Year's Shopping, Seoul (1 of 2)

1921, 목판화, 38×25.7

정월 초하루 나들이
New Year's Shopping, Seoul (2 of 2)

1921, 수채화, JSMA 제공

평양 강변
Riverside, Pyeng Yang (1 of 2)

1925, 목판화, 38×25.5

평양 강변
Riverside, Pyeng Yang (2 of 2)

수채화, 《Old Korea》 수록

금강산 절 부엌
A Temple Kitchen, Diamond Mountains (1 of 2)

1920, 목판화, 34.5×26.7

금강산 절 부엌
A Temple Kitchen, Diamond Mountains (2 of 2)

1920, 수채화, JSMA 제공

왕릉 앞에 선 시골 선비
Country Scholar before a Royal Tomb

1921, 수채화, 39×28.8,《Old Korea》수록

혼자 서 있는 시골 선비
Country Scholar Standing Alone

1921, 수채화, 36×21.5

시골 선비
The Country Scholar (1 of 2)

1921, 에칭, 29.8×39.4

시골 선비
The Country Scholar (2 of 2)

수채화, 《Old Korea》 수록

해제

엘리자베스 키스의 삶과 한국 소재 그림

* * *

옮긴이 송영달

서양인에게 조선은 오랫동안 미지와 은둔, 금단의 나라였다. 쇄국 정책을 고수하던 시절, 조선은 서양인이 표류하다가 들어오면 붙잡아두거나 즉시 바다로 돌려보냈다. 1882년 조미수호통상조약을 시작으로 서양에 문호를 개방하면서 많은 외교관, 여행가, 상인, 기자, 선교사가 조선에 들어왔다. 청일전쟁, 러일전쟁을 거쳐 조선이 일본의 식민지가 되고 나서는 더욱더 많은 서양인이 들어왔다. 그들은 자신이 보고 경험하고 알게 된 것을 글이나 그림으로 자기 나라에 알렸고, 그제서야 한반도에 조선이라는 나라가 존재한다는 것이 서양에 알려지게 되었다.

이사벨라 비숍Isabella B. Bishop, 헨리 새비지랜도어A. Henry Savage-Landor, 제임스 게일James S. Gale, 릴리아스 언더우드Lillias H. Underwood, 프레더릭 매켄지Frederick A. McKenzie, 콘스탄스 테일러Constance Taylor, 에밀리 켐프Emily G. Kemp, 에드워드 와그너Edward W. Wagner 등 꽤 많은 사람이 중요한 역사 기록을 남겼다. 그중 키스 자매는 누구보다도 섬세하고 생생한 그림으로 20세기 초반 한국인의 생활 모습을 《올드 코리아*Old Korea*》(1946)에 담아냈다. 정확히 말하면 그림은 전적으로 엘리자베스 키스의 작품이고 글은 대개 언니 엘스펫이 썼다.

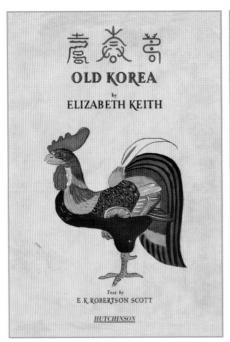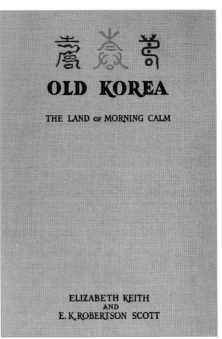

《올드 코리아》 원서의 겉표지(왼쪽)와 속표지(오른쪽)

이 글에서는 엘리자베스 키스의 생애와 화가로서의 활동, 그리고 한국을 소재로
한 그림을 살펴보기로 하겠다.

엘리자베스 키스의 생애

엘리자베스 키스는 어린 시절 아버지가 세관에서 일한 덕분에 비교적 편안
하게 살았다. 엘리자베스에게는 오빠 하나, 언니 셋, 그리고 남동생 넷이 있었다.
대학 진학이 흔치 않은 때였지만 아홉 남매는 모두 교육을 받았고 한 명은 대학
까지 졸업했다. 네 자매도 모두 고등교육을 받은 지식인이었다. 맏언니 엘스펫
은 작가가 되어 글을 쓰면서, 출판사 대표인 남편을 도와 평생 일했다. 둘째 언니
제시Jessie는 1930년대에 동양 각국을 키스와 함께 여행하며 매니저처럼 도와주

었는데, 편지를 쓴 필체가 뛰어났다. 셋째 언니 레이철Rachel은 유명한 화가 안톤 판 안루이Anton van Anrooy와 결혼했다.

막내딸인 엘리자베스는 미술 재능과 명석한 두뇌를 가졌을 뿐 아니라, 성품이 낙천적이어서 어떤 상황에서도 유머를 잃지 않았다. 그는 다른 문화에 끝없는 호기심을 느끼며 개척자처럼 뛰어들었다. 깊은 신앙심, 무엇이든 있는 그대로 받아들이는 포용심도 가지고 있었다.

키스의 출생과 사망에 대해서는 잘못된 자료가 많다. 그는 스코틀랜드 동북부의 항구 도시 밴프Banff에서 태어났는데, 출생지가 맥더프McDuff로 나와 있는 자료도 있다. 두 도시가 물 건너 보일 만큼 가깝고 모두 애버딘셔Aberdeenshire라는 넓은 지역에 속하므로 애버딘셔에서 태어났다고 해도 무방하다. 시간이 흐르면서 지방 도시 체계가 바뀌기도 했고, 출생 신고를 어느 관청에서 했는지도 정확하지 않다.

키스의 출생 연도는 스코틀랜드 기록에는 1881년으로 되어 있는데, 많은 출판물에는 1887년으로 나온다. 스코틀랜드 정부의 공식 기록에 있는 다른 형제자매의 출생 연도를 고려하면 1881년이 맞을 것이다. 언제 누구에 의해 출생 연도가 1887년으로 기록되기 시작했는지는 알 수 없다. 사망은 1956년 런던으로 되어 있는데, 《런던 타임스》에 사망 통지가 되어 그렇게 된 것일 뿐 런던에서 죽었는지도 확실치 않다. 1956년에 옥스퍼드셔 이드베리Idbury에 살았다는 가족의 증언이 있기도 하다. 이드베리는 형부 존 로버트슨 스콧John Robertson Scott과 언니 엘스펫이 일본에서 돌아온 후 정착하여 《컨트리맨Countryman》이라는 잡지를 출판하며 죽을 때까지 살던 곳이다. 미국의 어느 미술관에서는 전시회를 열면서 키스가 2차 세계대전 후 미국에서 살았다고 도록에 적었는데, 그런 내용은 전혀 근거가 없다. 이런 세세한 기록이 미술사학에서 큰 의미가 있지는 않겠지만, 연구 과정에서 알게 되었기에 적어둔다.

키스는 아주 어릴 적 가족과 함께 아일랜드로 이사 갔다가 1898년 런던에

엘리자베스 키스

온 후 줄곧 런던에서 살았다. 런던 생활에 대한 구체적 기록은 찾을 수 없지만, 키스는 19세기 말 영국의 다른 보통 여자들처럼 요리와 바느질 등을 배우며 부모와 함께 집에서 지냈을 것이다. 그 시절 영국 사회에서 여자가 전문직에서 일하는 경우는 극히 드물었다.

　　그러던 중 키스에게 평생을 좌우할 기회가 찾아왔다. 언니 엘스펫이 일본 도쿄로 가게 된 것이다. 엘스펫의 남편 존이 일본을 연구할 겸해서 '뉴이스트New East'라는 출판사를 도쿄에서 운영했는데 키스를 초청했다. 미지의 세계에 대한 호기심이 남달랐던 키스는 1915년, 석 달쯤 일본에 머물고 오겠다는 생각으로 배에 올랐다.

일본은 키스를 단번에 사로잡을 만큼 매력적이었다. 그는 귀국하려던 배표를 팔아버리고 일본에 무기한 머물면서 카메라 대신 스케치북을 들고 다니며 눈에 띄는 모습을 그리기 시작했다. 홋카이도北海道에는 푸른 눈에 털이 많고 피부가 하얀 아이누족이 사는데 점점 사라져간다는 얘기를 듣고, 춥디추운 그곳을 찾아가 아이누족을 그리기도 했다.

마침 《런던 타임스》가 일요일마다 일본 편을 부록으로 만들기 시작했다. 많은 독자가, 특히 가정주부들이 새로 부상하는 일본에 대해 궁금해했기 때문이다. 키스는 《런던 타임스》에 일본의 군인, 가정부, 아이, 시장의 풍경 등을 흑백 스케치로 보냈고, 그런 삽화가 실리면 1~1.5파운드를 받았다는 기록이 있다. 어떤 이는 키스가 그런 스케치로 첫발을 어렵게 뗀 후 화가로 성공했다고 평한 바 있다.

1차 세계대전이 다가오면서 적십자사에서는 부상자를 위해 모금하는 방법을 고심하고 있었다. 형부 존이 유명인을 해학적으로 재미있게 그려서 팔면 어떻겠냐고 제안했고, 키스는 자진해서 참여하기로 했다. 키스는 당시 일본에 있던 서양인 또는 일본인 유명 인사들에게 초청 편지를 보내 본인 사진을 보내주거나 가능하면 직접 와서 모델을 서달라고 청했다. 예순여 명이 초청에 응했고, 키스는 그들을 우스꽝스러운 캐리커처로 그려 책으로 만들었다.

사람들은 캐리커처를 보고 폭소를 터뜨렸다. 점잖은 유명 인사에게 이상한 옷을 입히거나, 동물의 형상으로 만들거나, 묘한 자세로 그렸기 때문이었다. 모델이 된 사람에게는 그림 원본을 살 수 있도록 하고, 대중에게는 책을 팔아 상당한 액수를 적십자사에 기부했다는 기록이 있다. 이렇게 1917년 출간된 《웃고 넘깁시다Grin and Bear it》는 키스의 첫 책이 되었다. 옮긴이는 키스의 조카 애너벨 베러티의 집을 방문했을 때 키스가 생일을 축하하며 보내준 이 책의 서명본을 보았는데, 아무튼 이 책은 이제 서명이 있든 없든 희귀본이 되었다. 이 책이 출판된 후 키스는 도쿄에 사는 서양인 사이에서 '그림 잘 그리는 여자'로 알려졌다.

존이 영국으로 돌아갈 때가 다가오자, 키스 자매는 동양을 떠나기 전에 한국

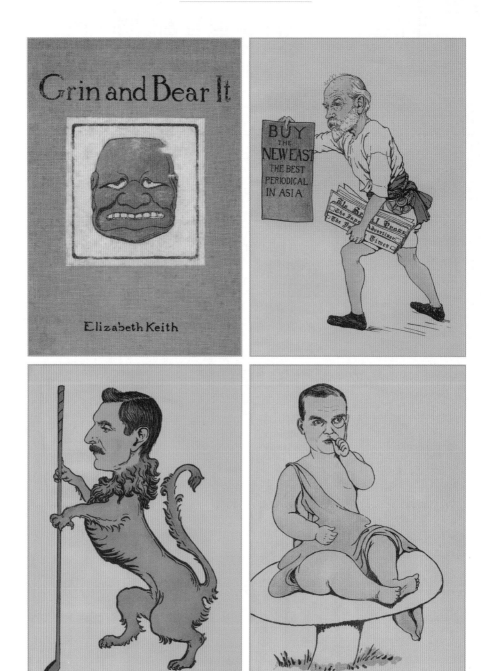

《웃고 넘깁시다》의 표지와 본문 일부

을 여행하기로 결정했다. 키스 자매가 한국에 간 때는 1919년 3월 28일이었다. 아직 3·1운동의 열기가 식지 않은 때였다. 일제의 무자비한 탄압으로 수많은 사람이 총칼에 맞아 죽고, 감옥에 들어가고, 부상당해 신음하고 있었다. 키스 자매는 부산에 도착해서 경부선 기차를 타고 서울로 향했다.

키스는 차창 밖으로 펼쳐진 한국의 산하, 커다란 황소에 땔감을 잔뜩 싣고 걸어가는 농부, 옹기종기 모여 있는 초가집과 기와집을 보며 강렬한 창작욕을 느꼈다. 동시에 총칼을 차고 승객을 검문하는 일본 경찰의 모습에서, 한국이 일본에 점령당한 현실을 느꼈다. 이때 느낀 두 감정은 키스의 그림과 글에 고스란히 담기게 되었다.

키스 자매가 머물 선교관은 보구여관(한국 최초의 여성 의료원)이 있던 동대문이 내려다보이는 언덕에 자리하고 있었다. 키스 자매는 짐을 풀고 한국을 답사하기 시작했다. 사월 초파일이 다가올 무렵, 키스는 영사관 직원을 통해 영어 공부하러 오는 사람의 아들에게 옷을 차려입게 하고 첫 그림을 그렸다(285쪽). 또 웅장한 모습의 동대문을 달밤에도, 새벽에도 그렸다(139, 141쪽).

선교관에서 만난 선교사들은 키스 자매가 한국의 역사, 문화, 실정을 이해하는 데 큰 도움을 주었다. 선교사인 이화학당 교장 월터Miss J. Walter는 유관순의 시신을 인수해 장례를 치러준 사람이기도 하다. 그들의 영향으로 키스 자매도 당시 한국의 상황을 잘 알게 되었다. 키스 자매는 3·1운동으로 감옥에 갇힌 이화학당 여학생들을 직접 찾아가 위로했다. 그리고 독립선언서를 몸에 숨기고 다니며 독립운동을 하는 청년을 고용해 화구를 들고 다니게 하면서 길 안내를 받았다.

석 달이 지나 언니 엘스펫은 먼저 귀국해야 했지만, 키스는 혼자 남아 한국의 풍경과 한국인을 쉬지 않고 그렸다. 1919년 가을 도쿄로 돌아간 키스는 그림을 모아 미쓰코시三越 백화점 화랑에서 전시했다. 이 전시는 두 가지 의미가 있다. 우선 우리나라 사람을 그린 작품들이 역사상 처음으로 외국에서 전시되었다는 것이다. 1900년 파리 만국 박람회에서 휴버트 보스Hubert Vos가 그린 고종 황제의 어진이 전시된 적이 있지만, 그 전시는 인종전람회의 일환이었다. 더 중요한 의미는 이 전람회에 신판화 운동을 주도한 와타나베 쇼자부로渡辺庄三郎가 왔다는 것이다. 와타나베는 〈달빛 아래 서울의 동대문〉을 보고, 키스에게 서툰 영어로 이 수채화를 일본 전통식 목판화로 만들면 크게 성공할 것이라며 강력히 권했다.

키스는 일본의 전통 목판화를 알고 있었지만 그런 생각은 한 적이 없었다. 와타나베의 권고를 받아들인 결과 〈달빛 아래 서울의 동대문〉은 인기리에 매진되었다. 키스의 프린트 도록(1992)을 맨 처음 만든 리처드 마일스Richard Miles는 이 그림을 서른 매 발행했다고 했는데, 정확한지는 알 수 없다. 그 후 키스는 평생 와타나베와 함께 그의 공방 장인들과 작업하면서 한국을 소재로 한 목판화 스물여덟 점을 만들었다. 다른 화가의 작품을 포함해 20세기 초에 그린 그림이 오리지널로 남아 있는 경우는 드물다. 키스가 한국을 소재로 한 작품을 목판화로 많이 남긴 덕분에 지금 우리가 키스를 알 수 있고 작품 수집도 가능한 것이다.

키스는 한국만큼 그림 소재가 풍부한 곳은 없다고 말한 바 있다. 그는 다시 한국에 돌아와 활발하게 그림을 그렸다. 1921년 6월 도쿄 시로키야白木屋 백화점에서 와타나베가 주최한 전시회가 열렸는데, 이때 신판화 운동에 참가한 이토 신수이伊東深水, 가와세 하스이川瀬巴水, 찰스 바틀릿Charles Bartlett 등의 작품과 함께 키스의 그림도 전시되었다. 이토 신수이는 이듬해 키스의 초상화를 그렸다.

같은 해 9월 20일부터 22일까지 지금의 소공동에 있던 서울은행집회소에서 키스의 개인 전시회가 열렸다. 규모는 작았을지 몰라도 이 전시는 한국 미술사상 기념비적 사건이다. 미술가의 전시가 드문 시절이었고, 더구나 서양 여성 화가의 전시는 획기적인 사건이었다. 일본에서 서양화를 배운 김관호가 1916년 고향인 평양에서 가진 유화 전시회가 한국 미술사상 첫 전시였고, 여성 화가의 경우 나혜석이 1921년 3월에 가진 전시회가 처음이었다. 한국 최초의 서양화가로 알려진 고희동이 주도한 서화협회의 활동은 아직 미미했고, 조선미술협회도 1922년

리처드 마일스가 만든 엘리자베스 키스의 프린트 도록 표지

에야 창설되었다. 키스의 전시회는 그런 한국 미술의 태동기에 열렸던 것이다.

　1934년에는 서울 미쓰코시 백화점 화랑에서 두 번째 전시를 했는데, 《조선일보》는 이 전시회에 대해 "영국 여류 화가의 손으로 재현되는 조선의 향토색"이라 보도했다. 이 전시회에는 서양인은 물론 일본 총독의 부인 등 일본인 고위층도 관람하러 왔다. 키스는 '한국 사람도 많이 왔는데 그림 속 자신들의 모습을 어리둥절한 표정으로 보았으며, 한국의 노신사들이 그림을 하나하나 음미하는 모습을 보고 기분이 아주 좋았다'라고 회고했다.

　《동양의 창Eastern Windows》(한국어판 제목은 《키스, 동양의 창을 열다》)에 따르면 한국의 결혼식, 장례식, 축하객, 추모객 등을 그린 작품이 그때까지 한 번도 전시된 적이 없었다. 전문적인 미술 교육을 못 받은 영국 여성 키스는 그런 과정을 거쳐 화가로서 완전히 자리매김했다. 그가 그린 작품 속에는 한국과 한국인이 있었다. 오리건 대학 미술관의 바버라 젠트너Barbara Zentner는 키스가 특히 한국을 잘 그렸고, 그런 그림을 볼 때 여느 화가와는 달랐다고 평했다.

방랑의 화가 키스는 중국의 여러 도시를 찾아다니며 그림을 그렸고, 홍콩을 거쳐 필리핀, 인도네시아의 여러 섬을 돌아다니며 세상에 알려지지 않은 여러 종족의 모습을 화폭에 담으며 살았다. 그 편력에 대해서는《동양의 창》을 참고하기 바란다. 1923년 키스가 동남아시아의 작은 섬에 있을 때 간토關東 대지진이 있었고, 그 가운데 와타나베 공방이 불타 목판이 전소되는 사건이 일어났다. 그 여파로 목판화 생산에 차질이 생겼고, 키스의 목판화도 수량이 제한되었다.

1924년 키스는 일본을 떠나 미국의 큰 도시들을 방문하며 전시회를 가졌고, 영국으로 돌아갔을 때는 화단에서 인정받는 기성 화가가 되었다. 그는 영국에서 최고의 권위를 자랑하는 왕립미술아카데미Royal Academy of Arts에 작품 두 점을 전시했고, 1925년에는 보자르 미술관Beaux Art Gallery에서 성황리에 단독 전시회를 열었다. 조지 브로크너George Brochner는 판화 기술은 일본에서 가져왔지만 "주제의 선택, 접근하는 시각, 밤낮에 관계없이 현장의 전반적인 분위기를 정확히 포착해내는 힘은 오로지 키스만의 독특한 점"이라며, 목판화 기법을 통해 창출한 결과는 키스 고유의 정신과 정서라고 평가했다. 또한 그는 "더 나아가 감히 이렇게 말해도 될지 모르지만, 동양의 미술가도 이런 황홀하고 귀한 장면을 판화로 만들지 못했다. 키스는 이런 것을 시도했고, 정교한 작품을 성공적으로 창조했다"고 극찬했다.

1933년에는 스튜디오Studio라는 미술잡지사가 판화의 대가 아홉 명을 선정해 단행본들을 출판했는데 엘리자베스 키스도 그중 한 사람으로 선정되었다. 영국 박물관의 시드니 콜든Sidney Coulden 경은 "18세기 이후의 판화 가운데 키스의 작품에 비할 만한 작품이 없다"고 높이 평가했다.

엘리자베스 키스의 여행기로 다시 돌아가자면, 키스는 1924년 약 구 년간의 동양 생활을 마치고 영국으로 돌아가던 길에 미국에 있는 큰 도시를 방문해 친교를 나누며 전시를 하고 그림을 팔기도 했다. 특히 로스앤젤레스에 있는 퍼시픽 아시아 박물관Pacific Asia Museum의 창설자 그레이스 니컬슨Grace Nicholson 여사, 조던 슈니처 미술관Jordan Schnitzer Museum of Art의 초대 관장인 거트루드 워너 부인Mrs. Gertrude Warner과의 재회는 키스를 화가로서 계속 활동하게 해준 중요한 만남이었다.

독신의 화가로서 키스는 그림을 인정받는 것도 중요했지만 생계를 위해서는 그림을 팔아야 했다. 그에게는 돈 많은 후원자도, 집에서 물려받은 재산도 없었다. 세계를 떠돌며 그림을 그리는 와중에도 어렵사리 이어간 몇 사람과의 인맥이 유일한 재산이었다. 그는 자신의 편지에서도 이야기했듯이 빵을 위해 그림을 팔아야 하는 외롭고도 고달픈 생활을 이어갔다. 미국의 다른 도시들도 계속 방문하면서 편지를 쓰며, 전시를 하고 그림을 파는 것이 그의 생활 방식이었다. 그렇지만 키스는 화가로서 또 여성으로서 품위를 잃는 행동을 한 적이 없었고, 모든 언론 매체에서도 꼭 'Miss Elizabeth Keith'라고 쓰며 존경을 표시했다.

런던에 돌아온 키스는 동양 전문 미술가로서 여행과 그림에 대한 이야기를 나누느라 바쁜 시간을 보냈다. 그러던 중 키스가 미술가들에게 일본 목판화 제작 과정이 꽤 어렵다고 했더니 판화협회 회원이던 미술가가 다른 방법으로 판화 제작하기를 제안했다. 키스는 1926년 파리로 가서 전시하는 동안 에칭을 배워 자신의 그림을 판화로 만드는 법을 터득했다. 이때 만든 작품이 사라져가는 옛 악사들의 모습을 담은 〈대금 연주자〉, 〈좌고 연주자〉, 〈궁중 음악가〉, 그리고 〈모자母子〉, 〈시골 선비〉 등이다(223, 225, 227, 91, 207쪽).

키스는 다시 여행길에 올랐다. 런던 생활은 키스의 창작욕을 채워주지 못했다. 1928년 그는 말라카, 홍콩을 거쳐 일본으로 돌아왔고, 도쿄 교외에 작은 집을 빌려 작업에 몰두하기 시작했다. 이때에는 둘째 언니 제시가 엘리자베스와 동행하면서 매니저처럼 도와주었다.

어떤 이는 목판화로 작품을 만들었다는 이유로 키스를 우키요에浮世繪 화가로 분류하는데, 그런 판단은 옳지 않다. 일본 우키요에는 목판에 새겨 찍은 그림이다. 에도 시대에 중산층이 대두하면서 집에 그림을 붙이고 싶어하는 사람이 많아졌는데, 대중이 살 수 있는 가격으로 그림을 보급하려면 목판에 새겨 찍는 수밖에 없었다. 그렇게 시작된 우키요에는 18~19세기 일본 예술의 주류를 이루었고, 유럽에까지 영향을 끼쳤다. 일설에 의하면, 우키요에가 하도 흔해 일본에서 유럽으로 수출하던 골동품을 포장하는 데 썼는데, 그 그림을 우연히 발견한 유럽 미술계가 일본 미술의 매력에 사로잡혀 자포니즘Japonisme이 생겨났다고 한다.

우키요에 화풍에는 '이 세상은 물처럼 흘러가니 현재를 즐기자'는 철학이 깔려 있다. 주로 전통 연극에 나오는 배우, 화려한 기생의 생활, 미인도 또는 춘화도가 그려졌다. 대상의 선택이나 접근 방법, 구도, 사상을 고려할 때 키스를 우키요에 화가로 분류할 수는 없다. 사용한 캔버스와 페인트, 브러시가 같더라도 인상파와 추상파는 엄연히 다른 것과 마찬가지다. 일본 목판화는 제작할 때 화가가 그림을 그린 후 그 그림을 목판에 새기는 일과 채색하는 일을 장인들에게 넘겼고, 그 모든 과정을 관장하고 판매하는 사람이 따로 있었다. 키스는 화가가 그렇게 작품 제작에 제한적으로 참여하는 것을 불만스럽게 생각해서, 자신의 목판화를 만들 때면 장인들 옆에 앉아 일주일이든 한 달이든 오랜 시간을 함께 보내며 만들곤 했다. 때로는 장인들이 하는 일에 간섭하다가 마찰을 빚기도 했고, 그럴 때면 와타나베가 중간에서 중재하고 설명도 해주었다. 그러한 일본 목판화에 비해 에칭은 처음부터 끝까지 화가가 작업한다는 점에서 키스는 만족스러웠을 것이다.

일본에 돌아온 키스는 요시다 히로시吉田博라는 동료 화가의 공방에 가서 직접 목판화를 처음부터 끝까지 만들기도 했다. 이때 작품이 〈도시샤同志社 여학생 Doshisha Girl〉과 〈필리핀의 귀부인Philippine Lady〉인데, 그 과정이 너무 고되고 시간이 많이 든다는 것을 깨닫고 이후 모든 목판화는 와타나베 공방에서 일하는 장인들에게 맡기기로 했다.

일본 화가 중에도 목판화 작업을 처음부터 끝까지 스스로 다 하자는 '창작판화가'들이 있었는데, 이들은 그림을 그리고, 새기고, 색채를 넣고, 출판하는 전 과정을 직접 해야 진정한 화가라고 주장했다. 하지만 오랜 시간이 소모되고 그 과정이 힘들어서인지 큰 인기를 끌지 못하고 오래가지도 못했다.

키스는 평생토록 목판을 새기고 채색하는 와타나베 공방의 장인들을 존경하며 두터운 친분을 쌓았다. 그는 1936년 도쿄를 마지막으로 떠날 때 공방 장인들의 온 가족이 나와 송별해준 것을 무척 감사히 여기며 기록으로 남겼다. 귀국길에는 예전처럼 호놀룰루로 가서 역시 화가이며 종교가 같은 찰스 바틀릿 부부와 지내다가, 미국 본토의 여러 도시를 방문하며 가는 곳마다 전시를 하고 그림을 팔면서 런던으로 돌아왔다. 그때 호놀룰루에 살던 애나 라이스 쿡Anna Rice Cooke 여사가 키스의 작품을 좋아해서 대량으로 수집했고, 지금은 호놀룰루 미술관Honolulu Museum of Art이 된 호놀룰루 미술 아카데미Honolulu Academy of Arts에 기증했다.

그 후 키스의 여행에 대해서는 자세한 기록을 찾을 수 없다. 일제가 만주를 침략하면서 누구나 2차 세계대전이 다가오는 상황을 감지했다. 일본과 미국·영국 간 관계 악화로 일본에 대한 감정이 안 좋아지고 있었고, 런던 화랑들은 일본과 관계된 전시를 주저했다. 키스의 그림은 전처럼 팔리지 않았고, 팔린다 해도 송금이 쉽지 않았다. 키스가 할 수 있는 일이라곤 예전처럼《크리스천 사이언스 모니터Christian Science Monitor》라는 신문에 때때로 그림과 그림에 대한 이야기를 보내는 것이 고작이었다. 키스는 중동이나 아프리카로 가서 여행하며 그림을 그리고 싶어했지만 실현하지는 못했다.

1939년 여름 키스는 셔우드 홀에게 다음 해의 크리스마스 실seal 디자인을 해주겠다고 편지를 보냈다. 그러고는 그해 구월 서울에서 만나기로 했다지만, 실제로 키스가 서울에 왔는지는 알 수 없다. 당시 미국에 있던 셔우드 홀은 키스의 편지를 받고 서둘러 한국에 돌아왔다고 자서전에 썼는데, 교통과 통신 사정을 고려할 때 어떻게 1940년 크리스마스 실이 디자인되고 적시에 발행되었는가는 수수께끼로 남았다.

그 크리스마스 실의 최초 디자인에는 두 아이가 금강산을 배경으로 서 있는 장면이 담겨 있었다. 하지만 일본 헌병이 그렇게 높은 산을 그리면 군사 기밀이 폭로된다며 방금 나온 크리스마스 실을 모두 압수하는 통에 발행이 지연되었다. 크리스마스 실에 예수 탄생을 표시하는 서기 연도를 쓰는 것도 일제는 반대했다.

셔우드 홀은 화가 잔뜩 난 키스를 달래서 디자인을 약간 바꾸어 겨우 1940년 크리스마스 실로 사용했다고 자서전에 적었다. 키스는 처음에 그렸던 그림을 그대로 사용하면서 아이들 뒤에 큰 대문을 그려서 산을 낮게 보이게 하고, 발행 연도를 넣는 대신 크리스마스 실 '구 년째'라고 표시하여 일제의 허락을 받을 수 있었다. 수정해 만든 실은 포스터로도 만들어졌다. 압수된 크리스마스 실은 희귀해서 수집가들의 관심이 크다. 이메일은커녕 팩스도 없던 그 시절 만약 키스가 서울에 없었다면 어떻게 이런 작업이 가능했을까? 하지만 그때 키스가 한국에 있었다는 증거는 어디에도 없다. 이 책에 실은 1940년 크리스마스 실은 셔우드 홀의 자서전에서 옮겨 온 것이다(276~277쪽).

2차 세계대전 기간은 키스에게도 암흑과 시련의 시기였다. 물자가 부족했고, 독일 비행기의 폭격으로 많은 건물이 파괴되어 전쟁이 끝났을 때 린딘은 폐허가 되어 있었다. 키스도 독신으로서 경제적으로 여유 없고 외로운 힘든 시절이었을 것이다. 2차 세계대전이 끝나고 불과 오 년 후 한국전쟁이 일어났다. 키스는 점잖고 친절한 한국인들이 어떻게 그런 동족상잔의 전쟁에 휘말렸는지 모르겠다고 한탄했다. 그때 칠십대였던 키스는 더 이상 창작활동을 하지 못한 것으로 보인다.

1956년 도쿄에서 외국인 여성 단체의 주선으로 키스의 그림 여든 점을 공개하는 대규모 전시회가 열렸다. 키스가 전시회 수익금의 일부를 한국전쟁 부상자의 의족을 만드는 데 써달라고 했다는 이야기도 있고, 일본 학생의 미국 유학을 위해 써달라고 했다는 이야기도 있는데, 자세한 기록은 아직 찾지 못했다. 유감스럽게도 키스는 이 전시에 참석하지 못했다. 《런던 타임스》에 따르면, 키스는 크리스천 사이언스라는 종파에 속해 현대 의학적 치료를 거부하다가 당뇨병으로 1956년 4월 30일 세상을 떠났다.

키스가 보고 그린 한국과 한국인

엘리자베스 키스가 어떤 화가인지 물으면 아마 대개는 20세기 초반에 동양에 와서 동양에 매료되어 많은 그림, 특히 목판화를 남긴 스무 명 안팎의 서양인 화가 중 한 사람이라고 할 것이다. 그런 화가로는 헬렌 하이드Helen Hyde, 버사 럼 Bertha Lum, 찰스 바틀릿, 폴 자쿨레Paul Jacoulet, 릴리안 밀러Lilian Miller, 피터 브라운Pieter Brown, 윌리 세일러Willy Seiler 등이 있는데 그중에서도 키스는 한국을 소재로 많이 그렸다는 점에서 우리에게 특별한 화가다. 이제 키스가 보고 그린 한국과 한국인을 살펴보자. 이 글은 학문적 체계를 갖춘 논문이 아니고, 키스의 책 두 권을 우리말로 옮기며 그의 그림을 수집한 사람으로서의 감상기라 할 수 있다.

키스는 미술 시간에 배운 것을 기반으로 집에서 틈틈이 그림을 그렸을 뿐 전문적 미술 교육을 받지 못했다. 어릴 적 메리 카샛Mary Cassatt처럼 미술 전문학교에 다니지도 못했고, 릴리안 밀러처럼 대가에게 배운 적도 없다. 프리다 칼로 Frida Kahlo나 카미유 클로델Camille Claudel처럼 대가의 제자이자 애인이 되어 그림을 배우지도 않았다. 스스로 자랑스럽게 이야기했듯이 그는 독학으로 그림을 그린 화가였다.

그림 재주를 타고난 그는 연필로 혼자 스케치를 해보다가 화가인 셋째 형부의 제안으로 수채화를 시작했다. 그 후 우연히 일본에서 목판화 기법을 알게 된 후 많은 작품을 목판화로 남겨 목판화 화가로 분류되기에 이르렀다. 판화는 그림을 다른 방식으로 창출하면서도 여러 장을 만들 수 있어서 가격이 비싸지 않을 뿐 아니라 많은 사람이 감상하며 수집할 수 있는 매체다. 키스도 판화에 매료되었다. 그러나 그는 미술을 독학으로 터득했기에 인상파나 입체파 같은 그룹에 속하지 않았고, 어느 대가와도 비슷하지 않은, 독특한 작품 세계를 추구했다. 그는 좋게 말하면 순수한 사실화를 남긴 화가였고, 나쁘게 말하면 학계에서 인정받는 학파의 일원이 아니었다.

키스는 에칭으로도 몇 작품을 만들었다. 목판화는 넓적한 나무판에 그림의 선을 새긴 다음 일일이 종이를 엎어놓고 문지르면서 채색을 한다. 그래서 자꾸 찍어낼수록 원판이 닳아서 현대 프린트처럼 무한정 만들 수가 없다. 색깔이 여럿인 경우에는 목판이 여러 개 필요해서 어떤 그림은 목판을 열 개 이상 만들어야 했다. 일본 우키요에 화가들의 그림은 팔리는 대로 더 찍기 일쑤였고, 그러다가 더 필요하면 원판을 아예 다시 만들기도 했다. 그러나 키스의 작품은 쉰 장 내외를 찍은 듯하며 백 장 이상을 찍지는 못했을 것이다. 1923년 간토 대지진 때 원판이 소실되었기 때문이다. 출판 번호를 찍는 풍습이 일본에는 없었지만, 일본에서 활동한 몇몇 서양인 화가는 판화의 경우 한정판 출판 번호를 써넣기도 했다. 그러나 키스의 어느 작품이 몇 장 출판되었는지는 분명하지 않다. 또 키스의 크리스마스 실은 포스터로도 만들어졌는데, 몇 장이나 만들었는지에 대한 기록은 전혀 찾을 수 없다. 키스가 유화를 그렸다고 하는 사람도 있는데 그런 그림을 실제로 확인한 바는 없다.

목판화는 한 장씩 색을 칠할 뿐 아니라, 한 장에 여러 색깔을 넣으려면 여러 번 반복해서 색칠을 하는데, 채색한 종이가 마르는 데 시간이 걸리고, 마른 다음에야 또 작업을 할 수 있어서 시간이 많이 걸린다. 게다가 사람이 색칠하기 때문에 같은 그림이라도 색깔이 완전히 똑같을 수 없고, 어떤 때는 일부러 다른 색으로 시험해보기도 했다.

키스의 목판화 그림은 가와세 하스이나 이토 신수이 같은 일본의 인기 있는 화가의 그림보다 몇 배나 비싸게 팔렸고, 다른 서양인 화가보다도 가격이 높은 편이었다. 그의 그림은 1920년대에 이삼십 달러에 팔렸는데, 일본 화가들의 그림은 오 달러를 넘지 못했다. 한국인이 키스의 그림을 잘 몰랐던 이유는 그의 그림이 주로 서양인에게 팔렸고, 그 당시 한국인은 그렇게 비싼 그림을 살 형편이 못 되었기 때문이다. 서양인 화가가 한국에 잘 알려지지 않은 탓도 있다. 정도의 차이는 있지만 일본도 비슷하다. 키스의 작품을 소장한 일본인은 별로 없다.

목판화는 주로 벚나무로 만든 목판을 사용했기 때문에 크기가 제한될 수밖에 없었다. 흔히 쓰는 대판大版, Oban 사이즈가 24.1cm×36.8cm다. 따라서 키스의 그림은 가까운 곳에서 자세히 들여다봐야만 제대로 감상할 수 있다.

인물 하나를 그린 경우처럼 비교적 단순한 것도 있다. 그 예로는 〈고요한 아침의 나라에서 온 사람〉, 〈한국의 어린이들〉, 〈사월 초파일〉, 〈비구니였던 동씨〉 등을 들 수 있다(257, 279, 285, 104~105쪽). 하지만 대개의 그림은 작은 형상을 배경에 많이 그려넣어 풍부한 이야기를 전달한다. 예를 들면 〈결혼식 하객〉 뒤에는 호랑이가 등장하는 한국 민화를 그려넣었다(117쪽). 〈정월 초하루 나들이〉 뒤에는 광화문과 경복궁의 긴 담이 그려져 있을 뿐 아니라, 커다란 해태상 주위에서 물건을 파는 사람들, 아이들을 데리고 나온 가족들의 모습도 보인다. 그 시절 어린아이들에게 풍선이 얼마나 신기하고 재미있는 장난감이었을까도 생각할 수 있다(121쪽과 부록). 〈금강산 절 부엌〉을 보면 불을 때고 밥을 짓는 사람들 뒤로 여자아이가 머리에 물동이를 이고 들어오는 모습이 보인다. 그 당시에는 수도를 틀기만 하면 물이 나오는 세상이 아니라서 우물이나 냇가에서 물을 길어 와야 했던 것이다(179쪽과 부록).

그림 속에 아주 작게 그려진 사람도 있다. 〈금강산, 전설적 환상〉의 오른쪽 아래를 자세히 들여다보면 두 손을 모으고 합장하는 흰옷 입은 사람이 보일락 말락 한다(175쪽). 〈달빛 아래 서울의 동대문〉에는 문이 닫히기 전에 말에 짐을 싣고 들어오는 사람과 더불어 저 뒤에 있는 집에는 등불을 켜고 두 사람이 마주 앉아 있는 모습이 보인다(139쪽). 〈해 뜰 무렵 서울의 동대문〉에는 이른 새벽 아이의 손을 잡고 걸어가는 어머니의 모습이 있고, 짐을 지고 걸어가는 사람도 더 작게 그려져 있다(141쪽). 현재 서울시 문화재로 지정된 불상을 그린 〈백불白佛〉에도 흰옷을 입은 남자가 뒷짐을 진 채 불상을 보고 있는 모습이 담겨 있다(171쪽). 이런 작은 사람들의 모습은 가까이 다가가서 자세히 보지 않으면 놓치기 쉽다.

키스는 한국의 사라져가는 전통을 아쉬워하며 화폭에 담았다. 길을 가다가 두 노인이 책을 읽으며 담소하는 장면, 장기를 두고 앉아 있는 장면 등을 보고는 한국어에 능한 게일 박사를 찾아가 동행을 부탁했고, 게일의 주선으로 모델을 구하기도 했다(47, 62~63쪽과 부록). 김윤식을 알게 된 후에는 옛날 관복을 입고 모델을 서달라고 간청했고, 그 집의 두 아들에게도 궁중에 들어갈 때 입는 옷을 입고 왕에게 보고하는 모습으로 서 있어달라고 부탁했다(187, 133, 135쪽). 또 한국의 고유한 국악이 사라져가는 사실을 알고 〈문묘제례 관리〉, 〈대금 연주자〉, 〈좌고 연주자〉, 〈궁중 음악가〉 등을 그렸다(221~227쪽).

키스는 처음 한국에 왔을 때 장옷을 입은 여인을 자주 보았지만 차츰 길에서 보기 어렵게 되었다. 그는 안타까워하며 창의문을 배경으로 그 모습을 그렸다. 또 어느 날에는 보라색 옷으로 얼굴을 가리고 걸어가는 노파를 시골 풍경을 배경 삼아 그렸다(261, 259쪽). 서울 길에서 가마를 타고 가는 우아한 부인을 보고 수소문 끝에 〈궁중 복장을 입은 공주〉라는 제목으로 그리기도 했다(199쪽). 한번은 길에서 수염이 없는 남자를 보고 그가 이제는 직업이 없어진 '환관'임을 알고, 돈을 주고 모델을 청하기도 했다(263쪽).

키스는 훈장이 학생들을 마루에 앉혀놓고 한문을 가르치던 서당 풍경도 그렸다(53쪽). 또 신식학교에서 교사가 칼을 차고 학생을 다루는 장면을 그리며 한탄하기도 했다(55쪽). 함흥에서는 아침에 머리에는 빨랫감을 이고 손에는 요강을 들고 가다가 동네 다른 여인을 만나 이야기를 나누는 주부의 모습을 그렸다

(87, 89쪽). 이제는 어디에서도 볼 수 없는 '우산 모자를 쓴 노인'이 자기 집 앞에 쭈그리고 앉아 있는 모습을 화폭에 담았고, 당나귀를 타고 가는 남자를 그렸으며, 노란 저고리를 입고 한국식으로 절하는 여인도 그렸다(205, 10, 13쪽). 이미 사라진 조선 무관을 그림으로 남기기 위해 모델을 구하고 옷을 빌려다 입히기도 했다(231쪽). 키스의 이러한 노력 덕분에 우리가 보지 못했던, 우리 기억에서도 사라진 선조들의 모습이 그림 속에 보존될 수 있었다.

키스는 다른 화가들처럼 경치가 좋은 곳을 찾아가고, 역사적으로 뜻있는 곳에 가보기도 했다. 갖은 고생 끝에 금강산에 오르고, 평양 모란봉에 올라 경치에 심취하기도 하고, 수원을 찾아가 화홍문을 그리고 서울의 사대문四大門과 사소문四小門을 답사했다. 그렇지만 키스는 무엇보다도 사람들이 살아가는 모습을 생동감 있게 화폭에 담아냈다. 기회만 있으면 신분, 배경, 종교, 남녀노소를 불문하고 본연의 모습을 그려냈다. 〈담뱃대 문 노인〉에는 혼자서는 불을 붙일 수도 없는 기다란 담뱃대를 물고 한가롭게 앉아 있는 노인의 모습이 생생하게 담겼다(203쪽). 선교사 집에서 일하는 '필동이'는 책상다리한 모습으로 과장 없이 그렸고, 선교사(아마 로제타 홀) 집에서 일하는 여자의 딸 순이는 예복을 입혀 그렸다(255, 253쪽). 〈농부〉에 대해 키스는 농사일하는 사람을 그리고 싶어서 부탁했는데, 평소 옷차림 대신 깨끗한 옷을 입고 정중한 표정으로 모델을 서주어 오히려 실망스러웠다고 고백했다(229쪽). 그는 〈결혼식 하객〉도 그렸고, 원래 암자를 돌보는 비구니였다가 기독교를 받아들인 '동씨'도 그렸다(117, 104~105쪽).

키스의 작품 중 사람이 전혀 없는 그림은 〈금강산 구룡폭포〉 한 점뿐이다. 먼 나라(아마 인도가 아닐까?)에서 온 스님들이 용들을 쫓아냈다는 전설이 담긴 그 그림 속에는 용들만 물속에서 머리를 내밀고 있을 뿐이다(177쪽). 그 그림의 짝이라 할 수 있는 〈금강산, 전설적 환상〉 오른쪽 아래에는 흰옷을 입은 사람이 하늘에서 내려오는 스님들을 향해 합장한 모습이 그려져 있다(175쪽).

키스는 유명한 관광지를 그리면서도 사람 넣는 것을 잊지 않았다. 〈달빛 아래 서울의 동대문〉에는 어두워가는 동대문이 닫히기 전에 들어오려고 서두르는 것일까, 남자가 조랑말에 무엇을 잔뜩 싣고 들어오는 모습이 있다(139쪽).〈평양의 동문〉에도 뒷짐을 지고 서서 이야기하는 흰옷을 입은 남자들이 있다(151쪽). 키스는 수원에 가서 화홍문을 그리면서도 그림 아래쪽에 줄지어 앉아 빨래하는 여자들을 그렸다(145쪽). 한국의 전통적인 그림이 대개 필묵으로 그린 산수화나 화조도였던 점을 생각해보면, 1920년대에 우리의 일상을 화려한 색채로 화폭에 담은 서양인 화가의 그림은 그야말로 독특하고 새로운 것이었다.

키스는 그림을 통해 우리 조상들이 살아가던 이야기를 들려준다.〈맷돌 돌리는 여인들〉에서는 땅거미가 슬슬 내려앉는데 시어머니와 며느리로 보이는 두 여자가 마주 앉아 이런저런 이야기를 하며 맷돌로 무언가를 갈고 있다. 넓은 치마를 입고 돗자리에 앉아 일하는 이 장면은 그 시대에는 당연했지만, 지금은 볼 수 없는 풍경이다. 키스는 뒤에 남편 또는 시아버지가 앉아 무언가를 읽고 있는 모습을 놓치지 않고 그려 전통적인 생활 모습을 보여준다. 남자는 집안일에 전혀 관여하지 않던 풍경이 그렇게 포착되었다(83쪽).〈한옥 내부〉에서는 한국 집의 건물을 보여줄 뿐 아니라, 혼자 밥상을 받는 남편, 그리고 그 옆에 앉아 애를 보며 남편 시중을 들 준비가 되어 있는 듯한 아내의 모습을 그렸다. 키스는 지체 있는 집에서 남자는 사랑채에서 밥상을 따로 받는 법인데, 이날은 특별히 키스를 위해 대청미루에 앉아 식사하는 장면을 보여주었다고 설명을 붙었다. 한문으로 쓴 글귀가 기둥에 붙어 있고, 신발이 댓돌에 가지런히 놓인 모습은 한국에서만 볼 수 있던 풍경이다. 방에 들어갈 때 꼭 신을 벗는 우리 풍습을 묘사한 것이다(51쪽).

〈한국의 성벽과 광희문〉은 키스가 묵고 있던 동대문 근처 선교관에서 성벽을 쭉 따라가면 만나던 광희문을 그린 작품이다. 키스는 성벽이 참으로 인상적이었던 모양이다. 그는 성벽을 높이 그리면서도 지금은 구경도 할 수 없는 상여의 모습을 담아냈다. 광희문은 사소문의 하나로 수구문水口門 또는 시구문屍口門이라 불리며, 성내에서 죽은 시체를 실어 나가던 문이다. 보통보다 조금 큰 이 수채화에는 붉은색, 노란색 상여뿐 아니라, 그 앞 한적한 길로는 시골 여인이 머리에 물건을 이고, 짧은 저고리 밑으로 젖가슴을 자연스레 내놓고 혼자 걸어가는 모습이 담겼다(143쪽). 유감스럽게도 현재 광희문은 옮겨지고 고층 건물에 둘러싸여 초라하기 짝이 없고, 그 보기 좋던 성벽은 아예 자취를 감추었다. 이 그림은 이번에 처음으로 공개되는 옮긴이의 수집품 중 하나다.

키스가 그린 또 다른 장례식 장면은 〈장례를 치르고 돌아오며〉인데, 이 작품은 런던에서 전시할 때 영국 왕이 수집한 일곱 점 중 하나라 한다(119쪽). 이 그림 왼쪽에 있는 집에서 '아, 이제야 오는구나' 하는 표정으로 내다보는 여자가 향토적으로 그려져 있다. 〈원산 학자와 그 제자들〉은 늙은 학자가 학생들을 데리고 뒤에 보이는 자기 집을 떠나 언덕을 내려오는 장면인데, 그 학자는 고종의 상중이라 흰옷에 흰 모자를 쓰고 있다. 뒤를 따르는 아이들은 자기 집안의 지체에 따라 각자 다른 복장을 하고 모자를 썼는데, 맨 뒤의 아이는 신발이라도 벗겨졌는지 몸을 구부리고 신발을 다시 챙기고 있다(197쪽). 키스의 그림에 여러 번 나오는 이 학자를 키스는 좋아했는데, 그 사람의 흉배에 학의 그림이 하나인 것으로 그 출신 성분을 알 수 있다는 것도 언급했다(194쪽). 이렇게 키스는 우리 문화를 깊이 이해하고 있었다. 키스는 화가이면서, 또 여러 문화와 그 문화 속에서 살아가는 사람들을 연구하고 기록한 인류학자였다 해도 과언이 아니다.

한국을 소재로 한 키스의 그림 가운데 색채가 강하고 짙은 작품이 적은 점은 아쉽다. 키스는 색채에 민감한 사람이었다. 중국에 가서도 찬란한 색깔에 정신이 나갈 정도라고 고백한 바 있다. 일본은 물론이고 동남아시아 여러 섬 원주민의 생활을 그릴 때도 강한 색채를 사용했다. 그런데 백의민족이라고 불리는 우리나라 사람들은 흰옷을 즐겨 입었고, 우리나라의 가구, 백자, 전통 동양화를 보면 알 수 있듯이 순수하고 담백한 모양새와 색깔을 선호한다. 강하고 현란한 색채의 한국 소재 그림이 적은 것은 그러한 연유일 것이다.

마치며

우리 문화유산이 전쟁과 자연 소멸, 분실 등을 통해 없어지는 것은 안타까운 일이다. 이순신 장군의 원래 초상화가 하나도 남아 있지 않은 지금, 영국 화가 키스가 그린 그림이 이순신 장군의 원래 모습에 가장 가깝게 여겨지는 현실은 다행스러우면서도 한편으로 슬픈 일이다. 그가 수차례 우리나라에 와서 살다시피 하며 그림을 그려 우리에게 남겨준 것은 역사·문화적으로나, 미술학사에 있어서나 중요하고 감사한 일이다. 우리나라에도 민속 문화를 그린 화가가 몇 있지만, 키스는 누구보다도 수준 높은 그림을 남겼다.

키스의 한국 이름은 '기덕奇德'인데, 1934년 크리스마스 실에 넣으려고 만든 그림에 처음으로 들어갔다. 그를 위해 둘도 없는 안내자가 되었던 선교사 제임스 게일의 한국 이름이 '기일奇一'인 것과 무관하지 않을 것이다. 또한 키스는 적십자사 모금 활동을 통해 화가 활동을 시작하고, 사망한 해에 도쿄에서 열린 전시회 역시 자선 사업을 목적으로 했다. 그런 사실을 생각하면 그의 이름에 덕德 자가 들어간 것이 당연하다 하겠다(81, 283쪽).

키스의 판화와 수채화가 미국을 비롯한 서양 몇 나라의 미술관이나 개인 소장으로 남아 있는 것은 다행한 일이다. 그가 세상을 떠난 후 수십 년이 지난 지금도 미국, 일본, 영국 등에서 전시회가 때때로 열리고 있다. 2017년에는 그의 책 《동양의 창》이 중국어로도 출판되었다. 한국에서도 2006년에 순회 전시가 열렸고, 이후 사설 미술관에서 전시의 일부로 키스의 판화가 전시되었다. 앞으로 키스의 그림이 더 발굴되고 우리나라 미술관에서도 소장하고 개인 수집가도 많이 생겨서, 키스가 그렇게도 사랑하던 우리나라 사람들이 그가 남긴 그림을 쉽게 볼 수 있으면 좋겠다. 또 머지않아 한국에서 키스 단독 전시회가 열려 그의 판화뿐 아니라 오리지널 수채화도 선보일 기회가 있기를 바란다. 물론 그중 제일 의미 깊은 작품은 〈이순신 장군 초상화〉(추정)가 될 것이다.

엘리자베스 키스의 한국 소재 작품 목록

- 현재까지 확인이 가능한 엘리자베스 키스의 한국 소재 작품 전체를 수록한 목록이다.

- 작품의 정렬 방식은 다음과 같다.
  1) 기법별(목판화, 에칭, 리소그래프, 수채화, 드로잉)로 작품을 범주화했다.
  2) 각 기법 범주 안에서는 제작 연도 순으로 정렬했다. 제작 시기가 불분명한 작품은 기법 범주 안에서 마지막에 배치했다.
  3) 기법과 제작 연도가 같은 경우에는 한국어 제목을 가나다순으로 정렬했다.
  4) 목록의 마지막에는 키스가 한국의 전통 그림을 보고 따라 그린 것으로 추정되는 스케치를 따로 모았다.

- 작품의 세부 정보는 각 작품 제목 아래에 표기되어 있다. 아래는 관련한 세부 사항이다.
  - 세부 정보의 구성 순서는 '제작 연도, 원본 크기, 소장자, 《Old Korea》 수록 여부, 본문 쪽수'다.
  - 제작 연도, 원본 크기, 소장자가 불분명한 경우 표기를 생략했다.
  - 원본 크기의 단위는 센티미터다.
  - 약어로 표기한 소장처의 정식 명칭은 다음과 같다. JSMA: 조던 슈니처 미술관Jordan Schnitzer Museum of Art, PAM: 퍼시픽 아시아 박물관Pacific Asia Museum
  - 《Old Korea》 원서에 실린 작품에는 '《Old Korea》(컬러인쇄)' 혹은 '《Old Korea》(흑백인쇄)'를 표기했다. 원서에 흑백으로 인쇄된 작품 중 컬러 원본이 확보된 경우에는 이 책에 컬러로 작품을 수록했다.

- 같은 소재를 두 가지 이상의 기법으로 그린 작품이 존재할 때, 예를 들어 목판화도 있고 수채화도 있을 경우에는 각각을 해당 기법 범주 속에 싣되, 영어 제목 뒤에 '(1 of 2)', '(2 of 2)'와 같은 식으로 표기해 구분했다. 이들은 대개 〈부록: 같은 소재를 그린 다른 기법의 그림들〉에 수록되어 있는데, 부록은 오롯한 작품 감상을 위해 쪽수 표기를 생략했다. 이에 따라 부록에 실린 그림들에는 쪽수에 '(부록)'을 덧붙여 좀 더 찾아보기 용이하게 했다.

- 이 목록에는 없지만 새로 발견된 작품이 있으면, 작품 목록의 완성을 위해 옮긴이의 전자우편 계정 youngdahl.song@gmail.com으로 연락을 주시면 감사하겠다.

＊ 목판화 ＊

사월 초파일
Buddha's Birthday(Korean Boy in Holiday Dress)
1919, 26.5×16.8, 송영달 외 다수, 285쪽

원산
Wonsan, Korea
1919, 37×23.7, 송영달 외 다수, 147쪽

금강산 절 부엌
A Temple Kitchen, Diamond Mountains (1 of 2)
1920, 34.5×26.7, 송영달 외 다수,
179/324(부록)쪽

달빛 아래 서울의 동대문
East Gate, Seoul, Moonlight
1920, 43×39.7, 송영달 외 다수, 139쪽

한국의 어린이들
Young Korea
1920, 26.1×37.7, 송영달 외 다수, 279쪽

금강산 구룡폭포
The Nine Dragon Pool, Diamond Mountains
1921, 36.6×17.6, 송영달 외 다수, 177쪽

금강산, 전설적 환상
The Diamond Mountains, A Fantasy
1921, 35.6×17.6, 송영달 외 다수, 175쪽

선비
The Scholar, Korea
1921, 44.5×31.4, 송영달 외 다수, 195쪽

수놓기
Embroidering, Korea
1921, 31.5×23, 송영달 외 다수, 85쪽

시골 결혼 잔치
Country Wedding Feast
1921, 20.4×36, 송영달 외 다수, 111쪽

신부 행차
Marriage Procession, Seoul
1921, 25.7×38, 송영달 외 다수, 113쪽

아침 수다
A Morning Gossip, Hamheung, Korea

1921, 38.5×26, 송영달 외 다수, 89쪽

원산 학자와 그 제자들
The Wonsan Scholar and his Disciples

1921, 36×23.5, 송영달 외 다수, 197쪽

장기 두기
A Game of Chess (1 of 4)

1921, 31.2×42.4, 송영달 외 다수,
63/314(부록)쪽

정월 초하루 나들이
New Year's Shopping, Seoul (1 of 2)

1921, 38×25.7, 송영달 외 다수,
121/320(부록)쪽

해 뜰 무렵 서울의 동대문
East Gate, Seoul, Sunrise

1921, 43.8×30.5, 송영달 외 다수, 141쪽

안개 낀 아침
Morning Mist, Korea

1922, 36.8×24.1, 송영달 외 다수, 149쪽

358

장례를 치르고 돌아오며
Returning from the Funeral, Korea

1922, 37.5×23.8, 송영달 외 다수, 119쪽

평양 강변
Riverside, Pyeng Yang (1 of 2)

1925, 38×25.5, 송영달 외 다수,
153/322(부록)쪽

평양의 동문
East Gate, Pyeng Yang

1925, 31.4×45, 송영달 외 다수,
《Old Korea》(흑백인쇄), 151쪽

대금 연주자
The Flautist

1927, 24.5×22.8, 송영달 외 다수,
《Old Korea》(흑백인쇄), 223쪽

고요한 아침의 나라에서 온 사람
From the Land of the Morning Calm

1928, 33×23.5, 송영달 외 다수, 257쪽

결혼식 하객
Wedding Guest, Seoul

1936, 31.2×24.1, 송영달 외 다수, 117쪽

두 한국 아이
Two Korean Children

1940, 24×17, 송영달 외 다수, 277쪽

백불白佛
White Buddha, Korea

37.8×24.9, 송영달 외 다수, 171쪽

신부
Korean Bride (1 of 2)

41×29.5, 송영달 외 다수, 115/318(부록)쪽

시골 선비
The Country Scholar (1 of 2)

1921, 29.8×39.4, 송영달 외 다수,
207/328(부록)쪽

좌고座鼓 연주자
The Gong Player

1927, 23×20.2, 송영달 외 다수, 225쪽

모자母子
Korean Mother and Child (1 of 2)

1929, 33×26, 송영달 외 다수,
91/316(부록)쪽

궁중 음악가
Court Musicians, Korea

1938, 27.3×40.6, 송영달 외 다수, 227쪽

문묘제례 관리
Nobleman at a Confucian Ceremony

1938, 29.2×38.1, 송영달 외 다수,
《Old Korea》(흑백인쇄), 221쪽

민씨閔氏가의 규수
A Daughter of the House of Min

1938, 37.1×23.8, 송영달 외 다수,
《Old Korea》(흑백인쇄), 201쪽

비구니였던 동씨
Tong See, the Buddhist Priestess (1 of 2)

38.1×29.2, 송영달 외 다수, 105쪽

※ 리소그래프 ※

아기를 업은 여인
Lady with a Child

1934, 43.4×37.5, 송영달 외 다수, 81쪽

연 날리는 아이들
Children Flying Kites

1936, 49.5×36.5, 송영달 외 다수, 8/283쪽

361

✳ 수채화 ✳

신부
Korean Bride (2 of 2)

1919, 《Old Korea》(컬러인쇄), 319쪽

금강산 절 부엌
A Temple Kitchen, Diamond Mountains (2 of 2)

1920, JSMA, 325쪽(부록)

김윤식 초상화
Viscount Kim Yun Sik

1921, 39.5×31, 송영달,
《Old Korea》(컬러인쇄), 187쪽

왕릉 앞에 선 시골 선비
Country Scholar before a Royal Tomb

1921, 39×28.8, 송영달,
《Old Korea》(흑백인쇄), 193/326(부록)쪽

장기 두기
A Game of Chess (2 of 4)

1921, 31.2×42.4, JSMA, 315쪽(부록)

정월 초하루 나들이
New Year's Shopping, Seoul (2 of 2)

1921, JSMA, 321쪽(부록)

혼자 서 있는 시골 선비
Country Scholar Standing Alone
1921, 36×21.5, 송영달, 327쪽(부록)

모자母子
Korean Mother and Child (2 of 2)
1929, 33×26, JSMA, 317쪽(부록)

과부
The Widow
《Old Korea》(컬러인쇄), 163쪽

궁중 복장을 입은 공주
Princess in Court Dress
《Old Korea》(흑백인쇄), 199쪽

궁중 복장을 한 청년
Young Man in Court Dress
《Old Korea》(흑백인쇄), 135쪽

널뛰기
See-Saw
《Old Korea》(흑백인쇄), 287쪽

노란 저고리와 검은 치마를 입은 여자
Woman in Yellow and Black

19×16, S. Acteson, 11쪽

당나귀 탄 남자
Man on Donkey

35×25, A. Bell, 10쪽

농부
The Farmer

《Old Korea》(흑백인쇄), 229쪽

돗자리 가게
The Mat Shop

《Old Korea》(흑백인쇄), 57쪽

담뱃대 문 노인
Lazy Man smoking

41.8×26.1, 송영달,
《Old Korea》(흑백인쇄), 203쪽

두 학자
Two Scholars

《Old Korea》(컬러인쇄), 47쪽

맷돌 돌리는 여인들
Women at Work

30.5×40.6, PAM, 83쪽

무인武人
The Warrior

41.5×27, 송영달,
《Old Korea》(흑백인쇄), 231쪽

모자 가게
The Hat Shop

《Old Korea》(컬러인쇄), 59쪽

바느질하는 여자
Woman Sewing

《Old Korea》(컬러인쇄), 79쪽

무당
The Sorceress

《Old Korea》(흑백인쇄), 99쪽

사당 내부
Temple Interior

《Old Korea》(컬러인쇄), 173쪽

서당 풍경
The School-Old Style
《Old Korea》(컬러인쇄), 53쪽

신식 학교와 구식 학교
Schools Old and New
《Old Korea》(흑백인쇄), 55쪽

수원의 수문, 화홍문
Water Gate, Suwon
《Old Korea》(컬러인쇄), 145쪽

쓰개치마를 쓴 노파
Ugly Old Woman
30×21.5, 송영달, 9/259쪽

시골 선비
The Country Scholar (2 of 2)
《Old Korea》(컬러인쇄), 329쪽(부록)

어느 골목길 풍경
Contrasts
《Old Korea》(컬러인쇄), 61쪽

연날리기
Kite-Flying

《Old Korea》(컬러인쇄), 281쪽

이순신 장군 초상화 (추정)
Admiral Yi Sun-sin

77×55, 송영달, 6/299쪽

예복을 입은 순이
Gentle in Ceremonial Dress

40.6×33.7, PAM,
《Old Korea》(흑백인쇄), 253쪽

절하는 여자
Korean Woman Bowing

20×26, A. Bell, 13쪽

우산 모자 쓴 노인
The Umbrella Hat

《Old Korea》(흑백인쇄), 205쪽

주막
The Eating House

《Old Korea》(컬러인쇄), 43쪽

초록색 장옷을 입은 여자
The Green Cloak

36×26, 송영달,
《Old Korea》(흑백인쇄), 261쪽

파란 모자를 쓴 여자
Lady with a Blue Hat

30×27, S. Acteson, 12쪽

평양 강변
Riverside, Pyeng Yang (2 of 2)

《Old Korea》(흑백인쇄), 323쪽(부록)

필동이
Pil Dong Gee

《Old Korea》(흑백인쇄), 255쪽

한국 묘 조상彫像 1 한국 묘 조상彫像 2
Korean Tomb Statuette 1 **Korean Tomb Statuette 2**

JSMA, 306쪽 JSMA, 306쪽

한국의 성벽과 광희문
Wall of Korea

41×51, 송영달, 7/143쪽

한옥 내부
Korean Domestic Interior
《Old Korea》(컬러인쇄), 51쪽

함흥의 어느 주부
A Hamheung Housewife
《Old Korea》(컬러인쇄), 87쪽

홍포를 입은 청년
Young Man in Red
《Old Korea》(컬러인쇄), 133쪽

환관
The Eunuch
《Old Korea》(흑백인쇄), 263쪽

✳ 드로잉 ✳

비구니였던 동씨
Tong See, the Buddhist Priestess (2 of 2)
《Old Korea》(흑백인쇄), 104쪽

신발 만드는 사람들
Shoes and Shoemakers
《Old Korea》(흑백인쇄), 233쪽

장기 두기
A Game of Chess (sketch-a, 3 of 4)
《Old Korea》(흑백인쇄), 62쪽

장기 두기
A Game of Chess (sketch-b, 4 of 4)
《Old Korea》(흑백인쇄), 62쪽

✻ 민화 습작 ✻

닭과 매미
A Cock and a Cicada
송영달, 《Old Korea》(흑백인쇄)

두 고양이와 새
Two Cats and a Bird
송영달, 《Old Korea》(흑백인쇄)

붉은 바탕의 호랑이
Tiger in Red
송영달

여우
Fox
송영달, 《Old Korea》(흑백인쇄)

오리
Ducks
송영달

학
Heron

송영달

호랑이(좌편)
Tiger(left)

송영달

호랑이(우편)
Tiger(right)

송영달,《Old Korea》(흑백인쇄)

호랑이와 새
Tiger and Bird

송영달

참고문헌

KBS 뉴스, 〈거북선 앞 무인… 이순신 초상 복원 실마리 찾았다〉, 2019. 7. 8, https://news.kbs. co.kr/news/view.do?ncd=4237848.

김준근, 《기산 김준근 조선풍속도》, 서울: 숭실대학교 한국기독교박물관. 2008.

김지영, 〈엘리자베스 키스의 작품세계: 1919-39년 조선을 방문하여 제작한 판화를 중심으로〉, 명지대학교 미술사학과 석사논문, 2008.

남상욱, 〈씰 단상斷想—일제시기의 씰 디자이너 "엘리자베스 키스"의 예술세계〉, 《보건세계》 57, 2010.

박종평, 〈충무공 이순신 장군의 초상화는 어디에〉, 《경향신문》, 2018. 9. 16, https://news.khan. co.kr/kh_news/khan_art_view.html?art_id=201809161037011.

백성현·이한우, 《파란 눈에 비친 하얀 조선》, 서울: 새날, 1999.

신복룡, 《이방인이 본 조선 다시 읽기》, 서울: 풀빛, 2002.

〈영국 여류화가의 손으로 재현되는 조선의 향토색〉, 《조선일보》, 1934. 2. 3.

〈영국 여류 화가의 자작화 전람회〉, 《동아일보》, 1921. 9. 18.

윤범모, 〈엘리자베스 키스: 1921년 서울에서 개인전을 가진 영국의 여류화가〉, 《가나아트》 57, 1997.

윤호우, 〈영국 화가 키스가 그린 초상화 인물은 이순신 장군〉, 《경향신문》, 2019. 7. 7, https://news. khan.co.kr/kh_news/khan_art_view.html?art_id=201907071003011.

이충렬, 《그림으로 읽는 한국 근대의 풍경》, 서울: 김영사, 2011.

정영목, 《조선을 찾은 서양의 세 여인: 시선에 갇힌 진실》, 서울: 서울대학교출판문화원, 2013.

홍원기, 〈영국화가들이 기록한 20세기 초 한국, 한국인〉, 《월간미술》 1월호, 1994.

전시

국립중앙도서관, 〈조선을 사랑한 서양의 여성들: 송영달 개인문고 설치 기념 특별전〉, 2016.

전북도립미술관·국립현대미술관·경남도립미술관, 〈푸른 눈에 비친 옛 한국〉, 엘리자베스 키스 展, 2006~2007.

畑山康幸, 〈「アジアの旅人」エリザベス・キース: 英国人女性浮世絵師誕生までの活動を追って〉, 瀧本弘之 編, 《民国期美術へのまなざし》, 勉誠出版, 2011.

永谷侑子, 〈エリザベス・キースの美術史的位置づけに関する再検討 : 大正期新版画運動周辺における諸外国人作家の創作活動に照らして〉, 《哲學》143, 2019.

Baldridge, Cyrus Le Roy. *Time and Chance*. New York: John Day (1947).

Blake, Dorothy. "Elizabeth Keith," *Art Around Town*. Tokyo (February, 1956).

Brochner, George. "Miss Elizabeth Keith's Colour Prints," *The Studio: A Magazine of Fine and Applied Arts*, Vol. 90, No. 390 (September 15, 1925). pp. 146~153.

Brown, Kendall. *Shin-Hanga: New Prints in Modern Japan*. Los Angeles: Los Angeles County Museum of Art (1996).

_____. "Japanese Prints Renewed," Bowdoin College (March 29, 2017). https://www.youtube.com/watch?v=uUSXqw0Y0lc.

Christian Science Monitor carried articles on E. Keith from 1920s through 1960s. Keith also wrote to the *Christian Science Monitor* on her paintings for more than a dozen times.

Crane, Esther. "Tokyo Society Notes," *Sunday* (November 17, 1935). From the University of Oregon Library.

Crane, Florence Hedleston. *Flowers and Folk-lore from Far Korea*. Tokyo: The Sanseido Co., Ltd. (1931).

Dudley, Esther. "Elizabeth Keith," *The Journal*, Vol. 32 (2005), pp. 26~28.

"Elizabeth Keith's Prints to be Exhibited in Tokyo," *Asahi Evening News* (February 10, 1956).

Executive Committee for the Exhibition. *All the Woodblock Prints of Shinsui Ito*. Watanabe Print Company (1992).

Fiorillo, John. "Elizabeth Keith (1881(?)-1956)," Viewing Japanese Prints. https://www.viewingjapaneseprints.net/texts/shin_hanga/keith.html.

Hall, Sherwood. *With Stethoscope in Asia: Korea*. McLean, Virginia: M. C. L. Assoociates (1978).

Hazen, David. "Orient's Witchery Caught by Famous English Girl: Miss Elizabeth Keith of London Here on Way to Coronation," *The Oregonian*. Portland (April 4, 1937).

James Tobin Collection. Northern Illinois University Library. Dekalb, IL. Jim Tobin was a collector and exchanged letters with Jessie Keith.

Karl, Darrel C.. "Elizabeth Keith: The Uncatalogued Prints," Eastern Impressions: Western Printmakers and the Orient (August 28, 2015). https://easternimp.blogspot.com/2015/08/elizabeth-keith-uncatalogued-prints.html.

_____. "Elizabeth Keith: A Game of Dates (Part 1)," Eastern Impressions: Western Printmakers and the Orient (September 30, 2018). https://easternimp.blogspot.com/2018/09/elizabeth-keith-game-of-dates-part-1.html.

_____. "Elizabeth Keith: A Game of Dates (Part 2)," Eastern Impressions: Western Printmakers and the Orient (October 25, 2018). https://easternimp.blogspot.com/2018/10/elizabeth-keith-game-of-dates-part-2.html.

Keith, Elizabeth. *Grin and Bear It: Caricatures*. Tokyo: The New East Press (1917).

_____. *Eastern Windows: an Artist's Notes of Travel in Japan, Hokkaido, Korea, China and the Philippines*. London: Hutchinson & Co., Ltd. (1928) [한국어판: 엘리자베스 키스, 송영달 옮김, 《키스, 동양의 창을 열다》, 책과함께, 2012].

_____. "An Interview, 1935," Portland, Oregon. University of Oregon Library.

_____. "An Artist's Impressions of Korea," *Korean Survey*, Vol. 3, No. 9 (October, 1954). pp. 3~4.

Keith, Elizabeth and E. K. Robertson Scott. *Old Korea: The Land of Morning Calm*. London: Hutchinson & Co., Ltd. (1946).

Kemp, E. G.. *The Face of Manchuria, Korea, and Russian Turkestan*. London: Chatto & Windus (1910).

Merritt, Helen. *Modern Japanese Woodblock prints: the Early Years*. Honolulu: The University of Hawaii Press (1990).

_____. *Point of Contact: Western Artists Japanese Artisans*. Northern Illinois University Museum (1993).

Miles, Richard. *Elizabeth Keith: the Printed Works*. Pasadena: Pacific Asia Museum (1992).

_____. "A Western View of Old Korea: The Prints of Elizabeth Keith," *Korean Culture* (Summer, 1992). pp. 35~39.

Murray Warner Collection. University of Oregon Library. Eugene, Oregon. The Library has many letters written by Keith to G. Warner.

Museum of Art, University of Oregon. *Elizabeth Keith:The Orient through the Western Eyes*. Eugene, Oregon: Museum of Art, University of Oregon (1974).

Newland, Amy and Chris Uhlenbeck. *Ukiyo-e: the Art of Japanese Woodblock Prints*. New York: Knickerbocker Press (1999).

Salaman, Malcom C.. *Elizabeth Keith: The Masters of the Colour Print*. London: The Studio (1933).

Shiraishi, Tsugi. "Club to Display Prints by British Artist Keith," *Nippon Times* (February 10, 1956).

Singer, Caroline and C. Le Roy Baldridge. *Turn to the East*. New York: Minton, Balch & Co. (1926).

Stephens, Amy Riegel, ed.. *The New Wave: Twentieth Century Japanese Prints from the Robert O. Muller Collections*. London: Bamboo Publishing Ltd. (1993).

Tayler, Constance J. D.. *Koreans at Home: The Impressions of a Scottswoman*. London: Cassell & Co. (1904).

Wagner, Ellasue. *Children of Korea*. London: Oliphants Ltd. (1911).

Yokohama Museum of Art. *Eyes toward Asia: Ukiyoe Artists from Abroad*. Yokohama Museum of Art (1996).

그림 찾아보기

영국화가 엘리자베스 키스의 올드 코리아

완전 복원판

1판 1쇄 2006년 2월 2일
2판 1쇄 2020년 6월 10일
2판 3쇄 2024년 8월 1일

지은이 | 엘리자베스 키스, 엘스펫 키스 로버트슨 스콧
옮긴이 | 송영달

펴낸이 | 류종필
편집 | 이정우, 이은진, 권준
경영지원 | 홍정민
표지 · 본문 디자인 및 아트 디렉팅 | 안지미
본문 조판 | 박애영

펴낸곳 | (주)도서출판 책과함께
　　　　주소 (04022) 서울시 마포구 동교로 70 소와소빌딩 2층
　　　　전화 (02) 335-1982
　　　　팩스 (02) 335-1316
　　　　전자우편 prpub@daum.net
　　　　블로그 blog.naver.com/prpub
　　　　등록 2003년 4월 3일 제25100-2003-392호

ISBN 979-11-88990-73-3 04910